Misión BlaBlaCar

CÓMO CREAR UN UNICORNIO CON PROPÓSITO

Frédéric Mazzella

Fundador de BlaBlaCar

Laure Claire y Benoît Reillier

Misión BlaBlaCar

CÓMO CREAR UN UNICORNIO CON PROPÓSITO

EMPRESA ACTIVA

Argentina – Chile – Colombia – España
Estados Unidos – México – Perú – Uruguay

Título original: *Mission BlaBlaCar*
Editor original: Eyrolles
Traducción: Daniel Rovassio

1.ª edición Marzo 2023

ISBN: 978-84-16997-75-6
E-ISBN: 978-84-19497-03-1
Depósito legal: B-1.151-2023

Fotocomposición: Ediciones Urano, S.A.U.
Impreso por Romanyà Valls, S.A. – Verdaguer, 1 – 08786 Capellades (Barcelona)

Impreso en España – *Printed in Spain*

«El mundo es más maleable de lo que crees, y está esperando a que le des forma con un martillo.»

Bono, cantautor, músico, empresario y filántropo
irlandés, cantante principal de U2

Índice

FICHAS DE MÉTODOS

PENSAR

Bienvenido a la «Misión BlaBlaCar»

Para presentar mejor el recorrido emocional e intelectual de la creación de un proyecto que se ha desarrollado a lo largo de quince años, ¡el hilo conductor de este libro no es cronológico, sino temático! Por lo tanto, abordaremos el contenido tema por tema, concepto por concepto, durante toda la duración de la Misión BlaBlaCar. De esta manera, podremos explorar la aventura de una manera más inmersiva.

– Dimensión 1: los capítulos

Los capítulos narran la aventura de BlaBlaCar en forma de diálogo, a través de los ojos de Frédéric. Recorreremos los temas en forma de áreas creados por aparentes paradojas: gestionar el presente y el futuro, actuar a lo grande a través de pequeños gestos, crecer solos y juntos, etcétera.

– Dimensión 2: historias paralelas

Al final de cada capítulo, exploramos las reacciones de otras empresas frente a los mismos retos a los que se ha enfrentado BlaBlaCar: una forma de ver los conceptos tratados desde otro ángulo.

– Dimensión 3: las fichas del método

Al final del libro, encontrarás resúmenes de enfoques para pensar y resolver los problemas que surgen al diseñar un nuevo proyecto.

Puedes consultarlas siempre que quieras, durante la lectura y después.

Encuentra todas las referencias citadas en el sitio web del libro: MissionBlaBlaCar.com

http://www.missionblablacar.com

PRÓLOGO

Desde el espacio...

Por Thomas Pesquet

Cuando mi amigo Fred me pidió que prologara este libro, al principio me sorprendió. Su mundo es el del coche compartido, mientras que a mí me atraen los viajes en cohete a las estrellas. Sin embargo, tenemos algo en común: el espíritu de aventura y todo lo que conlleva una misión: por qué, cuándo, cómo, para quién, con quién, y por supuesto, la emoción, el trabajo, el sueño, la tecnología, el antes, el durante, el después...

Probablemente, el ser humano se caracteriza por concebir sueños alocados, sueños que se convierten en aventuras, en misiones. Los sueños insensatos nos desafían, aunque al principio parezcan inalcanzables: ¿volar cerca de las estrellas? ¿Nosotros? ¿Los bípedos? ¿Crear una comunidad de millones de personas para compartir sus viajes en coche? Una fantasía, en ese momento...

Una misión nace de una idea y, luego, modela la realidad, aunque nada estaba escrito ni había un camino trazado: y elegir esta misión significa elegir tu proyecto de vida. No es algo innato ni adquirido: si alguien me hubiera dicho que llegaría a ser astronauta, ¡habría pensado que era una broma! Mis abuelos eran agricultores, por ambos lados. Volé por primera vez cuando tenía 20 años. Al principio quería ser piloto, y lo hice, no sin períodos de desánimo. Entonces, un día me enteré de que la Agencia Espacial Europea iba a lanzar una convocatoria de solicitudes para seleccionar candidatos a astronautas. Después de un largo proceso de selección, fui elegido. Todavía me sorprende haber llegado hasta aquí... pero tengo muy claro el sentido de la función que cumplo, sé por qué estoy trabajando. Los experimentos en el espacio tienen que ver con el futuro de los seres humanos en la Tierra. Con nuestras misiones y la colaboración de brillantes científicos e ingenieros, ayudamos a conformar el futuro.

Una cosa es cierta, nada —o casi nada— puede detener a alguien que está en modo misión. Estar en modo misión significa soñar, atreverse y trabajar para lograrlo, utilizando todas tus facultades físicas y mentales.

La clave es saber por qué te embarcas en una aventura. Hoy más que nunca, en un momento en el que la biodiversidad se extingue y el cambio climático es claramente visible desde el espacio, a su nivel, cada uno de nosotros puede emprender una misión para permitir que todos avancemos.

Ningún astronauta se ha librado del «efecto panorámico», el efecto que causa ver por primera vez toda la Tierra desde el espacio: hermosa, pero también aislada y frágil. Una vez que pasa la emoción, hay un inmenso deseo de actuar, por uno mismo y por todos nosotros. Esta energía, alimentada por la conciencia de la fenomenal oportunidad de formar parte de este conjunto sublime, refuerza nuestra convicción.

Esta visión de conjunto nos empuja hacia nuestra próxima misión, que es colectiva, porque no puede hacerse en solitario y porque nos concierne a todos: dedicar toda nuestra energía a hacer posible el futuro de la humanidad y dedicar a ello nuestros mejores recursos y nuestros métodos más eficaces, la ayuda mutua y el ingenio.

INTRODUCCIÓN

FRÉDÉRIC MAZZELLA

El coche compartido, que ha pasado de lo extraño a lo obvio, ha entrado en nuestras vidas. Cien millones de seguidores después, había llegado el momento de escribir sobre cómo pasamos de la idea a la implementación, de la *startup made in France* a la empresa multinacional. Recuerdo cuando trabajaba solo en mi pequeño apartamento ensamblando las piezas del puzzle de BlaBlaCar. Buscaba cualquier apoyo potencial, el mínimo eco, aun cuando la idea todavía hacía sonreír a mucha gente. Los primeros años de un proyecto siempre son difíciles. Te sientes vulnerable, como si estuvieras al pie de una pared sin escaleras y sin lugar de donde agarrarte. Hay que ser creativo, flexible, multitarea, atento, pero también promover la colaboración y ser sintético, para ir subiendo uno a uno los peldaños que tú mismo construyes... No busques un ascensor, no lo hay: ¡los emprendedores siempre van por las escaleras!

Y entonces todo se acelera, ¡todo se precipita! Tienes que hacer todo ya mismo y rápidamente. Reclutar, construir, comunicar, escuchar, analizar, responder... en definitiva, actuar. Ante la avalancha de prioridades, desarrollas reflejos y formas de pensar que te salvan.

Como un jugador de ajedrez que juega varias partidas al mismo tiempo, se aprende a ser eficiente en cada movimiento: a moverse al mismo tiempo en varias áreas en paralelo, pero con una visión a largo plazo. Lo más importante en todo esto es la empatía, que te hace sumergir en cada situación: te ofrece viajes gratis a los mundos paralelos pero complementarios de cada uno de tus interlocutores. ¿Cómo utilizará el cliente ese servicio? ¿Cómo resuelve el ingeniero los problemas técnicos? ¿Cómo diseña el diseñador la experiencia de usuario del producto? ¿Qué piensa el financiero sobre el equilibrio económico del conjunto? ¿Qué posicionamiento de marca adoptará el director de marketing? ¿Cómo lo afrontará el planeta? ¿Qué preocupaciones le surgirán al responsable del servicio de atención al cliente? Un proyecto es un poco como un objeto tridimensional: hay que examinarlo desde todos los ángulos para asegurarse de que no se te olvida nada, para que sea coherente. Esta forma de pensar me ha sido útil durante todo el proceso.

¿Por qué este libro?

BlaBlaCar nació de una necesidad, pero también del deseo de reducir nuestro consumo de combustibles fósiles, se basa en una idea simple: compartir. Al relatar esta aventura de creación, este progreso a través de las preguntas y la empatía, deseo compartir y transmitir herramientas que permitan a la próxima generación de emprendedores sentirse preparados para abordar los desafíos climáticos, tecnológicos y democráticos contemporáneos que, por desgracia, no faltan. Con Laure Claire y Benoît, hemos concebido este libro como un «viaje instructivo», que combina lo útil con lo agradable: descubrirás los vericuetos de una aventura muy real que, combinando visión y sentido común, se ha convertido en una misión... ¡posible!

¿A quién va dirigido este libro?

Tanto si eres una persona creativa, un entusiasta de lo digital, un curioso que comparte coche, un emprendedor con dudas, un soñador que no se atreve a dar el primer paso, un líder de proyectos innovadores en una gran empresa o un estudiante que quiere mejorar el mundo, este relato será tu compañero. Te proporcionará herramientas liberadoras para avanzar. La estructura del libro clasifica los conceptos por temas, lo que te permite volver a ciertos pasajes que pueden ser relevantes más adelante. Te deseo un agradable viaje al volante de la aventura de BlaBlaCar. Descubre los encantadores y sinuosos caminos que llevan del sueño a la realidad, y de lo extraño... ¡a lo obvio!

LAURE CLAIRE Y BENOÎT REILLIER

Google, Airbnb, BlaBlaCar... Difícil imaginar hoy el mundo sin *smartphones* y sin plataformas. Y, sin embargo, aún recordamos aquella tarde mágica en la que descubrimos el puñado de sitios que conformaban la incipiente «web». Como muchos estudiantes de informática a principios de los años noventa, estábamos fascinados y convencidos de que estas nuevas tecnologías cambiarían profundamente el mundo.

En primer lugar, estas herramientas se utilizaron para comunicar mejor y permitir que las organizaciones establecidas fueran más eficientes en sus actividades diarias. Pero fueron los emprendedores quienes, a finales de los años noventa, captaron el potencial de estas innovaciones y crearon una verdadera revolución: la de las plataformas, que hoy facilitan los intercambios entre miles de millones de personas. Hemos sido testigos privilegiados de estos cambios, primero como pioneros, luego trabajando para algunos de estos pioneros digitales —como eBay— y, finalmente, acompañando la transformación digital de muchas organizaciones en todo el mundo.

Al igual que a Frédéric —¡o mejor dicho, Fred!— nos apasionan las nuevas posibilidades creadas por estos modelos innovadores. Al atraer a un gran número de conductores y pasajeros para conectarlos y permitirles compartir millones de viajes, BlaBlaCar está haciendo algo nuevo. Es el líder de un ecosistema que nos permite hacer un mejor uso de los recursos de nuestro planeta, y hacerlo de forma fiable y fácil de usar.

Estábamos tan convencidos del potencial de estos nuevos modelos que fundamos Launchworks & Co, un nuevo tipo de empresa que forma a la alta dirección y ayuda a las organizaciones a crear valor de forma diferente. Nuestra misión: ayudar a nuestros clientes a liberar el potencial de sus comunidades y ecosistemas. Pero lanzar estos nuevos modelos es muy difícil. Detrás de un servicio mágico y sencillo se oculta, en realidad, una misión de construcción ladrillo a ladrillo que requiere muchísima paciencia.

Estas organizaciones innovadoras están en el centro de nuestro trabajo. De hecho, fue durante la redacción de nuestro primer libro, *Platform Strategy*, cuando hablamos por primera vez con Fred. Queríamos entender mejor el éxito de BlaBlaCar y cómo Fred había desarrollado desde cero una plataforma capaz de revolucionar un sector. Luego de este encuentro y de los intercambios que le siguieron, nació la idea de escribir la historia de esta increíble aventura. También sabíamos lo mucho que les gusta a nuestros alumnos de la HEC París (Escuela de Estudios Superiores de Comercio de París) y a los de la ESCP Business School escuchar a los emprendedores. Así que quedamos con Fred cada semana en el BlaBlaCafé (¡o por videoconferencia durante la pandemia!)

La historia de BlaBlaCar y el testimonio de Fred son emblemáticos en el desarrollo del ecosistema tecnológico francés. Uno de los objetivos que nos marcamos los tres al inicio del proyecto fue escribir el libro que nos hubiera gustado leer al comienzo de nuestras aventuras profesionales.

¡Viajemos juntos para descubrir la misión, la historia y los métodos que hay detrás del fenómeno BlaBlaCar!... ¡Vamos!

1

CREAR Y CRECER

Cada concepto, cada comportamiento, cada
producto y cada servicio fueron alguna vez una
innovación y rápidamente debieron pasar **la prueba
de fuego** para sobrevivir: confrontarse con el uso.
Luego, para estar entre nosotros y entrar en la vida
de millones de personas, tuvieron que **escalar.**
Su asombrosa aventura debe finalmente navegar a
través de nuestras sociedades y atraer todo el **viento
posible hacia sus velas.**

LA INNOVACIÓN

«Fred, ¿conoces la versión beta de Google?»

Un compañero de la Universidad de Stanford, 1999

❯ **Laure Claire y Benoît Reillier:** ¿Qué hacías en California?

Frédéric Mazzella: Llegué al campus de Stanford en febrero de
1999 para incorporarme al Centro Nacional de Biocomputación
(National Biocomputation Center). El partenariado entre el Centro

de investigación Ames de la NASA y la facultad de Medicina de la universidad me dio la apasionante oportunidad de combinar la física y la informática. Estaba trabajando en la construcción de un entorno de cirugía virtual en 3D para que un cirujano astronauta pudiera entrenarse antes de operar a uno de sus compañeros en caso de que le ocurriera algo durante una larga misión espacial a Marte. Para equilibrar mi presupuesto, también me dedicaba a otra actividad: adaptar al francés el *software* de gestión de centros de llamadas telefónicas que desarrollaba la incipiente *startup* Blue Pumpkin [1]. Algunos estudiantes dejaban sus estudios en medio del año para lanzar su *startup* o eran reclutados por Larry Page y Sergey Brin, los fundadores de Google, que acababan de salir del campus para instalarse al lado y atraer todos los talentos posibles de mi máster en informática. Así que, en el campus, utilizábamos la versión beta de Google, el motor de búsqueda que catalogaba todos los documentos de la universidad.

El ejemplo estaba claro: en Silicon Valley, todo es posible. Bajo un cielo azul inmaculado y un sol que haría que muchos quisieran irse de vacaciones, se prueba todo, se trabaja duro para crear las innovaciones del mañana y se ponen nombres estrafalarios. ¡Vaya, no me lo esperaba! Había caído en un caldero de *startups*, sentía las vibraciones emprendedoras de toda una región. Estaba mareado, me atraía el futuro: era normal, allí, ¡todo el mundo parecía vivir ya en el futuro!

⦿ **LC y BR:** Stanford, la NASA, Google... ¡estabas en el lugar adecuado en el momento adecuado!

FM: En ese momento, en el campus, Google era solo una empresa emergente entre cientos de otras. Por mi parte, estaba descu-

_____

1. «Calabaza azul».

briendo ese mundo. También estaba descubriendo sus métodos abiertos de co-construcción con los usuarios. En efecto, a todo el mundo le parecía normal que un producto no fuera perfecto en el momento de su lanzamiento. Un producto antes de tener un rendimiento eficaz, no funciona del todo bien. ¡Pero eso no importa! Se invita a los usuarios (probadores beta) de la versión beta para que informen de los problemas y para que sugieran mejoras en las funciones. Por eso, los equipos de Google han llamado simplemente «Google beta» a su producto, que es la primera versión pública probada por los usuarios (probadores beta). Esta versión siguió a la versión alfa, probada internamente por el equipo de desarrollo. Este concepto de versión beta permitió moderar las expectativas de los usuarios mientras se realizaban los ajustes finales.

❯ **LC y BR:** ¿También hiciste los últimos ajustes y probaste tus nuevas ideas allí?

FM: Antes de Stanford, nunca había visto de cerca una *startup*. Así que crear una no estaba en el ámbito de mis posibilidades. No puedo decir que nunca se me haya pasado por la cabeza, pero, en cualquier caso, durante mis estudios en Francia, nadie me había dicho que crear una *startup* fuera una salida posible. Y menos aún que para hacerlo, ¡podías dejar tus estudios! Pero una vez que me sumergí en el ajetreo del campus, ¡mi máquina de ideas se puso en marcha! Me surgieron ideas más o menos ambiciosas, de diverso grado de originalidad: ¿por qué la gente se pasa horas metida sin hacer nada en las cabinas de bronceado cuando podría estar bronceándose mientras trabaja frente a sus pantallas? ¡Imaginé pantallas de bronceado! Soy músico y he aprendido a transcribir la partitura de cualquier pieza que escuche. ¿Por qué un *software* no podría hacer lo mismo? Aproveché mis clases de procesamiento de señales aplicadas a la música en el CCRMA[2] de Stanford para investigarlo. Cuando me enteré de que los neumáticos de los aviones solo duran unos cientos de kilómetros, porque se desgastan mucho al aterrizar y pasar de 0 a 200 km/h en una fracción de segundo, investigué si era posible hacerlos durar más tiempo añadiendo un pequeño motor a las ruedas, o pequeñas alas para aprovechar la velocidad del aire y girarlas antes del aterrizaje.

❥ **LC y BR:** Sin embargo, terminaste tu maestría y regresaste a Francia...

FM: Sí, pero el motor de ideas no se ha detenido. ¿Tienes un problema con el servicio de atención al cliente de un proveedor de Internet o de una compañía aérea? Estoy desarrollando Clientissime, una plataforma en la que los clientes pueden compartir sus reclamos a las marcas y ahorrarles a otros el tiempo de escribir los suyos. ¿Millones de personas se apasionan por el Sudoku? Diseño un juego similar, pero más modular en su forma y sus reglas. Deposito el concepto y codifico un motor de generación de plantillas. ¿Un amigo es aficionado a las apuestas hípicas? Desarrollé con él algoritmos para intentar comprender y predecir los resultados (¡en vano!)... Nada de esto funcionó realmente, pero al menos lo «intenté».

❥ **LC y BR:** ¡Disparas en todas las direcciones! Pareces un niño que anda a tientas por el mundo...

FM: De hecho, estar rodeado de niños es un soplo de aire fresco en términos de creatividad. Siempre están descubriendo, cuestionando e inventando. No tienen miedo de hacer preguntas mágicas como *¿Dónde está la batería del grifo?*, *El eco, ¿es un loro?* o *La abuela, ¿na-*

---

2. Centro de Investigación Informática en Música y Acústica.

ció en el Big Bang? Lo que tiene de especial la creatividad es que no se puede aprender, incluso, se puede desaprender. Desde los estudios de George Land en la década de 1970, se ha medido la creatividad a diferentes edades y los resultados son claros[3]. Mientras que el 98 % de los niños de 5 años pueden considerarse genios creativos, solo el 2 % de los adultos mayores de 25 años entran en esta categoría. En estas pruebas, se pregunta, por ejemplo, qué se puede hacer con un clip. Los niños pueden imaginar fácilmente más de 200 usos diferentes, mientras que la mayoría de los adultos imaginan entre 10 y 15 como máximo. Nuestras sociedades y nuestra educación nos enseñan mucho más a reproducir cosas o restaurar información que a crearlas. También estigmatizamos los errores, mientras que, para construir algo nuevo, no hay que tener miedo a equivocarse, pues, de lo contrario, nos detenemos antes de intentarlo. A lo largo de los años, nuestro cerebro construye respuestas y atajos ya preparados basados en la experiencia. Se autocensura. Esto nos permite ser más rápidos en nuestras decisiones cotidianas, pero, a cambio, perdemos gran parte de nuestra capacidad de cuestionamiento y asombro. Picasso lo resumió muy bien cuando dijo: «En cada niño hay un artista. El problema es cómo seguir siendo un artista cuando creces».

❷ **LC y BR:** ¿Así que un emprendedor es un adulto que ha conservado su alma artística?

FM: Un emprendedor combina la mirada de un niño con la racionalidad de un adulto. Los proyectos de emprendimientos están, por definición, en ciernes y todos ellos, sin excepción, pasan por este proceso de experimentación creativa. Como un niño, hay que permitirse hacer preguntas disparatadas sin miedo al castigo ni a desafiar el *statu*

---

3. Véase *Breaking Point and Beyond: Mastering the Future Today*, G. Land y B. Jarman, San Francisco, Harper Business, 1993.

quo. Esta es, en efecto, la actitud de un artista o de un investigador creativo. El arte y la investigación tienen mucho que ver con la experimentación. Escuchar música[4], cantar en la ducha (¡e inventar canciones!), cocinar, caminar mucho, etc., ayudan a estimular la creatividad de una manera agradable. Sin embargo, hay métodos más voluntarista, como el que se ha impuesto el grupo británico de música electrónica Underworld[5] ¡recientemente se comprometieron a entregar una nueva composición cada semana durante un año! Un maratón del que Karl Hyde y Rick Smith salieron diciendo que había sido la experiencia más creativa y productiva de sus vidas… ¡Y eso que ya llevan treinta años de creatividad! A este nivel, ejercitar el músculo de la creatividad es como un entrenamiento deportivo intensivo.

◉ LC y BR: ¿Qué peso tiene la idea en un proyecto emprendedor? ¿Y cómo surgió la idea de BlaBlaCar?

FM: Una idea es una chispa, pero para hacer fuego se necesita también madera y oxígeno. En el caso de un proyecto emprendedor, la madera es la adecuación de un producto o servicio a una necesidad y a su contexto, y el aire es el trabajo. Hay que soplar fuerte y largamente sobre el fuego para que se arraigue. La idea de BlaBlaCar se me ocurrió en el mes de diciembre. Vivía en París y quería volver a la Vendée para pasar las vacaciones de Navidad con mi familia, pero todos los trenes estaban llenos. No tenía coche y los 450 kilómetros entre la Vendée y París me parecían muy largos… Así que llamé a mi hermana Lucie, que vivía en Rouen, para pedirle que hiciera un desvío vía París para recogerme. En el camino, vi un TGV que nos pasó por la autopista A10. Era el tren en el que podría haber estado si hu-

---

4. Véase «Happy creativity: Listening to happy music facilitates divergent thinking», S. M. Ritter y S. Ferguson, PLoS ONE, 2017, 12(9), disponible en línea.

5. El grupo habla de esta loca apuesta en una entrevista con el sitio web Mixmag, disponible en línea.

biera encontrado un asiento. Al mismo tiempo, me di cuenta de los cientos de coches casi vacíos que nos rodeaban y que también se dirigían a la Vendée, muchos de ellos solo con sus conductores a bordo. El niño que hay en mí preguntó entonces de repente: «Papá, ¿por qué los trenes están llenos y los coches vacíos?», y luego: «¿Puedo reservar también un asiento libre en un coche?». No, no se podía.

◉ LC y BR: ¡Pero tú pudiste reservar un lugar en el coche de tu hermana!

FM: Sí, pero para eso había que conocer… ¡a mi hermana! Y para los otros coches, bueno… no conocía el servicio que mostrara todas las plazas disponibles en los coches. Además, pensé que si existiera ese servicio, yo me habría enterado porque viajo mucho. Así que era una idea de todo o nada, es decir, con un potencial «total» (todo el mundo conocería ese servicio si existiera porque sería muy práctico) o con un potencial «nulo» (imposible de realizar por razones que tenía que dilucidar). Nada más llegar, tomé el teclado de mi ordenador, tecleé cientos de consultas para buscar algo que se pareciera a un servicio así: solo encontré algunos anuncios al azar dispersos en sitios de anuncios clasificados, pero nada estructurado para introducir una ciudad de salida, una ciudad de llegada y una fecha. Un motor de búsqueda, en definitiva. Tratar de encontrar a alguien que hiciera la misma ruta que yo era como buscar una aguja en un pajar. La idea parecía tan sencilla que me pregunté por qué no se había hecho ya a escala. ¿Estaba prohibido? ¿Era ilegal? ¿Era yo el único que podía estar interesado? No, porque cuando vivía en California, solíamos hacer *carpool*[6] con amigos, mañana y noche, los cincuenta y cinco kilómetros que separan San Francisco de la Universidad de Stanford. Así que había un interés. ¿Existía algún obstáculo importante para la realización de

---

6. Término que en inglés se designa el hecho de compartir un viaje en coche.

un gran centro de viajes compartidos en línea que no hubiera podido identificar? Con un ritmo cardíaco irregular, me sentí como un buscador de oro que ha encontrado una pepita pero que aún no sabe si es realmente de oro. No dormí durante setenta y dos horas… hasta que decidí ponerme a trabajar y empezar a codificar un motor de búsqueda. ¡Pero no tenía ni idea de que eso fuera el comienzo de una historia tan grande!

LA PRUEBA DE FUEGO

❂ **LC y BR:** Aquí estás con tu idea de compartir coche bajo el brazo y ¿qué más tenías a tu disposición?

FM: No había mucho tangible. Pero estaba convencido de que esta cosa tenía que existir, así que estaba dispuesto a hacer los trabajos que fueran necesarios para que el viaje compartido en línea funcionara. La idea aún no tenía una existencia concreta en el mundo físico. Solo estaba en mi cabeza y me sentía un poco solo, pero había hecho varias páginas web para amigos artistas que necesitaban promocionarse. Así que desarrollar un servicio en Internet no me era totalmente ajeno. Tenía que hacerlo real y concreto para los demás. Para hacerlo, tuve que confrontar mi idea con la realidad de la vida cotidiana y compartirla con mis allegados, con el mundo. Sobre todo, ¡no quería pensar solo [7]! Pronto descubrí que, aunque la etapa de reflexión individual era esencial, solo era la primera de una serie. Había que dar otros tres pasos: 1) hablar de la idea con personas cercanas y desconocidas y escuchar sus comentarios, 2) estudiar productos de la competencia o similares en algunos aspectos para inspirarse en una buena

---

7. Véanse las fichas Imaginar – El método ESCUCHAR y Convencer – El método PITCH.

funcionalidad y, por último, 3) contactar y entender a tus primeros usuarios, si tienes la suerte de tenerlos. Por eso, cuando tengo una idea, trato de inspirarme en el mayor número posible de mentes que puedan pensar en ella o que ya la hayan pensado: las mentes de las personas que conozco, las de los competidores y las de los usuarios noveles. A partir de ahí, sintetizo y priorizo las cosas.

❯ LC y BR: Pero muchos emprendedores temen que les roben sus ideas...

FM: Debemos superar este miedo para poder progresar. «No hay nada más poderoso que una idea a la que le ha llegado su hora», decía Víctor Hugo. Lo primero que hice cuando empecé a pensar en mi idea fue hablar con mis mejores amigos Damien Grulier y Patrick Mabille. Incluso quedé con Patrick directamente en la sala de exposiciones de Renault en los Champs Elysées para compartir la idea con él al volante de un coche de exposición. Cuando llega el momento de una idea, muchos de nosotros la tenemos porque surge al mismo tiempo que los problemas que pretende resolver. Las personas que se enfrentan a los mismos problemas al mismo tiempo buscan soluciones. Así que comparte tu idea sin miedo porque ya existe, ya está en el aire. De hecho, las buenas ideas no se roban, ¡ya vuelan solas! Entonces, ¿cómo saber si la idea es atractiva para los demás si no la compartes? ¿Cómo se puede imaginar una solución que funcione? La diferencia entre las personas que tienen la misma idea al mismo tiempo se basa principalmente en dos criterios: la calidad de la ejecución y la velocidad de puesta en marcha. Pero compartir la idea acelera el proceso...

Además, a veces los jóvenes emprendedores son reacios a observar con detalle lo que hacen sus competidores, bien porque piensan que lo harán mejor o porque temen perjudicarse al ver lo mucho mejor que lo hacen otros. En cualquiera de los casos, esto conduce a una falta de conocimiento del mundo que nos rodea, lo cual es muy peligroso. Es esencial conocer tu contexto y los productos de tus competidores. Construir un buen producto suele significar inspirarse en lo que se hace bien y añadir lo que uno hace mejor. De lo contrario, se corre el riesgo de reinventar la rueda o construir una rueda cuadrada.

> **LC y BR:** En concreto, ¿cómo se hace para encontrar personas que estén dispuestas a pensar en la idea contigo?

FM: Aprovecho cualquier oportunidad. La gente de tu entorno acaba diciendo que te has obsesionado por completo, pero no debes preocuparte demasiado por eso. Esta obsesión te permite avanzar con la idea. En efecto, si no concentras todos tus esfuerzos en el proyecto que quieres realizar, no pones en juego todos los medios para lograrlo. Después de lanzar la primera versión del servicio, me fui a estudiar un Máster en Administración de Empresas (MBA) en el INSEAD, una escuela internacional situada en Fontainebleau. Había 450 alumnos en mi clase. ¡A ninguno de nosotros se le escapó la presentación de lo que iba a ser BlaBlaCar! Cada vez que se nos pedía que eligiéramos un tema para ilustrar los conceptos estudiados en clase, cogía el del coche compartido. Luego, durante la sesión de *feedback*, presenté Comuto, el nombre inicial de BlaBlaCar, y escuché el *feedback*. ¡Y no fue amable! Los estudiantes, que representaban a noventa naciones, hicieron muy buenas preguntas en base a su experiencia y su cultura. Siempre encontraban buenas razones para que el uso compartido del coche no funcionara a gran escala. Durante las primeras presentaciones, a veces me encontré acorralado, frustrado y sin respuestas. Pero, poco a poco, encontré soluciones a muchas preguntas.

> **LC y BR:** Compartir tu idea y verla criticada, juzgada y cuestionada por los demás, ¿es algo natural y fácil para ti?

FM: No, pero ya había tenido la oportunidad de aprender a hacerlo. Cuando era más joven hice mucha música, sobre todo piano y violín en el conservatorio y más tarde composición. Recuerdo que de niño me daba mucho reparo tocar piezas delante de gente conocida o incluso en público. El miedo escénico es una buena manera de aprender a controlarse. Cuando, de adolescente, empecé a componer canciones por mi cuenta, revelarlas ante el público me pareció una gradación más del miedo escénico, la emoción y la sensibilidad que podía sentir. Subió otro escalón cuando empecé a añadir letras a estas melodías para convertirlas en canciones. Es mucho más estresante tocar tus composiciones en público que tocar una pieza de Chopin. Si tocas a Chopin, puedes esperar comentarios sobre la ejecución y la interpretación, pero no sobre la pieza o su compositor. En cambio, cuando interpretas una pieza de composición propia a la que le pones una letra que has escrito, se critica al intérprete (a la voz o al piano), al compositor y al autor de la letra, que resultan ser una misma persona: ¡tú! Hacer escuchar mis composiciones a mis amigos era revelar toda una parte de mi personalidad…

❷ **LC y BR:** Obviamente, si lo haces todo, ¡todo se juzga! ¿Qué has aprendido de eso?

FM: He aprendido a callar cuando recibo comentarios, a asimilarlos y luego a reflexionar. Lo mejor es la rapidez de la respuesta, tanto la agradable como la desagradable. Una nota equivocada, una melodía o armonía que no gusta, una letra o prosodia mal elegida, un titubeo… todo puede ser criticado y muy rápidamente. El *feedback loop*[8] es inmediato, lo que significa que puedes progresar rápidamente si asimilas bien las observaciones. Pero también puede ser muy violento si no te lo esperas… Tienes que aprender a desprenderte de tu «obra», a mirarla con objetividad y retrospectiva, aunque sea el resultado de

---

8. Esta expresión puede traducirse como «círculo de reacción», es decir, el círculo de retroalimentación en reacción a las acciones o palabras de una persona.

semanas de cuidadoso trabajo y creas que has desplegado la más profunda inteligencia de la que te sientes capaz. Recuerdo que durante estas primeras experiencias me sentí muy ofendido, incluso herido, por amigos a los que no les gustaba una nueva pieza musical. Algunos no dijeron nada, sino que se limitaron a hacer una mueca de duda o vergüenza, sin ninguna ambigüedad...

» **LC y BR:** ¿Esto te hizo insensible a las críticas después? ¿Construiste un caparazón?

FM: Nunca me he vuelto insensible. Creo que es imposible no sentir algo por una creación propia. Por otro lado, he aprendido a mostrar una aparente insensibilidad cuando busco retroalimentación. Llevé el ejercicio hasta el punto de expresar las cosas en su lugar cuando la gente no encontraba las palabras, a veces, incluso magnificando la línea y minimizando el impacto negativo que los comentarios podían tener sobre mí: «Adelante, dime lo que piensas, no es genial, ¿eh? Pero ya sabes, no te preocupes, no he dedicado mucho tiempo a esta pieza, sé que hay muchas cosas que están mal...». Decir que no le dedicamos mucho tiempo nos permite restarle importancia a la situación y liberar el discurso de la persona cuando vuelva a hablar de sus sentimientos, incluidos los desagradables. Lo que está en juego parece entonces poco, y no temen destruir potencialmente una inversión importante.

» **LC y BR:** ¿Así que animas a los creadores a distinguir entre su persona y su obra y a no dudar en criticarse a sí mismos para progresar?

FM: Sí, es fundamental. Incluso puede llegar a burlarse de sus propias composiciones. Burlarse de uno mismo tiene un lado saludable. Manteniendo el objetivo de la mejora constante, esta separación te permite dar un segundo aire a una creación, mejorarla y, quién sabe, ver cómo se transforma poco a poco en una obra maestra... Hay muchas canciones fabulosas que pasaron por primeras versiones sin éxito y que, una vez reelaboradas o actualizadas cambiando el tempo o los sonidos, se convirtieron en grandes éxitos. Cuando un autor se desprende de su obra, esta puede nacer realmente y vivir su propia vida. La composición musical y la creación de un proyecto empresarial tienen mucho en común, como el hecho de que hay que iterar muchas veces antes de conseguir algo que funcione. Por lo tanto, es necesario superar el miedo al ridículo y recordar que nada nace perfecto.

❥ **LC y BR:** Estos debates y críticas hacen avanzar la idea, pero ¿qué pasa con el producto en sí?

FM: Para el producto, la verdadera prueba de fuego es el uso. Paralelamente a todas estas discusiones, hay que utilizar el producto de forma intensiva y, si es posible, convertirse en el cliente más exigente. Hice mucho autostop cuando tenía unos 20 años y, desde que lancé BlaBlaCar, hago muchos viajes compartidos, tanto como pasajero como conductor. Más allá del servicio que me presta, como a todos los que comparten coche, es una excelente manera de experimentar el producto y de darse cuenta de las mejoras de las que aún podría beneficiarse. Uno de los principios de nuestros primeros años en BlaBlaCar fue: «Piénsalo. Constrúyelo. Úsalo»[9]. Esto significa que los empleados que trabajan en BlaBlaCar forman parte de la comunidad de vehículos compartidos y tienen un asiento en primera fila para evaluar el funcionamiento de nuestro servicio y aportar sus comentarios. De este modo, el círculo de retroalimentación es muy rápido porque estamos utilizando nuestro cerebro tres veces: el diseñador

---

9. En inglés en el original: *Think it. Build it. Use it.*

piensa en el servicio, el ingeniero lo construye y el cliente lo utiliza. Y como todo ocurre en el mismo cerebro, no es necesario pasar por la ansiedad de aceptar la retroalimentación, ¡ya que nos la hacemos nosotros mismos! En este ciclo, debemos mantener una mente crítica aguda, acompañada de una perfecta honestidad intelectual para que el creativo o el ingeniero que hay en nosotros reconozca que «El cliente siempre tiene la razón». Muchos empleados incluso han usado el distintivo de «Embajador» de BlaBlaCar, una distinción reservada a los miembros más activos e implicados de la comunidad.

⊚ **LC y BR:** Y cuando el producto está terminado, ¿qué ocurre?

FM: Cuando es bueno, el producto crece de forma natural y adquiere nuevos clientes a través del boca—oreja. Pero hay que pensar rápidamente en acelerar y, a menudo, en recaudar fondos.

ESCALAR

⊚ **LC y BR:** ¿Por qué acelerar? ¿Por qué buscar inversiones?

FM: ¡Para superar a tus competidores y financiar la innovación continua! Hay dos fases en el crecimiento del producto: la mejora de la experiencia del usuario y el «crecimiento», escalar. Al principio, los equipos que compiten tratan de crear el mejor producto para el problema que se pretende resolver. Se comparan y se inspiran mutuamente. Y los clientes pasan de un producto a otro, especialmente en un mundo digital, en el que todos los competidores están a un clic de distancia. Cuando un equipo tiene el mejor producto, es capaz de reunir capital para acelerar su crecimiento y superar a sus competidores. Además, en el caso de las plataformas de *marketplace* (plataformas que ponen en relación a las personas para que intercambien, vendan o adquieran bienes), que tienen una tendencia a la concentración, ¡no quieres ver que tu vecino concentra la actividad! Debe parecer que tú estás en el centro, como el mercado de un pueblo, donde los clientes encuentran muchas opciones y los comerciantes muchos clientes. Por otro lado, debes mantener la experiencia de tu producto en plena forma, lo que significa innovar constantemente para seguir siendo atractivo para tus usuarios. Pero la innovación es cara... La única manera de recuperar estos costes de investigación y desarrollo es aumentar el número de usuarios. En BlaBlaCar, sentimos la necesidad de asegurar nuestra fase de crecimiento a través de la inversión cuando nuestra comunidad alcanzó alrededor de 1 millón de miembros en Francia. La comunidad cuenta ahora con más de 100 millones de miembros en 22 países, desde Brasil hasta Rusia.

⦿ LC y BR: ¿Cómo convertir la inversión en crecimiento acelerado?

FM: Con mucha materia gris y... ¡un poco de pereza! El objetivo de pensar anticipadamente en la fase previa para crear procesos es evitar que se realicen tareas repetitivas en la fase posterior. Queremos construir para ir rápido, un poco como haríamos para un cohete: reflexionamos inmóviles para ir muy rápido después. Establecemos procesos que se amplíen y creamos un equipo que sea capaz de manejar un volumen mucho mayor. Los anglosajones tienen un verbo para expresar esto: *to scale*. En castellano, se utiliza el neologismo *escalar* (con el sentido de expansión a una mayor escala) ¡muy utilizado hoy en día en el ámbito de las nuevas tecnologías! En cualquier caso, alcanzar una gran escala permite tener un impacto real. A continuación, eliminamos las tareas repetitivas y que consumen mucho tiempo, las que no merecen que un humano les dedique tiempo. Todo lo que se puede automatizar se automatiza y la tecnología digital se utiliza al máximo. ¡Esto puede considerarse una forma de inteligencia que surge de la pereza obligatoria!

Lo bueno de la tecnología digital es que a menudo es posible evitar hacer lo mismo dos veces. Así que desarrollamos pequeños trozos de código, rutinas, procesos, algoritmos que automatizan las tareas repetitivas. Realmente me apasiona este tipo de optimización informática. Hacer un esfuerzo muy grande de concentración inicial para escribir unas pocas líneas de código y, por tanto de inteligencia, que producen un proceso que luego será ejecutado millones de veces por una máquina me produce una inmensa satisfacción. Es la sensación de saber que el trabajo se hará bien… y que podemos conservar las habilidades humanas para tareas que tienen más valor añadido.

❯ LC y BR: ¿Qué has intentado automatizar?

FM: Casi todo lo que pudimos. Por ejemplo, los perfiles en línea. Fotos, textos, números de teléfono, correos electrónicos, enlaces a otras redes sociales, etc.: en cada perfil de un miembro de BlaBlaCar, la información introducida se comprueba para crear confianza entre los miembros. Al principio, yo recortaba manualmente todas las fotos en Photoshop, ¡sí, lo hice! Enviaba un correo electrónico para solicitar una nueva foto cuando la que habían presentado no era buena. A veces me llevaba cinco minutos por foto. Con unas pocas entradas al día al principio, era manejable. Ahora bien, con más de 100.000 nuevas entradas al día (es decir, más de una entrada por segundo), para dedicar cinco minutos a cada foto se necesitarían más de 1.000 personas trabajando ocho horas al día [10]. Hemos implementado un *software* para automatizar al máximo la fase de recorte de las fotos. Sigue habiendo una etapa de validación humana para garantizar la autenticidad y pertinencia de las fotos propuestas, pero para ello solo se

---

10. ¡100.000 fotos × 5 minutos = 8.333 horas, es decir, más de 1.000 jornadas de 8 horas!

necesitan unas diez personas, ya que todo lo demás se ha automatizado: eliminación de fotos inapropiadas (de gatos o puestas de sol, por ejemplo), encuadre, envío de mensajes para solicitar una nueva foto si es necesario, guardado en diferentes formatos, etc. Esta lógica permite aumentar la eficacia y reducir los costes de procesamiento.

> **LC y BR:** ¿Cómo gestionar los casos especiales y las excepciones automatizando al máximo?

FM: En un contexto de hipercrecimiento, muchos casos especiales se convierten rápidamente en habituales. Por lo tanto, pueden ser en gran medida automatizados y es ahí en donde radica todo el juego, todo el desafío. Cuando un caso que rara vez ocurre, comienza a aparecer regularmente, entonces, pensamos en automatizarlo. Un pasajero que reserva en BlaBlaCar puede esperar que su viaje se desarrolle exactamente como estaba previsto en más del 91 % de los casos. Sin embargo, todavía hay reservas que pueden considerarse como «casos especiales» porque implican una cancelación (más frecuente en el lado del pasajero que en el del conductor), un aplazamiento, una cita perdida, una avería, etc. Todos estos casos se analizan uno por uno. Su resolución se automatiza cuando es factible, así se garantiza al mismo tiempo la calidad de la experiencia de nuestros miembros. Por lo tanto, nuestro trabajo consiste en detectar errores e incoherencias en la experiencia del usuario a medida que crecemos, para eliminar las tareas repetitivas que pueden automatizarse.

> **LC y BR:** Porque sin su automatización, ¿sería difícil dar el siguiente paso?

FM: Una forma clara de ver cómo la automatización juega un papel importante en el escalamiento de una empresa digital es observar la evolución del tamaño de la comunidad de BlaBlaCar en relación con el número de miembros del equipo. Esto demuestra que el número de afiliados por empleado aumenta constantemente, ha pasado de 2.500 al comienzo a 200.000 en la actualidad.

	2006	2009	2012	2015	2018	2021
Número de miembros de BlaBlaCar	10.000	200.000	2 millones	25 millones	60 millones	100 millones
Número de empleados (actividad de compartir coche)	4	10	50	250	400	500
Proporción Número de afiliados por empleado	2.500	20.000	40.000	100.000	150.000	200.000

Este proceso de automatización continua durante el crecimiento permite lograr economías de escala y alcanzar el equilibrio económico [11].

❯ **LC y BR:** El equipo, la financiación, la tecnología… ¿qué es lo más complicado de escalar?

FM: ¡El equipo! Es una mezcla inteligente de personalidades, todas diferentes entre sí. Y a medida que crece, todo el mundo debe ser capaz de encontrar su lugar, los antiguos y los nuevos. Así que se trata de ser «uno», de tener acciones coherentes como grupo. Cuando todavía éramos una estructura pequeña, todo lo que mis cofundadores y colegas tenían que hacer era hablar entre ellos todos los días, alrededor de un escritorio o durante el almuerzo, para desplegar gradual y efectivamente nuestra visión. Prestamos y seguimos prestando especial atención a la convivencia en nuestros lugares de trabajo para facilitar nuestras in-

---

11. Véase la ficha El modelo económico – El motor NECESIDAD.

teracciones. El equipo siguió creciendo. Es difícil, con personas repartidas en múltiples oficinas en varios países, confiar únicamente en la comunicación informal y diaria para sincronizar las acciones y tomar decisiones colectivamente. También hay que decir que el crecimiento fue tan rápido que no siempre tuvimos tiempo de poner en marcha los procesos adecuados para guiar las decisiones y acciones.

◉ LC y BR: ¿Cómo es posible garantizar que todo el mundo se apropie de la visión y actúe en consecuencia?

FM: Los *procesos* no tienen el monopolio de la coherencia. La ausencia de procesos puede superarse estableciendo valores y principios que expliciten el comportamiento que se espera de todos. De este modo, una *startup* consigue velocidad, a la vez que se preserva la coherencia de la acción. En realidad, una *startup* debe concebirse como un ente vivo: su cultura suele surgir de forma orgánica y le permite crecer. Al igual que el ADN de los niños está determinado por las características de sus padres, el ADN organizativo de una empresa emergente está determinado por los valores y principios que portan las personalidades de los fundadores y los primeros empleados. Por eso es muy importante que estos valores y principios se expresen con la mayor claridad posible. La *startup* los heredará para convertirse en un ser único que evolucionará durante su vida y se adecuará a su entorno. Si el ADN no se expresa, o se expresa mal, la empresa corre el riesgo de volverse incoherente.

VIENTO EN LAS VELAS

◉ LC y BR: ¿En qué momento se sabe que la fase de escalamiento (expansión) ha terminado?

FM: Creo que es una escalera interminable. Descubres la escalera, subes, subes, subes y te conviertes en un profesional de «subir la escalera». Luego se construyen los peldaños superiores uno a uno para seguir avanzando. ¡Este es el deporte del emprendedor! Lo complejo es mantener el rumbo cuando muchas tentaciones y vientos en contra pueden desviarnos. Todavía tengo una frase de mis inversores que resuena en mis oídos: «¡Fred, enfócate!». Los inversores a menudo tienen que recordar a los empresarios que se enfoquen en lo que funciona. Hay dos fuentes de «desenfoque»: nosotros mismos, por nuestra propia creatividad y las tentaciones que conlleva, y los otros, empleados o socios potenciales que imaginan que pueden utilizar la energía de lo que está empezando a funcionar en la empresa para alimentar nuevas ideas o sus intereses. Hay que mantener el rumbo y enviar todo el viento posible a través de las velas. Por cierto, hay muchas analogías entre una empresa y el mundo de la náutica (dicho esto, puedo conceder fácilmente que el hecho de que sea de Vendée y bastante aficionado a la Vendée Globe seguramente juega un papel importante en esta interpretación): el producto es el barco. La tripulación es, por supuesto, su equipo, que en el caso de la Vendée Globe está más en tierra dado que se trata de una regata en solitario, pero está ahí para ayudar al navegante a bordo con las elecciones de ruta y las tácticas. El mercado es el viento. El modelo de negocio es el tamaño y la forma de las velas, o la potencia del motor. El curso es la visión. Y, en una regata oceánica, tienes fallos de viento, oleaje, vientos en contra, icebergs, roturas, competidores… ¡y a veces te llama la atención la belleza de los albatros! Se podría decir que falta el actor principal: el cliente. Pero el cliente está ahí, es el público que quiere ver deporte, estrategia, suspense y un gran espectáculo.

⦿ LC y BR: Entendemos la teoría, pero en la práctica, ¿cómo mantenemos el rumbo, cómo nos centramos?

FM: Tienes que combinar concentración y determinación: toda tu energía, en un solo objetivo. Puedes hacer varias cosas al mismo tiempo si y solo si todas contribuyen con el mismo objetivo y, entonces, debes hacerlas bien y hasta el final. Todo lo que no esté en el camino hacia la meta debe ser simplemente descartado. Esto ayuda a ordenar las cosas para que no se desperdicie la energía. Piensa en la expresión «si abarcas mucho, poco aprietas». En concreto, si te han enviado a recoger cerezas, no es el momento de recortar el seto. ¡Concéntrate! Y hay miles de trampas, sobre todo cuando el proyecto va bien, porque entonces te solicitan demasiado. Todo el mundo quiere aferrarse a una locomotora que avanza bien, pero no se pueden tirar 1.000 vagones. Así que hay que tener presente la dirección y aclararla internamente lo más a menudo posible. Cuando por fin se ha encontrado lo que funciona, hay que expandirlo. Para ello, un muy buen método recomendado por Eric Benhamou, antiguo responsable de 3Com y Palm, inventor de la Palm Pilot, a quien tuve la suerte de tener como profesor en el INSEAD, es colocar cada día en tu cartelera la cifra que quieras que aumente en tu negocio: el número de transacciones, la calidad del servicio, los nuevos clientes, etc., porque entonces todos los que lo vean cada día tratarán de hacer aumentar esa cifra, cada uno desde su posición. Por lo tanto, es importante elegir las métricas sobre las que alinear a todos. En una cultura sana de equipo en la que reina la confianza, se permite que todos se muevan en la misma dirección, a gran velocidad.

◉ **LC y BR:** ¿Esta determinación obstinada y asumida no corre el riesgo de volverse reductora o incluso destructiva?

FM: Visto desde fuera, se podría interpretar así, pero no es en absoluto como lo he vivido, y eso que siempre me he nutrido de una diversidad de actividades. Durante mi infancia, en Fontenay-le-

Comte en la Vendée, estudié cuatro instrumentos en el Conservatorio de La Rochelle, paralelamente a mi escolarización y gracias a mi madre, que me transmitió su pasión por la música: violín, piano, guitarra y batería. A los 17 años, vine a París para continuar mis estudios y la escuela de música en un horario especial. Dividía mi tiempo entre el último año de la escuela secundaria, con orientación en ciencias en el Liceo Racine por la mañana y los estudios de música por la tarde en el Conservatorio de París. También tomé clases de jazz en el conservatorio de La Courneuve. Mis dos amores eran la ciencia y la música. Quería ser músico, pero no quería tomar una decisión que me alejara definitivamente de las ciencias. Así que continué con el conservatorio cuando entré en el liceo Henri IV para hacer mis clases de preparación científica. Me dije que si me dedicaba a las matemáticas y a la física, siempre podría dedicarme a la música más adelante, pero que lo contrario no funcionaría. Luego entré en la Escuela Normal Superior en física y continué el conservatorio, al tiempo que realizaba cursos de infografía 3D en Arts Déco, justo al lado, en la rue d'Ulm. Luego me fui a los Estados Unidos, donde combiné estudios, investigación, trabajo en una *startup*, clases de piano de jazz y *windsurf*. ¡Estaba bastante ocupado! Durante los años de puesta en marcha de BlaBlaCar, tomé paralelamente mis clases de MBA y luego di clases en Sciences Po (abreviatura del Instituto de Ciencias Políticas) durante cinco años. Mi curso se llamaba «Startups». En resumen, no estoy acostumbrado a hacer una sola cosa a la vez y, sin embargo, nunca he tenido la impresión de realizar tantas actividades diferentes como cuando me centré casi exclusivamente en la creación y el crecimiento de BlaBlaCar. Aunque desde afuera se puede pensar que centrarse en un solo objetivo es monótono, en realidad, todos los días son diferentes: hay que gestionar una multitud de cosas y utilizar una gama muy amplia de habilidades. Creo que tener el hábito, desde una edad muy temprana, de hacer todo tipo de cosas al mismo tiempo es un gran entrenamiento para iniciar un negocio. Te permite gestionar todos los aspectos de una empresa de varios cientos de personas, sin perder la concentración: te ocupas de muchas cosas diferentes al mismo tiempo, ¡sin entrar en pánico!

❂ LC y BR: ¿Cómo repartir las tareas cuando todo se multiplica así?

FM: ¡Este es el momento crucial en el que se pone a prueba la complementariedad de las personas del primer círculo! Cada persona es siempre mejor en lo que le gusta, se trata entonces de repartir los dominios según las afinidades. El trío de cofundadores que conseguimos formar con Francis Nappez y Nicolas Brusson fue una baza decisiva para nuestro hipercrecimiento: mientras que a mí me apasionaba la calidad del servicio prestado a los afiliados y la comprensión de nuestros mensajes; Nicolas, tras una carrera mixta entre *startups* en Silicon Valley y fondos de inversión en Londres, destacaba en los temas de crecimiento, expansión internacional, negociación y equilibrio financiero. Francis, por su parte, había participado en la construcción técnica de Free y Meetic desde sus inicios, y tranquilizaba a todos con su dominio tecnológico y logró traducir nuestras ambiciones en un producto fiable y robusto. La construcción de un proyecto se realiza en varias fases de acuerdo con las etapas de la evolución de la empresa, desde la creación hasta la estructuración y, luego, la gestión. Cada fase es increíblemente variada y tiene sus placeres y puntos fuertes. Se puede preferir uno u otro, pero el equipo que lidera debe ser capaz de abarcarlo todo, en toda la historia del crecimiento. Es un verdadero juego de equipo, con gente apasionada y experta en cada puesto. Cada persona se encarga de muchas cosas diferentes, pero en su campo preferido y de forma sincronizada. Para poder crear, pero también para crecer, hay que ser complementario y organizado.

❂ **LC y BR:** Ser organizado está bien, pero hemos visto tu escritorio: es un desorden...

FM: Ah, el mundo en sí no es ordenado y sin embargo tenemos que navegar por él. Einstein tenía una hermosa frase que a menudo me salvaba cuando la gente señalaba mi desorden y yo me avergonzaba: «Si un escritorio desordenado significa una mente desordenada, entonces, ¿qué debemos pensar de escritorio vacío?». En segundo lugar, sin llegar a establecer un atrevido paralelismo entre el desorden material y la profusión de información en el mundo intelectual, sigo diciendo que necesito absorber mucha información para sintetizar algo sencillo. Esta es para mí una de las grandes diferencias entre el enfoque superanalítico y el enfoque intuitivo. Cuando analizas mucha información, la contrapones, la digieres y la sintetizas para combinarla y sacar conclusiones, desarrollas una convicción basada en una verdadera y larga reflexión. Aunque esta convicción puede percibirse a veces desde el exterior como una intuición mágica, no hay nada sobrenatural o espontáneo en su origen. Una convicción personal basada en un análisis racional de todos los parámetros implicados es mucho más resistente a la argumentación, lo que aumenta su poder de persuasión. Esto es totalmente diferente a una corazonada. En resumen, estoy a favor de los escritorios desordenados, ¡porque fomentan la reflexión y la creatividad!

La innovación en Pixar

Conservar la creatividad de un niño

«¡Hasta el infinito... y más allá!» Cuando Buzz Lightyear pronunció esta frase en 1995, Pixar era entonces desconocida para el gran público. Pero no por mucho tiempo. Desde *Toy Story*, el primer largometraje de animación por ordenador de la historia, el estudio de animación ha ido coleccionando éxitos con películas como *Monsters, Inc.* (*Monstruos, S.A.*, en España), *Nemo* y *Up* (*Una aventura de altura*, en algunos países de Hispanoamérica). ¿Qué tienen en común? Ninguno de ellos es el resultado de un guion o una idea comprada externamente, al contrario de lo que se hace en el mercado [12]. ¿Existe una fórmula mágica de Pixar para mantener la creatividad a largo plazo?

Para Ed Catmull, cofundador de Pixar junto a John Lasseter y Steve Jobs (¡sí, Steve Jobs!), la receta se basa en tres ingredientes: creación colectiva, un proceso iterativo y un compromiso total.

En su libro, *Creativity, Inc.* [13], Catmull explica que el proceso de ideación, es decir, el desarrollo de nuevas ideas, no puede ser un acto solitario. Y, para cada miembro del equipo, esto significa rituales como el intercambio diario de animaciones inacabadas para maximizar la creatividad y la retroalimentación.

Para Ed, la creación no es una cuestión de inspiración divina. La mayoría de las películas de Pixar tardan años en aparecer en nuestras pantallas. Por lo tanto, es sobre todo un largo y arduo proceso de iteración, que no llegaría a buen puerto sin el compromiso total de todos los implicados. El equipo de *Ratatouille* estuvo en París para conocer la gastronomía francesa, las técnicas culinarias y... ¡las alcantarillas parisinas! [14]

La creatividad de Pixar es legendaria y contagiosa. Desde su fusión con Pixar en 2006, el estudio de animación de Disney vive una segunda juventud.

---

12. «How Pixar Fosters Collective Creativity», E. Catmull, Harvard Business Review, septiembre de 2008, disponible en línea.

13. *Creativity, Inc: The Secrets of Inspiration* por el fundador de Pixar E. Catmull y A. Wallace, París, Talent Editions, 2020.

14. «To Infinity and Beyond: Pixar's Movie Making Success», J. Baird, Digital Initiative, 6 de diciembre de 2015, disponible en línea.

Prueba de fuego en King

Iterar sin parar

Con más de 258 millones de usuarios activos mensuales en todo el mundo en 2021, King[15] es el rey de los videojuegos para teléfonos móviles. Y el éxito del estudio detrás del famoso Candy Crush Saga no es casualidad.

Los locales que albergan la creación de los juegos reciben el apodo de «la usina»[16], en referencia al enfoque industrializado y racionalizado de la creación adoptado por el estudio. La cartera de juegos «gratuitos» es, por tanto, un verdadero laboratorio y una herramienta de control para los equipos.

Los juegos se lanzan inicialmente como prototipos, que pequeños equipos de dos o tres personas diseñan y mejoran a partir de los primeros comentarios. De hecho, para acelerar esta fase, King anima a su comunidad a aportar sus comentarios a través de foros, programas de pruebas beta o eventos para jugadores en sus instalaciones. Tras analizar los datos, solo los juegos más prometedores se entregan a un equipo especializado[17]. A continuación, se optimiza su formato añadiendo herramientas de fidelización y monetización, funciones sociales y creando docenas o incluso cientos de nuevos niveles.

Candy Crush fue uno de los primeros conceptos de puzzle que King ideó antes de convertirse en una saga. Pero la optimización no se detiene ahí: todos los aspectos del juego, como los colores, las

---

15. Según las cifras del sitio web Statista, disponibles en línea.

16. «How King's Candy Crush making "factory" creates hits», D. Tach, 7 de mayo de 2014, disponible en línea.

17. «Understanding King.com's production line», Z. Street, 7 de octubre de 2013, disponible en línea.

bonificaciones y la dificultad de la progresión, se mejoran constantemente según los comentarios de los usuarios[18].

Para crear una emulación adicional, la empresa organiza regularmente concursos internos. ¿Y qué gana el prototipo más votado? La oportunidad de ser distribuido a la comunidad y eventualmente convertirse en una saga.

TikTok: escalar

Tener el coraje de tus ambiciones

¿Cómo vencer a los gigantes de las redes sociales en su propio campo de juego? Pregúntale a TikTok. La plataforma de vídeos cortos desarrollada por la empresa china ByteDance solo ha necesitado dos años y medio para conquistar mil millones de usuarios... cuando a Facebook e Instagram les había llevado ocho[19].

El principal motor de este asombroso crecimiento es la estrategia de posicionamiento de TikTok. ¿Snapchat ya había captado una gran parte del mercado de adolescentes y jóvenes? TikTok decidió centrarse en el grupo de edad alrededor de los 12 años para convertirse en «la aplicación más joven del mundo»[20].

TikTok también presta especial atención a los creadores de contenidos. La aplicación entiende que al hacer famosos a los TikTokers, los fideliza y los convierte en embajadores. La plataforma se lo pone fácil al desplegar herramientas de creación y para compartir vídeos muy sofisticadas, pero fáciles de usar. Estas herra-

18. «How King is crushing games date», T. Sekinag, 25 de febrero de 2018.

19. «How to become TikTok famous», A. Nicolaou, *Finantial Times*, 8 de noviembre de 2019, disponible en línea.

20. «How TikTok is rewriting the world», C. H. J. Springer, *The New York Times*, 27 de octubre de 2019, disponible en línea.

mientas innovadoras multiplican la viralidad de TikTok, que así logra realmente escalar.

TikTok también ofrece a sus creadores la oportunidad de aceptar «retos», como concursos de baile. Estos concursos generan una creación masiva de contenidos que atraen a los usuarios… lo que aumenta la popularidad de los creadores y los anima a crear más y más. El círculo de la viralidad queda así cerrado.

Este ecosistema se ve reforzado por un algoritmo que permite recomendar contenidos de forma ultrapersonalizada [21]: la aplicación consigue crear comunidades de forma orgánica, a diferencia de Twitter o Facebook, plataformas en las que los usuarios tienen que unirse a los grupos por sí mismos. TikTok es el ejemplo más rápido de «escalada» hasta la fecha…

El viento en las velas de Patagonia

Dirigirse justo hacia la cima

Desde su fundación en 1972 por Yvon Chouinard, Patagonia se encuentra entre las empresas pioneras que creen que su misión es más importante que sus beneficios. El fabricante estadounidense de ropa técnica para actividades al aire libre sigue estando a la vanguardia del activismo social y medioambiental.

Yvon Chouinard, entusiasta de la montaña, fue uno de los primeros en comercializar con éxito los pitones de escalada… y también uno de los primeros en tener en cuenta su impacto medioambiental. Mientras escalaba el mítico El Capitán, en el valle de Yosemite, se dio cuenta de que los pitones acribillaban la superficie con agujeros

---

21. Véase el estudio «Inside TikTok's Highly Secretive Algorithm», *Wall Street Journal*, 21 de julio de 2021, disponible en línea.

y decidió retirarlos de la venta. Se establecieron los primeros hitos de la visión y la cultura de Patagonia: «Fabricar el mejor producto, no hacer daño innecesario, utilizar la empresa para inspirar y aplicar soluciones a la crisis medioambiental»[22]. Esta visión se refleja en la elección de los materiales utilizados, que son 100% renovables y reciclables[23]. La empresa también dona el 1% de sus ventas a la preservación del medio ambiente.

Esta autenticidad ha dado sus frutos: la marca ha cuadruplicado sus ingresos en siete años, al tiempo que se ha establecido como un respetado líder de opinión. Su programa circular para reciclar y revender sus productos de segunda mano fue uno de los primeros del mundo.

Durante mucho tiempo, Yvon Chouinard inspiró a sus equipos con un original método de gestión: la «gestión por ausencia»[24]. Los empleados tienen pocas limitaciones jerárquicas, pero deben seguir el ejemplo de su jefe. ¿Cómo lo hacen? Continúan con la práctica de sus actividades deportivas favoritas para aportar nuevas ideas[25] y, sobre todo, ¡las que puedan mejorar los productos Patagonia!

22. «Staying true to your vision pays. Just ask Patagonia », Tom & Jerry, Medium, 10 de mayo de 2020, disponible en línea.

23. Este es el compromiso asumido por Ryan Gellert, el nuevo director general de la empresa, en una entrevista realizada en septiembre de 2020, disponible en línea.

24. «Eurêka! Certains dirigeants font un pied de nez au management traditionnel», P. Auger, *The Conversation*, 18 de febrero de 2021, disponible en línea.

25. *Let My People Go Surfing: The Education of a Reluctant Businessman*, Y. Chouinard, Penguin books, 2016.

2

CONFIANZA Y DESCONFIANZA

La confianza es, por supuesto, la base de los **intercambios**, pero… ¡hay que encontrar la forma adecuada de construirla entre personas que no se conocen! La **marca** de un producto o servicio puede inspirar confianza o desconfianza, lo que marca la diferencia es el **optimismo** del equipo empresarial.

El INTERCAMBIO

«¡Ya basta! Un pasajero me dejó plantado de nuevo el sábado por la mañana. Lo llamé varias veces cuando estaba a punto de irme y cuando por fin conseguí que me contestara con la voz de alguien que recién se despierta y me dijo: "Ah… ¿del coche compartido? ¡Ah, no te preocupes, tomaré otro! Bip… Bip… Bip…" Todo bien, salvo que todos lo esperamos cuarenta y cinco minutos para nada…»

Francis, cofundador de BlaBlaCar, un lunes por la mañana en 2010

◉ Laure Claire y Benoît Reillier: Parece que fue la gota que colmó el vaso.

Frédéric Mazzella: ¡Totalmente, porque la copa estaba completamente llena! En aquella época, el coche compartido funcionaba mediante un acuerdo verbal entre conductores y pasajeros. Un simple: «Nos vemos el sábado por la mañana a las 9.30 en la Porte d'Orléans» por teléfono y la reserva estaba hecha. La comunidad acababa de superar los 500.000 usuarios de coches compartidos en Francia y habíamos observado una creciente falta de fiabilidad entre los pasajeros. Sin compromiso previo, sin pago online y sin penalización por cancelación, algunos pasajeros (e incluso muchos) abusaban de la disponibilidad de los conductores. Una rápida encuesta reveló una cifra espeluznante: el 35 % de los pasajeros que habían reservado un asiento no viajaban con su conductor... y esto aumentaba cada mes. Cuando eran educados, llamaban al conductor antes de partir, y cuando no lo eran, lo dejaban plantado. Los apodamos los *free riders*[26]. El problema es que su comportamiento estaba destruyendo la confianza mutua que reinaba en la naciente comunidad. Y lo que es peor, ahuyentaban a los conductores de confianza que, aunque ofrecían amablemente sus plazas gratuitas, se encontraban con la penalización y el fastidio de esperar a estos usuarios fantasma. Recibimos mensajes de conductores que decían: «Adiós, el domingo pasado fue la última vez que ofrecí mis servicios, ¡no soporto más el comportamiento incívico!» La situación era muy preocupante. Además, como la falta de fiabilidad conduce inevitablemente a la falta de confianza mutua y todos intentan simplemente proteger sus propios intereses, nos dimos cuenta de que algunos conductores empezaban a reservar en exceso para evitar las frecuentes cancelaciones de los pasajeros. Aunque solo te-

---

26. Puede traducirse como *aprovechadores* en este contexto.

nían tres plazas disponibles en su coche, aceptaban cuatro pasajeros, porque estaban seguros de que uno o dos de ellos estarían ausentes en el momento de la salida. Sin embargo, también, en algunas ocasiones sucedió que todos los pasajeros acudieron a la cita, por lo tanto, un pasajero se quedaba en la acera. Esta fue una mala experiencia. En respuesta, el desafortunado pasajero, la próxima vez que decidía usar el coche compartido, hacía una doble reserva: ¡reservaba a la vez en el coche de dos conductores diferentes para asegurarse de no quedarse en la acera o en el estacionamiento! El creciente tamaño de la comunidad estaba generando un comportamiento muy poco cívico generalizado que podía poner en peligro la propia existencia del servicio de coche compartido a gran escala. ¡Aaaaaah! Íbamos a morir bajo el peso de nuestra comunidad, que se había contagiado de la enfermedad de la desconfianza. Era de lo único de lo que podíamos hablar en nuestras discusiones de equipo. Eso nos llevó a diseñar el sistema de reservas en línea, que detuvo la hemorragia.

◈ LC y BR: ¡Pero el autostop también funciona sin ningún compromiso ni pago por adelantado!

FM: Cuando se hace autostop, el pasajero ya está en la carretera. Por lo tanto, no es necesario reservar con antelación. Hacer autostop tiene la ventaja de ser gratis para el pasajero, pero tiene al menos tres grandes desventajas: 1) no sabes dónde ni cuándo vas a salir realmente, 2) no sabes con quién vas a estar, lo que necesariamente asusta a mucha gente, y 3) esta práctica se parece a un favor, ya que el conductor se hace cargo de los gastos. Por eso, como pasajero libre puedes sentirte en deuda. Este fue mi caso. Cuando, era estudiante, hacía autostop entre París y la Vendée, siempre quería contribuir con los gastos para no sentir que le debía algo al buen samaritano que me había recogido. A veces tenía que insistir, pagaba la gasolina en una estación de servicio por el camino u ofrecía dinero al final del trayecto.

◉ LC y BR: ¿Crees que el autostop ha caído en desuso debido a estos inconvenientes?

FM: Las desventajas logísticas del autostop lo han hecho ciertamente menos atractivo que los otros medios de viaje que se han desarrollado en paralelo. El autostop también ha contraído la enfermedad de la falta de confianza por el exceso de noticias policiales, y ¡ha muerto sin remedio! Mientras toda la generación de mis padres hacía autostop, poco a poco, esta práctica se fue convirtiendo en marginal. El modelo también se polarizó entre dos categorías estereotipadas: los simpáticos propietarios de coches y los jóvenes sin dinero que no temen el riesgo, de los que formábamos parte mi hermano Christophe y yo. Mi hermano tenía incluso una colección de carteles de cartón escritos con rotulador para casi todas las ciudades de Francia. Hoy en día, apenas hay personas que viajan haciendo autostop en las carreteras. La suma de las desventajas, incertidumbres y riesgos explica por qué el viaje compartido organizado no ha tenido problemas para establecerse como una verdadera mejora de la sociedad.

BlaBlaCar es como hacer autostop en Technicolor. Desde el Ford T de 1908, siempre ha habido cuatro asientos en un coche, ¡pero acabamos usando solo uno! Hoy hablamos del «coche individual». Creo que si Internet hubiera nacido también en 1908, estaríamos compartiendo coche desde 1909 porque tiene sentido: se pueden utilizar todos los asientos de un coche, es más económico y más ecológico. BlaBlaCar es el autostop repensado gracias a la tecnología digital, que borra sus imperfecciones: sabes dónde y cuándo sales, sabes con quién viajas y compartes los gastos. Así, la relación entre el conductor y el pasajero se equilibra y éste ya no se siente en deuda con el conductor al final del viaje.

⦿ LC y BR: ¿No ha mejorado el autostop entre la generación de tus padres y la tuya?

FM: Antes del cambio a Internet, algunas asociaciones actuaban como centrales de reservas por teléfono. Te pedían unos euros para ponerte en contacto con alguien que estuviera haciendo el mismo viaje que tú. Cuando empecé mi proyecto, fui a ver una de estas centrales porque consideraba la posibilidad de una colaboración. En esta central, buscan las coincidencias y hacían el emparejamiento literalmente a mano, era lento y caro. Cuando expliqué lo que estaba haciendo, me dijeron: «¡Pffff... Internet no sirve para nada!». Había descubierto cómo funcionaban. Cuatro personas atendían las llamadas durante todo el día, sentadas frente a estantes de tarjetas amarillas y rosas: las amarillas para los perfiles de los miembros de la asociación (apellido, nombre, número de teléfono) y las rosas para los viajes (salida, llegada, fecha y hora). Habían creado una verdadera base de datos, ¡pero en fichas de papel! Las fichas, a menudo, estaban tachadas debido a los cambios de dirección o número de teléfono a lo largo de los años. Los auriculares de los teléfonos estaban todos rotos y pegados con cinta adhesiva: inevitablemente, cuando sostienes el teléfono entre la cabeza y el hombro mientras buscas una ficha, a menudo se te caen... Debo admitir que al volver de California, apenas podía creerlo, ¡me preguntaba si acababa de hacer un viaje al pasado!

⦿ LC y BR: ¿Se te ocurren otras prácticas antiguas que la tecnología digital podría actualizar y corregir sus defectos para aumentar el uso?

FM: Algunos, como los *bed and breakfast,* ya se han transformado, por ejemplo, con Airbnb. Pero hay muchos ejemplos más. La democratización de las posibilidades de comunicación por videoconferencia también modernizará muchas prácticas antiguas. Ya lo estamos viendo con el auge de la telemedicina, que permite consultar a un médico a distancia lo que evita en parte contra los «desiertos sanitarios» (zonas en las que el acceso a la atención médica es deficiente), pero también con la posibilidad de teletrabajar desde cualquier lugar y permanecer en contacto estrecho y visual con los colegas. También está el uso del *contactless*, los códigos QR, la inteligencia artificial o el *blockchain*... Todo esto cambiará la forma de uso y comportamiento de la gente. Cuando se me ocurrió la idea de una plataforma para compartir coche, la asocié al concepto de intercambio de servicios en el sentido más amplio. Por ejemplo, uno podría intercambiar un corte de pelo por un viaje en un coche compartido. Por eso, en 2006 llamé a la empresa Comuto, del latín *commuto, commutare* («intercambiar»). Este término se refiere a la noción de intercambio. Por analogía con el intercambio de bienes, que ya existía a través de sitios como eBay o Craigslist en Estados Unidos (todavía no existía leboncoin), quería crear un sistema para el intercambio de servicios. Me imaginaba una especie de eBay, pero para desplazarse o para que te corten el césped. El origen latino del nombre Comuto le dio un carácter bastante internacional, un sonido familiar en muchos idiomas. Además, este nombre nos permitiría crear una nueva moneda para intercambiar estos servicios: ¡los Mutos! Una especie de moneda mutante que nos permitiría dar y recibir servicios. De ahí la combinación de *Co* y *Muto*, una plataforma que permite ganar y gastar Mutos prestando y recibiendo diferentes servicios entre particulares. Comuto es el nombre legal de la empresa que está detrás de la marca BlaBlaCar, ¡pero poca gente sabe por qué!

🔊 **LC y BR:** ¿Así que querías crear una moneda o incluso un banco?

FM: En ese momento no me di cuenta de la magnitud de la tarea, ¡pero sí! Nuestro concepto del dinero también está en la lista de prácticas antiguas que la tecnología digital está modernizando. Con la tecnología digital, los cheques son cosa del pasado. Y después lo serán las tarjetas bancarias, los pagos en línea o sin contacto, ahora es el momento del *blockchain* y el bitcoin. Lo que más me interesa del dinero es su capacidad de permitir la mutación de una cosa en otra, de una acción en otra. Esta reflexión sobre los Mutos me llevó a estudiar el tema del dinero desde su origen y a descubrir que el fundamento de la existencia de las monedas es la confianza. Las primeras monedas se basaban en objetos físicos con valor o utilidad intrínseca, como la sal, las conchas o los metales preciosos. Pero todo esto cambió con la aparición de las monedas fiduciarias. Con los sestercios (moneda romana de plata) y, en la actualidad, con los billetes y monedas de euro y dólar, la confianza que la sociedad le otorga al dinero se convirtió en una garantía de valor y de intercambios futuros, puesto que el soporte en sí mismo ya no valía nada. Este cambio se refleja en la etimología de la palabra «fiduciario», que viene del latín *fides*, que significa nada menos que «confianza».

EL COMPORTAMIENTO

๏ **LC y BR:** ¿Cómo has conseguido frenar el problema de confianza que han provocado las cancelaciones masivas?

FM: Aumentando la fiabilidad. Todos los medios de transporte deben aspirar a la fiabilidad, ya que es el requisito previo para poder confiar en ellos con antelación. Como primer paso, racionalizamos y estudiamos todas las piezas del puzzle.

- Advertimos con sorpresa que el número de coches vacíos en las carreteras era astronómico.

- La tecnología de las bases de datos, ahora accesible, permitía construir un verdadero directorio nacional e incluso internacional de todos estos coches vacíos.
- Podíamos disponer de un potente motor de búsqueda para explorar el contenido, utilizando las coordenadas del GPS.
- El uso estaba cambiando: todo el mundo empezaba a estar conectado a Internet y a adquirir el hábito de reservar sus viajes en tren o en avión por Internet.
- Los conductores y pasajeros lograban concertar citas por teléfono o correo electrónico.
- El despliegue de los sistemas de pago en línea era cada vez más eficaz, seguro y utilizado.
- Las redes sociales empezaban a surgir, democratizando la noción de perfil personal en línea.

En realidad, solo faltaba una pieza en el rompecabezas de la «central de reservas de coches compartidos en línea»: la confianza entre los miembros. Esta falta de confianza era la que provocaba los problemas en cascada que veíamos en nuestra comunidad: cancelaciones, exceso de reservas, dobles reservas y bajas.

◉ LC y BR: Pero, ¿cómo se genera confianza entre personas que no se conocen?

FM: Tuvimos que volver a lo básico y analizar qué es lo que hace que la gente confíe en los demás. En el mundo cotidiano, utilizamos nuestros cinco sentidos y nuestra experiencia para saber si podemos confiar en los demás. ¿Pero cómo lo hacemos en línea? ¿Cómo replicar los antiguos mecanismos de confianza, heredados y reproducidos durante generaciones, y permitir a los miembros de una comunidad en línea compartir sin miedo? «La confianza —como bien dijo Jean-Paul Sartre— se gana en gotas y se pierde en litros». Así que la idea era diseñar un sistema de confianza que se llenara gota a gota, ¡pero que no se agujereara!

◉ LC y BR: ¿Dónde estaban las posibles fugas?

FM: Los acuerdos se hacían verbalmente. Habíamos establecido un sistema de calificación de las experiencias de uso compartido del coche para mejorar el comportamiento, pero evidentemente no era suficiente. El sistema de calificación ha hecho que la comunidad de conductores sea más fiable, ya que sus calificaciones se incluyen en sus anuncios. Los pasajeros, por su parte, podían ponerse en contacto directamente con los conductores por teléfono para reservar un viaje en su coche manteniendo el anonimato. Por amabilidad, los conductores a menudo accedían a reservarles un asiento, sin conocer el perfil de los pasajeros que los llamaban. Los *free riders* (los aprovechadores) tenían perfiles bastante desastrosos en cuanto a fiabilidad, con varias cancelaciones, luego reportadas por los conductores. Sin embargo, los *free riders* podían perfectamente utilizar el servicio: llamar y, luego, cancelar o no presentarse, ya que los conductores no tenían acceso a su perfil. Y eso es lo peor de todo. Los pasajeros menos fiables se sentían, como todos, muy atraídos por los conductores fiables. A todo el mundo le gusta la gente de confianza.

◉ LC y BR: ¿Cómo lograron restablecer el equilibrio entre conductores y pasajeros?

FM: Hemos introducido el compromiso de los pasajeros, formalizado mediante el pago en línea por adelantado. Tras la introducción de este sistema, las cancelaciones cayeron inmediatamente del 35 % a menos del 3 %. Algunas personas se quejaron en las redes sociales. ¿Pero quién se opuso más a este cambio? ¡Por supuesto, estos mismos pasajeros menos confiables! Pero simplemente les recordamos que *la* *libertad de uno termina donde empieza la libertad del otro.* Ya no permitimos que los conductores se perjudiquen. Un pasajero que pagaba por adelantado era un pasajero que acudía a la cita, eso era todo lo que se necesitaba. De este modo, hemos dado un paso decisivo para que los intercambios en nuestro servicio sean más confiables. El pago en línea también nos permitió probar un nuevo modelo de negocio [27] que funcionó bien y facilitó nuestro crecimiento, ya que todos los modelos anteriores que habíamos probado eran deficitarios. La comunidad podría entonces seguir creciendo y alcanzar con seguridad decenas o incluso cientos de millones de miembros.

◉ **LC y BR:** Se le vio rasgarse la camisa en el escenario de la Sorbona [28] y mostrar un nuevo superhéroe: Trustman. ¿Esto formó parte de una estrategia para crear confianza?

FM: Sí, estoy de acuerdo en que el método era un poco barroco, ¡pero nos divertimos mucho! Cuando consigues hacer reír o sonreír a alguien con un concepto, aunque sea serio, se vuelve más memorable. En conversación con Vanina Schick, nuestra directora de marca en ese momento, y Laure Wagner, nuestra directora de comunicación, concebimos a Trustman, el superhéroe de la confianza (de *trust* en inglés). Es el superhéroe en el que todos podemos convertirnos. Creamos su universo y describimos su superpoder. Trustman libera el poder de la confianza a gran escala, gracias a las críticas positivas que acumula en su perfil. Si a esto le añadimos el conocimiento casi mágico que tiene de la fiabilidad de su interlocutor cuando lee las críticas que ha recibido, tenemos un superhéroe. Así que le hemos hecho un traje a su medida. ¿Qué mejor manera de empezar a difundir el concepto que dar vida a Trustman en el escenario ante un gran público? Con la

---

27. Véase la ficha El modelo económico – El motor NECESIDAD.

28. Véase la conferencia «La confiance, moteur de partage», disponible en línea.

ayuda de mis cómplices y colegas [29], organizamos este evento en la Sorbona; si quieres saber más, ¡el vídeo está en línea!

● **LC y BR:** ¡Así es la parte *fun*! ¿Y el lado serio?

FM: He abordado el tema de forma bastante científica, diseccionando los elementos que construyen el sentimiento de confianza en los seres humanos. Sorprendentemente, hay muy poca literatura o, más bien, investigación científica sobre el tema de la construcción de la confianza en nuestras sociedades. Por ello, reavivé mi espíritu investigador y realicé varios estudios con Bruno Marzloff, de Chronos, y MAIF primero, y luego con los profesores Yann Algan, de Sciences Po, y Arun Sundararajan, de la Escuela de Negocios Stern de la Universidad de Nueva York. Entonces me di cuenta de que la aparición de los perfiles de interacción en línea era para la confianza lo que la llegada del teléfono había sido para nuestros modos de comunicación: una ruptura espacial y temporal, que nos conectaba con todo el mundo al instante, sin tener que desplazarnos. Formalicé nuestra comprensión de los fundamentos de la creación de confianza en las comunidades en línea en el modelo de confianza DREAMS [30] y recopilé nuestras conclusiones en un informe titulado «Entering the Trust Age» [31]. Este informe revela unos resultados absolutamente inéditos e impresionantes sobre el poder del fenómeno. Por ejemplo, aprendimos que cuando el modelo DREAMS se despliega en una comunidad como BlaBlaCar, es posible crear una confianza real en línea entre personas que nunca se han conocido: un miembro de BlaBlaCar con un perfil completo es más confiable que los vecinos o colegas que conocemos, ¡y casi tan

---

29. Cómplices y colegas: Alice Chasseriaud, Vincent Leguay, Nicolas Schwartz y Thomas Sales.

30. Véase la ficha La confianza – El modelo DREAMS.

31. «Entrer dans l'ère de la confiance», los resultados del estudio están disponibles en línea.

confiable como los amigos o familiares! El desarrollo del modelo DREAMS es una de las claves fundamentales del éxito de BlaBlaCar.

LA MARCA

❂ **LC y BR:** Como vemos, la forma de construir la confianza en línea ha movilizado mucha de tu energía, y plataformas como Gens de Confiance, Getaround (antes Drivy), Yescapa y Airbnb han desplegado, a veces sin saberlo, el modelo DREAMS. ¿Hay algún otro tema de «confianza» que haya sido importante para BlaBlaCar?

FM: Sí, la construcción de la marca, ¡porque la marca implica confianza! Las marcas existen desde los primeros intercambios comerciales. Al principio, solo eran pequeños signos en las mercancías para identificar su origen, su propietario y, por tanto, también su calidad. La palabra «marca» viene del verbo «marcar» y, en inglés, de la palabra «*brand*», del francés antiguo «*brandon*», una herramienta para marcar el ganado con el signo del ganadero. Por eso, la marca es desde hace tiempo un soporte de contexto, de propiedad, de confianza y de calidad.

❂ **LC y BR:** ¿Cómo te diste cuenta de que la marca constituía un factor de confianza?

FM: Cuando me di cuenta de que la marca Covoiturage no lo era. Sin embargo, había comprado oficialmente la marca Covoiturage a una pequeña editorial que la había registrado diez años antes para publicar anuncios de viajes compartidos en papel. También había comprado el nombre de dominio covoiturage.fr a un estudiante de Rennes para expandir mi producto. Sabía que era un nombre francés que tendría que cambiar de todos modos para ser internacional. Pero aún no me había dado cuenta de que no era diferenciador y, lo que es peor, que transmitía desconfianza. De hecho, cuando presentaba nuestro servicio Covoiturage, nos confundían con los servicios de la competencia y nos reprochaban sus deficiencias. Desde mis cursos sobre marcas con el profesor Pierre Chandon en el INSEAD, he aprendido que es importante distinguir el marco de referencia de una actividad de los puntos de diferenciación de una marca. Por ejemplo, llamarse «Coche» cuando se es fabricante de automóviles significa correr el riesgo de no ser reconocido, de ser asimilado con todos los defectos de los demás coches y de no atraer a nadie. Lo mismo ocurre con un servicio de transporte compartido llamado Covoiturage... Así que ha tenido que cambiar de marca.

◉ LC y BR: ¡Y adoptar BlaBlaCar!

FM: Sí, pero no fue inmediato... Encontrar el nombre de BlaBlaCar nos llevó años, y personalmente me costó 80 noches en blanco. No podía dormir por la noche. Teníamos que encontrar un nombre de marca que fuera diferenciador, memorable, internacional, moderno, cuyo dominio.com estuviera disponible o fuera fácil de comprar, que reflejara nuestros valores, que fuera fácil de pronunciar y escribir, no demasiado largo, a ser posible explícito sobre nuestra actividad de desplazamiento por medio de una comunidad y, además, quería que hiciera sonreír a la gente, ¡para que lo recordaran! [32]

◉ LC y BR: En otras palabras, misión imposible...

FM: Tenía el nombre de la empresa, Comuto, pero había experimentado sus limitaciones. De hecho, mucha gente lo recordaba

---

32. Véase la ficha La marca – El enfoque VANOLO.

como Culbuto, Camuto o simplemente lo deletreaba con dos *m*. Cuando tuvimos un poco de presupuesto tras una primera ronda de financiación, contraté a una agencia de *naming* para que nos ayudara. Nos prometieron encontrar un nombre en cuatro semanas. ¡Fui seducido! El proceso de selección consistía en decir cada semana «no» o «puede ser» a una lista de nombres, que, inicialmente, incluía 300. Una semana más tarde, se releía la lista de los que habían sido catalogados con «puede ser» siguiendo el mismo proceso y, así, sucesivamente hasta que solo quedaran unos pocos nombres. Fue una eliminación gradual en la que la elección se hizo por defecto, pero no por amor a primera vista. Después de cuatro semanas, el nombre «Tuttigo» se impuso como el mejor candidato. «*Tutti*» significa «todos» en italiano y «*go*» representaba el movimiento. Era una elección prometedora, ya que conllevaba las nociones de comunidad y de desplazamiento.

◉ LC y BR: Tuttigo es bastante bueno, ¿por qué lo descartaste?

FM: Cuando empezamos a preguntar en nuestro entorno cómo deletreaba la gente el nombre, solo obtuvimos respuestas diferentes: Tutigo, Tutygo, Tootigo, Tout y go, etc. ¡No podíamos elegir un nombre que la gente no pudiera deletrear, porque si no nunca encontraría nuestra plataforma en línea! Así que tuvimos que empezar de cero, lo cual fue una gran decepción. Durante estas conversaciones con la agencia de *naming*, me llamó la atención un consejo: cualquiera que fuera el nombre de la marca que decidiéramos adoptar, lo importante era encontrar un nombre que fuera más que moderno y que nos diera una ventaja de diez años sobre nuestros competidores. Teníamos que pensar en el futuro y he mantenido ese objetivo en mente.

◉ LC y BR: ¿Cuál fue tu método posterior?

FM: ¡Arremangarse! ¿Qué haces cuando tienes que ganar pero estás en una posición débil? Hay que ser creativo, hay que sorprender… Recordé la proeza de Michael Chang, de 17 años, en su legendario partido contra Ivan Lendl en Roland Garros en 1989. David contra Goliat. Al límite de su capacidad y acalambrado, Chang había desestabilizado a Lendl con un saque desde abajo. Este golpe de genio le llevó a una victoria improbable. Nosotros también ganaríamos con el trabajo duro y la creatividad. Recordando los métodos de la NASA, donde para algunos proyectos teníamos una lista de requisitos o de criterios que respetar (RFC por sus siglas en inglés de *Request For Comment*), escribí una lista de diez criterios que debía cumplir la marca, con ocho condiciones necesarias (*must*) y dos condiciones preferibles (*should*) [33]. Elaboramos una lista de más de 250 nombres y seleccionamos los 30 mejores, que luego presentamos a los amigos.

◉ LC y BR: ¿Cuáles fueron sus reacciones?

FM: ¡Muy emotivas! Un día Anita Gray, mi antigua compañera de piso de San Francisco, estaba de visita en París. Le presentamos nuestras opciones: GoingNation, WinWinGo, MisterCarpool, Gonexion, CoGoing, MeetDrive, Golony, BlaBlaCar, y luego… ¡carcajadas! «¿Hablas en serio? Es brillante… o tonto… o ambas cosas. Blah Blah Car. ¡Oh, Dios mío, este es tan hilarante! ¿Vas a basar toda tu empresa en un nombre tan tonto? Después de muchas risas, mantuvimos un largo debate sobre lo que hace que una marca tenga éxito o no… ¿y qué concluimos? Que si el servicio es bueno, entonces, va con cualquier nombre. Sin embargo, en cualquier caso, el nombre debe ser

---

33. Véase la ficha La marca – El enfoque VANOLO.

fácil de recordar, ya que ahorra muchos costes de marketing para darte a conocer. No hay nada peor que ser ignorado o tener una marca que nadie recuerda. Unas semanas después, volvimos a llamar a nuestros amigos y les preguntamos si recordaban algún nombre. BlaBlaCar fue la que más veces apareció. A veces la gente no podía recordar ningún otro. Me decían: «¡Es súper simpático!» o «¡La palabra rebota en la boca!». Una vez que te encuentras con esa palabra, nunca la olvidas. Ya sea en forma positiva o por ridícula, la palabra BlaBlaCar no dejaba indiferente a nadie, transmitía emoción.

⊙ **LC y BR:** ¡Pero eso no nos dice cómo la encontraste!

FM: La palabra se me ocurrió una noche muy tarde, después de un largo día de trabajo. Como suele ocurrir, buscaba nombres mientras divagaba en mis pensamientos y miraba la pantalla sin verla de manera nítida, en un periodo de hipnagogia, ese estado creativo entre la vigilia y el sueño. En nuestro sitio, los miembros rellenaban su perfil, incluyendo información sobre si hablan mucho en el coche o no, y precisaban si eran Bla, BlaBla o BlaBlaBla. Había añadido esta opción en los perfiles de nuestros miembros cuando los primeros usuarios del coche compartido me dijeron: «Me encanta compartir el coche, pero a veces me encuentro con personas que hablan mucho o con otras que no hablan nada… ¡Estaría bien que lo supiéramos de antemano!». Así que estaba navegando por el sitio y estaba en el perfil de un miembro «BlaBla» en el que había una foto de su coche. Como buscaba un nombre internacional, traducía todo lo que veía al inglés. Cuando vi el coche, pensé en «car». Asocié y pronuncié «BlaBla» y «car». Me dio un ataque de risa. Luego, al pensarlo, me dije: «Es gracioso, suena bastante bien y, además, ¡está escrito en la página!». «BlaBla» representa el costado amigable y la comunidad, y «car» el desplazamiento. Reservé el nombre de dominio blablacar.com que estaba libre… ¡Era la una de la madrugada!

● **LC y BR:** Una vez que encontraste el nuevo nombre, ¿fue fácil cambiarlo?

FM: La verdad es que no. Principalmente por razones de inercia. Me sentí bastante solo en el consejo de administración en 2011 cuando presenté el nombre BlaBlaCar como nuestra nueva marca potencial. En ese contexto, no hubo risas, sino un largo silencio, cruce de miradas, y luego este tipo de comentarios:

—Es osado... ¿Lo has encontrado tú?

—Sí.

—Ya hemos visto cosas peores... o quizás no, ojo... ¿Y qué piensan los americanos?

—Los hace reír.

—Entiendo...

Finalmente, el consejo de administración me otorgó su confianza y decidimos expandir esta marca en Inglaterra y España. El cambio de Covoiturage a BlaBlaCar en Francia se produjo al año siguiente. Técnicamente, hemos tenido que trabajar mucho para mantener nuestra posición como mercado líder de coches compartidos en Francia en los motores de búsqueda, a pesar de este cambio de nombre. Una consecuencia inesperada fue una increíble aceleración ligada a la novedad. La gente que descubrió BlaBlaCar pensó que el servicio era nuevo y que había crecido como un hongo en pocas semanas, ¡puesto que ya teníamos 2 millones de afiliados! Esto nos hizo aún más atractivos. Realmente habíamos desempolvado el autostop.

● **LC y BR:** Hoy en día, ya no hablamos de «hacer dedo», decimos «tomar un BlaBlaCar», como decimos «guárdalo en un táper», «googlear» o «jugar al yo-yo», aunque todos estos nombres sean también inicialmente marcas. ¿Has podido medir la potencia de la marca BlaBlaCar?

FM: Sí, BlaBlaCar tiene un índice de reconocimiento de marca[34] de más del 99 % en Francia. Pero, más allá de estos estudios de reconocimiento de marca, que se pueden realizar para todas las marcas, pudimos medir la confianza adicional que genera la marca BlaBlaCar. En el estudio «Entrer dans l'ère de la confiance» (Entrar en la era de la confianza), se les preguntó a los encuestados cuánta confianza depositarían en un miembro con un perfil completo, que incluyera todos los elementos de confianza del modelo DREAMS, en dos contextos diferentes: en BlaBlaCar, que dio como resultado un 88 % de confianza, y en una plataforma genérica que no tuviera nombre, que dio como resultado un 67 % de confianza. El efecto marca, es decir, la diferencia entre estos dos porcentajes representa por tanto el 21 %. ¡Es enorme! Especialmente cuando sabes que, con niveles de confianza tan altos, los últimos porcentajes son muy difíciles de ganar. Esto demuestra la importancia de la marca en nuestra percepción de la confianza.

EL OPTIMISMO

◉ LC y BR: En tu opinión, ¿cuál es la receta para generar la máxima confianza a tu alrededor en cualquier circunstancia?

FM: El optimismo, es decir, el deseo de que las cosas vayan bien. De hecho, suelo decir que la mitad del éxito es el deseo de lograrlo. La otra mitad es el trabajo. Siempre debes ser capaz de dar y difundir cosas positivas a tu alrededor... sin esperar nada a cambio. Porque el retorno suele venir solo. Insuflar positivismo crea un círculo virtuoso: emanar positivismo siempre te devolverá cosas positivas, pero no

---

34. El índice de reconocimiento de marca corresponde al porcentaje de personas que afirman conocer una marca citada en una lista o por el encuestador.

se sabe cuándo, ni de qué forma. Los emprendedores suelen ser optimistas. Esto es incluso necesario para contrarrestar la desconfianza que representa la innovación en relación con el *statu quo*.

❯ **LC y BR:** Entonces, en tu opinión, ¿si un jefe es optimista, todos confiarán en él?

FM: Sí, pero me gustaría dejar claro que no me considero un jefe. En cualquier caso, si nos remitimos a las connotaciones que las palabras pueden tener en el imaginario colectivo, me siento más cerca de la palabra «fundador» o «emprendedor». La confusión puede surgir cuando la empresa está muy consolidada. El empresario se encuentra entonces *de facto* a la cabeza de una gran empresa, lo que puede darle rápidamente una imagen de jefe. Es posible que el papel del fundador tenga que cambiar. Hay que volver a centrarse en lo fundamental: dar dirección, poner el viento en las velas de todos los que llevan a cabo el proyecto operativamente dándoles total confianza en la ejecución. Esta función de fundador se asemeja más al liderazgo que a la gestión.

❯ **LC y BR:** ¿Cuál es la diferencia entre un líder y un mánager?

FM: Ambas nociones transmiten una forma de poder o influencia sobre el mundo que nos rodea y sobre el futuro, pero con una diferencia. El primero lo expresa como convicción, el segundo como control. El liderazgo da poder: proporciona dirección y orientación. A veces, la gestión puede desresponsabilizar, si solo se limita a marcar el rumbo. Esto coincide con las teorías de gestión X e Y de Douglas McGregor[35]: las estructuras X implementan procesos estrictos de supervisión del personal y suelen estar muy jerarquizados. Es el caso de

---

35. *The Human Side of Enterprise*, D. McGregor, Nueva York, McGraw-Hill, 1960.

los militares, por ejemplo. Las estructuras Y, en cambio, se basan en la visión y la motivación para garantizar el funcionamiento eficaz del equipo de forma orgánica. Las *startups* suelen ser estructuras de tipo Y. Así que me siento más cómodo con el traje del fundador que con el del jefe.

◑ LC y BR: ¿Es un rasgo de personalidad innato o adquirido?

FM: Creo que es más bien adquirido e, incluso, trabajado deliberadamente, porque la tendencia innata es querer controlar a quienes nos rodean. Si de niños nos enfadamos y lloramos con facilidad cuando algo no sale como queremos, es porque nos gustaría tener más control sobre el mundo que nos rodea y vemos que no es así. Esta impotencia nos frustra. Creo que el deseo innato es de control. Para que todo ocurra como quiere, un niño no se dirá espontáneamente: «¡Bueno, y si tratara de influir en los que me rodean, de inspirarlos para convencerlos!». En cambio, lo más probable es que intente lograrlo a la fuerza, golpear a un objeto o ser recalcitrante. Por eso creo que desarrollar la capacidad de inspirar o influir es algo que hay que aprender. En cuanto a cómo adquirirla, yo diría que hay que desarrollar en exceso la empatía, la capacidad de ponerse en el lugar de otra persona e imaginar lo que te impulsaría si estuvieras en u lugar.

◑ LC y BR: La convicción y el control, ¿conducen al mismo resultado?

FM: Una gran pregunta… A veces sí y a veces no. No son los mismos caminos, pero pueden llevar al mismo lugar. Elegir un camino u otro es casi una cuestión de creencia. Los costes son diferentes, el placer y la motivación en el camino son diferentes. He observado que una persona motivada y segura de sí misma es mucho más eficaz en el proyecto que una persona controlada y recelosa. La cantidad de energía que se necesita para motivar a alguien es, en última instancia, menor que la cantidad de energía que se necesita para controlarlo. Así que creo que gran parte de nuestra motivación individual para construir cosas bellas proviene de la sensación de libertad que da la satisfacción de hacer lo que uno cree. Por eso siempre intento que las personas con las que trabajo estén convencidas y se sientan libres a la hora de alinear sus aspiraciones personales y profesionales. Esto tiene tres consecuencias muy positivas: todo el mundo se entrega al proyecto, hace que nuestras acciones conjuntas sean coherentes y es un placer inconmensurable trabajar con personas íntegras y libres.

❿ **LC y BR:** Fiabilidad, integridad, optimismo: al final, los ingredientes de la confianza han cambiado muy poco... ¿Qué hay de nuevo?

FM: La novedad es la mayor posibilidad que nos ofrece la tecnología digital de construir una confianza que sea a la vez personal y universal. Sin confianza, ninguna sociedad puede formarse ni durar. La confianza es el motor de la economía, porque permite los intercambios. Por ejemplo, es la base de la relación entre una empresa y sus clientes: la empresa fabrica un producto de calidad que inspira confianza y presta un servicio y, a cambio, el cliente le paga. Las plataformas permiten el almacenamiento masivo de información personalizada a escala de la humanidad, lo que a su vez da a cada uno de nosotros la posibilidad de crear un perfil en línea, que conlleva la confianza que otros han depositado en nosotros, ya sea en un viaje compartido o en cualquier otra interacción. Junto con el acceso instantáneo y conectado a la información, se abre un campo completamente nuevo: la posibilidad de crear confianza distribuida y comunitaria, una especie de red de confianza individualizada, pero global. Las nuevas tecnologías implican una nueva confianza y, por tanto, una nueva economía. Por eso, a partir de 2010, empezamos a hablar de la economía compartida y del consumo colaborativo. Esta es la economía que emana de la posibilidad de confiar en alguien que no conoces, especialmente a través de su perfil en línea. Permite nuevos intercambios o nuevas puestas en común que antes no podían existir debido a la falta de confianza establecida entre las partes.

◉ LC y BR: ¿Qué cambios puede provocar el despliegue de esta nueva generación de confianza?

FM: Ya está dando acceso a todo el mundo a nueva información que perturba el «juego», en el sentido de la teoría de los juegos. Ahora cada uno de nosotros tiene un nuevo superpoder, los perfiles de confianza Trustman. Combinado con otras fuerzas, como el aumento de la preocupación por el medio ambiente, la desconfianza en las instituciones y las bajas perspectivas de crecimiento, podemos ver claramente que la confianza que aportan las plataformas de la economía colaborativa está perturbando muchos usos (viajes, vivienda, alquiler, intercambio de servicios, ventas de segunda mano, etc.) y sacudiendo a los actores existentes. Nueve de cada diez franceses afirman haber participado ya en el consumo colaborativo al menos una vez. Es difícil predecir la profunda transformación que esto supondrá para la sociedad en las próximas décadas, pero, como ha demostrado Jean Tirole, Premio Nobel de Economía, «Los fenómenos colectivos son el resultado de los comportamientos individuales y a su vez los afectan». Pero el comportamiento individual ya está cambiando. Es seguro que esto dará lugar a nuevos fenómenos colectivos. Por eso, espero que esta nueva situación entusiasme rápidamente a todos los matemáticos, filósofos y economistas interesados en la teoría de los juegos. Me gustaría que nos proporcionara una nueva solución a la tragedia de los bienes comunes que, a escala planetaria, está provocando el cambio climático y que hoy no puede resolverse mediante la nacionalización, la privatización o la gestión local.

El Intercambio en eBay

Evaluar con confianza

¿Comprar un artículo en línea a un ilustre desconocido? Qué idea más extraña... Eso es lo que debieron pensar los primeros participantes en las subastas organizadas por eBay allá por 1995.

Como pionero en este campo, el *marketplace* se enfrentó muy rápidamente al problema de «crear confianza en línea»[36]. Pero Pierre Omidyar encontró una manera de resolverlo. ¿Su idea? Diseñar un sistema de calificación que permitiera a compradores y vendedores calificarse mutuamente de forma pública después de cada transacción. Sin sorpresas, los compradores prefieren tratar con los vendedores más fiables. Estos últimos, a los que se les otorga un distintivo de calidad, se sitúan así en la parte superior de los resultados de búsqueda por el algoritmo que los relaciona.

eBay ha perfeccionado su sistema de clasificación con el tiempo. Al principio, las opiniones de los vendedores y compradores eran todas públicas. Pero, para evitar que los vendedores dejen reseñas negativas de clientes «para vengarse», se modificó el sistema. No obstante, eBay recopila las opiniones privadas, las analiza y toma medidas contra los usuarios que no respetan las normas de la comunidad[37].

---

36. «How eBay built a new world on little more than trust», J. Naughton, *The Guardian*, 13 de septiembre de 2015, disponible en línea.

37. Sobre este tema, consulte el sitio web de la empresa.

Muchas plataformas, incluida BlaBlaCar, han introducido mecanismos similares. En Airbnb, un viajero debe publicar su opinión antes de poder leer la del anfitrión. Se solicitan tres tipos de reseñas para lograr una mayor granularidad: reseñas públicas, reseñas privadas entre un viajero y un anfitrión, y reseñas que sólo leerá Airbnb. Un dispositivo que nos permite alquilar nuestro piso a un desconocido con los ojos cerrados. Y, sin embargo, hace veinte años, pocos habríamos creído que esto fuera posible...

El comportamiento en Vestiaire Collective y StockX

Consolidar la confianza

¿Cómo adaptar las herramientas precursoras de eBay a nuevos mercados más especializados? Esta es la pregunta a la que han tenido que responder actores de segmentos como el arte, la moda y las zapatillas deportivas.

¿Qué tienen en común estos mercados? Ponen a la venta objetos cuya calidad y valor, a menudo elevados, los convierten en objetivos ideales para la falsificación. Por lo tanto, es crucial no traicionar la confianza de las comunidades que estas plataformas unen.

Por ejemplo, StockX, que empezó atrayendo a los coleccionistas de zapatillas raras, ha puesto en marcha un protocolo de autentificación muy completo. Una vez realizado el pedido, el vendedor envía las piezas al centro de verificación de la empresa. Un equipo de expertos internos se encarga de garantizar que los artículos sean nuevos y no estén gastados. A continuación, los examinan según un centenar de criterios para garantizar la autenticidad y comprueban la calidad del embalaje y los accesorios antes de enviar el pedido al comprador. Pero StockX también aprende de los falsificadores: la plataforma ha creado una base de datos —al menos singular— de todas las falsificaciones que encuentra [38].

A menudo, para generar confianza es necesario desarrollar una experiencia interna para diferenciarse, como demuestra Vestiaire Collective. Lanzado en 2009, el campeón francés de la moda de lujo de segunda mano formó rápidamente equipos de expertos dedicados a diferentes segmentos, desde relojes a bolsos o joyas. Vestiaire Collective comprueba primero las fotos publicadas en línea y luego inspecciona meticulosamente cada producto físicamente, ¡hasta el olor del cuero de un bolso!, antes de enviarlo al comprador.

La marca en Google

Entrar en el diccionario

Entrar en el lenguaje común es la cúspide para una marca. Y aunque muchos sueñan con ello, pocos lo consiguen. Google lo ha conseguido. El gigante de Internet, fundado en 1998 en Menlo Park por Sergey Brin y Larry Page, es uno de los casos más emblemáticos.

Pero ¿cuál es el origen de la palabra «Google»? Hace 80 años, el matemático estadounidense Edward Kasner acuñó el término «googol» para designar 10100, es decir, un número que empieza por 1 seguido de cien ceros. El número de ceros parece interminable e inspira a los fundadores, que quieren un nombre que simbolice la cantidad astronómica de datos que una plataforma tiene que analizar.

Fue Larry Page quien utilizó por primera vez el verbo derivado de la palabra «Google» al concluir un correo electrónico con la frase:

---

38. Vestiaire Collective y StockX tienen cada uno sus propios procesos de verificación para garantizar la autenticidad de los productos.

«Diviértanse y sigan googleando»[39]. La práctica se democratizó a principios de la década de 2000. El verbo «googlear» entró en varios diccionarios de referencia en 2006 y ahora forma parte del lenguaje común y ha sustituido a la expresión «buscar en Internet».

En 2015, Google creó una empresa matriz unificadora bajo el nombre de «Alphabet»: en el fondo, Alphabet incluye ahora una serie de negocios, como Calico, DeepMind, Fitbit y, por supuesto, Google. En la forma, «Alphabet» representa el lenguaje, uno de los inventos humanos más importantes, y el núcleo de la indexación del motor de búsqueda de Google. Esta nueva supra-marca anima a cada empresa de Alphabet a desarrollar su propia independencia, y su propia marca. Continuará...[40]

El optimismo en MAIF

Confiar en los clientes

¿Qué mejor creador de confianza que la integridad? Esta es la apuesta ganadora de MAIF[41]. Fundada en 1934 en Fontenay-le-Comte, en la Vendée (sí, ¡la ciudad donde creció Frédéric Mazzella!), la empresa inventó un nuevo modelo de seguro, mutualista, innovador y social, para que los profesores franceses pudieran hacer frente a las consecuencias de la crisis de 1929. En MAIF, cada miembro es, a la vez, asegurador y asegurado, lo que crea un sentimiento de comunidad y solidaridad.

Desde entonces, MAIF se ha abierto a todos los particulares y lleva más de quince años en lo más alto del podio de las relaciones

---

39. *«Have fun and keep googling»*.

40. Google es una de las marcas más valoradas del mundo, véase el informe BrandZ, 2021.

41. «La MAIF a mis en place le management par la confiance», P. Nassif, ZeVillage.net, 20 de junio de 2017, disponible en línea.

con los clientes. Mientras que algunas aseguradoras se empeñan en suscribir innumerables cláusulas en letra pequeña, que excluyen de tu cobertura los siniestros comunes, MAIF, en cambio, muestra una confianza espontánea en sus clientes y cubre siniestros que otras aseguradoras excluyen. Con la tasa de anulación de pólizas más baja del mercado, MAIF ha multiplicado sus resultados por quince en diez años. Bajo el impulso de Pascal Demurger, su director general, ha desplegado en la última década un modelo de liberación de la empresa introduciendo la gestión por confianza para sus 10.000 empleados.

Durante la crisis de Covid-19, MAIF devolvió a sus miembros los 100 millones de euros ahorrados como consecuencia del descenso de las declaraciones de accidentes de tráfico durante el confinamiento de la primavera de 2020 [42]. Una excepción en su campo [43]. Ese mismo año, MAIF optó por convertirse en una empresa orientada a la misión. Afirma que el 88 % de sus inversiones son inversiones socialmente responsables [44].

Se trata de una magnífica demostración de que la confianza a gran escala crea valor.

---

42. «Covid-19: la MAIF fait face», comunicado de MAIF, 26 de marzo de 2020, disponible en línea.

43. «Coronavirus: laMAIF fait cavalier seul sur le remboursement des assurés automobiles», A. Badie, L'Argus de l'assurance, 7 de abril de 2020, disponible en línea.

44. Los distintos compromisos de la aseguradora pueden consultarse en su sitio web.

3

PRESENTE Y FUTURO

Lo que hacemos ahora prepara el futuro. En otras
palabras, proyectarse en una situación futura permite
saber lo que se debe hacer hoy.
No perder de vista la **misión** enseña a tener la
paciencia necesaria para mejorar constantemente el
producto y sirve de brújula en un mundo
empresarial en constante **cambio**.

LA MISIÓN

«Así que ya ves, tengo todas las notas adhesivas de las personas que me han llamado para reservar hoy mi coche. Tiré
las notas adhesivas de los que cancelaron. Y, al lado de los
nombres, como ves, he anotado el porcentaje de probabilidad de que el pasajero venga. Cuando me dicen que solo
van a ir a casa de sus padres el fin de semana porque tienen
que hacer la colada, solo les doy un 50 % de posibilidades
de que vengan. Pero si me dicen que van a la boda de su
mejor amigo, entonces les doy un 90 % de posibilidades.
Ah, y luego en mi teléfono, ya ves, tengo 174 contactos
"plantón". Sí, esos son los que me llamaron para reservar

un día y me dejaron plantado. La siguiente vez que llaman para reservar, veo "plantón" en mi teléfono y sé que han cancelado la última vez, así que no contesto. Ah, y ahora he hecho una hoja con mi itinerario y los lugares en los que tengo que parar en el camino, con los nombres y números de teléfono de las personas con las que me tengo que encontrar y las direcciones de las paradas. Estás aquí, te recojo en Villeurbanne. Siempre lo preparo el día anterior».

Philippe, 34 años, conductor de coche compartido en 2010

● **Laure Claire y Benoît Reillier:** ¡Philippe es un auténtico fanático del coche compartido! Y tú, ¿sueles ser pasajero?

Frédéric Mazzella: Sí, soy pasajero y a veces conductor. Me encanta, no solo porque me permite desplazarme, como a todo el mundo, sino también y sobre todo porque siempre me ha ayudado a mejorar la experiencia del usuario. Hablo mucho durante mis desplazamientos (creo que soy «BlaBlaBla»...) y, cuando se trata del tema del coche compartido, soy bastante inagotable, tanto que a menudo me han preguntado, tras cuarenta y cinco minutos de discusión: «Eh, bueno... ¿No podemos hablar de otra cosa que no sea el coche compartido?». Entonces explico por qué acribillo a preguntas sobre el tema a mi interlocutor. A mis compañeros de viaje siempre les ha parecido bien conocer al fundador del servicio y poder influir en el producto. Una vez, cuando dije quién era, un conductor de coche compartido me contestó: «¡Ah, sí, claro, y yo soy el Papa!» y acordamos en que BlaBlaCar se había hecho tan grande que no podíamos creer que alguien lo hubiera creado.

❷ LC y BR: Así que cuando compartes coche, ¿trabajas al mismo tiempo?

FM: Puedes verlo así. Es increíble lo que se aprende utilizando el propio servicio. Descubres situaciones que no se te habrían ocurrido... Como esa vez en que viajé en el asiento trasero... ¡con un árbol de Navidad como compañero! También es una oportunidad única para hablar con los grandes usuarios. Conocen el producto a la perfección y suplen las carencias del servicio con consejos y trucos, por lo que hablar con ellos es una fuente inagotable de mejoras. Cuando se construye un producto, se piensa en la solidez de los procesos y, en el caso de la tecnología digital, en el diseño de métodos que permitan escalar el producto, a veces, en muchos países. Al principio, tienes un prototipo imperfecto. Son las personas que utilizan el producto de forma intensiva las que nos dicen cómo mejorarlo, cómo facilitar el recorrido. Y sin la facilitación para el usuario, por supuesto, no hay crecimiento. Porque, si los primeros usuarios en adoptar un servicio (*early adopters*), los primeros fans, se empeñan en utilizar el producto a pesar de sus defectos, la gran mayoría de la gente, y especialmente los que aún no lo utilizan, no tendrán ni esa paciencia ni esa indulgencia. Por eso, para agradecer a personas como Philippe, es necesario escuchar atentamente sus comentarios.

❷ LC y BR: En concreto, ¿cómo ha mejorado el servicio tu viaje con Philippe?

FM: Gracias a los comentarios de Philippe y de otros grandes usuarios, hemos mejorado el producto haciéndolo más fiable y facilitando la gestión de los itinerarios. Además, el sistema de reservas en línea, introducido cuando la comunidad alcanzó el millón de miembros, redujo las cancelaciones en un factor de diez y Philippe pudo eliminar sus 174 contactos «plantón» de su teléfono. El resumen de la ruta también ha permitido tener una hoja recapitulativa de las rutas con las paradas. Gracias a mis cientos de interacciones con los usuarios del servicio, me di cuenta a lo largo de los años de que mi trabajo consistía realmente en diseñar un producto que todo el mundo utilizara.

◉ LC y BR: Una misión, ¿espacial, intelectual o humanitaria?

FM: ¡Quizás un poco de todo esto a la vez! El lado pionero de la exploración espacial, el lado científico de la investigación intelectual y el lado altruista de la acción humanitaria. En cualquier caso, esto es lo que me motiva personalmente: construir algo nuevo que ayude a todos. Como describió mi profesor Filipe Santos en el INSEAD, hay tres tipos principales de emprendedores: el emprendedor de «estilo de vida», que simplemente aspira a la libertad, a un ritmo de vida flexible sin horario ni jefe, y a un buen equilibrio entre trabajo y vida privada. El empresario de «crecimiento», que quiere crear el máximo valor para las partes interesadas de la empresa. Y, por último, está el empresario de «misión», que quiere marcar la diferencia en el mundo que le rodea, por ejemplo, abordando un problema social o medioambiental. Yo pertenezco a esta tercera categoría, pero me he encontrado con todo tipo de emprendedores y encontraron su objetivo. Conocer tu fuente de motivación es muy importante para un emprendedor, porque de ahí sacas la energía a lo largo de tu trayectoria. ¡Y se necesita mucha energía! Me di cuenta de que el coche compartido se convertiría en mi misión, y mi motivación se vio reforzada por las acciones de concienciación de Al Gore y su película documental *Una verdad incómoda*. Para mí fue la prueba de que las mentalidades estaban evolucionando a nivel mundial, y de que todos estaríamos dispuestos a compartir el coche en un futuro próximo, impulsados por la razón y la necesidad de ahorrar nuestros recursos y de contaminar menos. También reflexioné sobre las razones por las que esta misión me correspondía, explicitando los temas que me interesaban:

	Motivaciones	Respuestas del proyecto BlaBlacar
1	Me encantan la optimización y la lógica informática, a gran escala y a nuestro servicio.	BlaBlaCar = un verdadero proyecto de plataforma informática útil para todos.
2	Odio el despilfarro de recursos y la contaminación.	Un coche con las todas las plazas ocupadas = optimización del espacio y energía, y menos contaminación por pasajero.
3	No me gusta perder el tiempo ni hacer las mismas cosas una y otra vez. Me gusta que se mantengan los compromisos.	Pasajero = no necesita conducir. Reserva en línea = ahorro de tiempo y fiabilidad.
4	Me gusta ahorrar dinero, incluso en mis viajes.	Compartir los gastos = viajes económicos y más baratos.
5	Y además, me encanta charlar y conocer gente (yo soy más bien «BlaBlaBla»).	BlaBlaCar = «BlaBla», charlas hasta el final del viaje.

❷ **LC y BR:** Menos residuos, no tener necesidad de conducir, ahorro… Es fácil entender que la idea de compartir el coche se ajusta a muchas de tus preocupaciones. ¿Se trata de una vocación?

FM: ¡Probablemente! Tengo otras pasiones, pero debo admitir que el coche compartido se ha impuesto sobre las otras. Me encantaba la física, pero sorprendentemente, fue a causa de Einstein (¡o más bien gracias a él!) que me dediqué a otra cosa. Einstein es como el Chopin de la física: un genio mundialmente conocido por el que se siente más y más admiración cuanto más se adentra uno en su campo. Le gustaba decir: «Si te quejas de tener problemas en matemáticas, ¿qué dirías si tuvieras los míos?». Tuve la oportunidad de acercarme un poco a sus problemas matemáticos, eran ciertamente difíciles... A través de su trabajo, su visión y su formulación del mundo en las ciencias de la física, Einstein revolucionó la forma en que concebimos el tiempo, el espacio, la materia, la energía, la gravedad y la luz. En definitiva, el Universo. Casi te dan ganas de decirle: «Ehhh... ¿vas a dejar un poco para los demás o no?». Como todos nosotros, le debo mucho a Einstein. Pero personalmente también le debo... ¡no haber perseverado en mi investigación en física!

❱ **LC y BR:** Después de la Escuela Normal Superior te fuiste a Estados Unidos a hacer un máster en informática... ¡No se puede culpar a Einstein por acortar tus estudios!

FM: No, pero cuanto más avanzaba en mi carrera de investigación, más se hablaba en cada clase de las teorías que él había formulado a los 26 años. La perspectiva de seguir haciendo investigación básica me alejó de la acción concreta o al menos inmediata. Llegué a preguntarme qué podía ofrecer yo al mundo de la física. Éramos decenas de futuros investigadores que nos devanábamos los sesos para entender lo que un genio había formulado cien años antes. «¿Es concebible que pueda añadir algo más que un poco de grava a la Montaña de Einstein? ¿No sería mejor contribuir con una piedra o incluso una gran roca en otro campo?» Así que le doy las gracias a Einstein cada día por haber guiado tan bien mi futuro. Gracias a él, supe que se puede tener una pasión, pero que hay que conocer los límites. Entonces, para sentirse útil, es mejor orientarse hacia lo que permite contribuir concretamente con nuestro entorno. Todo lo que tenía que hacer era encontrar esa «otra cosa», combinando 1) lo que me apasiona con 2) mis habilidades y 3) lo que puede ser realmente útil para el mundo que me rodea.

◉ **LC y BR:** ¿Es así como describes tu misión como emprendedor?

FM: «Lo que se ha hecho antes, ¿por qué hacerlo de nuevo?». Esta frase, atribuida a John Lennon, resume mi atracción por la ciencia, que siempre se ha basado en la búsqueda constante de novedades y en el deseo de explorar más allá que nuestros predecesores. Lo que ya se ha encontrado es, de hecho, accesible para el alumno. Nuestro papel es, por tanto, ir más allá de lo que ya se conoce, apoyándonos en el pasado, en los conocimientos adquiridos a lo largo del tiempo, para descifrar, inventar y descubrir lo que viene después, el futuro, el más allá. Veo el espíritu emprendedor como un enorme campo de posibilidades inexploradas, que da a todos la oportunidad de expresarse, sin compararse. Cada uno tiene su propio campo de experiencia y si Einstein está en el campo de al lado, no importa. Esto es especialmente cierto en el campo de la informática: rara vez se encuentra un problema que no haya tenido y resuelto ya otra persona. Por eso, el primer instinto ante un problema informático es buscar en Internet si alguien más ha tenido ese problema. Integrar un código existente para resolver el problema nos llevará diez o cien veces menos tiempo que codificarlo nosotros mismos. Así podremos aprovechar lo que ya se ha hecho. En definitiva, nos enseña que cada uno tiene su propio campo nuevo que explorar. Por eso nunca quise construir una imitación (*copycat*).

◉ **LC y BR:** ¿Qué sentido tiene una imitación para un emprendedor?

FM: ¡Crecimiento rápido y casi garantizado! En la industria tecnológica, es casi un deporte. Cuando una *startup* presenta un concepto en algún lugar del mundo, suele ser copiado inmediatamente en otra región por equipos ultra-motivados. Es cierto que parece sencillo, o al menos poco arriesgado: se lanza un producto o servicio lo antes posible si se sabe que funciona en otros lugares. Detrás de esta práctica, en realidad, está la intención de ser comprada más tarde por la *startup* copiada, cuando esta *startup* quiera expandirse a otras geografías. Esta es una de las formas de crear valor, a menudo, favorecida por los empresarios del tipo «crecimiento». Como personalmente soy más del tipo «misión», eso no me motiva para nada. Cuando veo que una *startup* desarrolla una idea en la que yo ya había pensado, me siento muy aliviado. Me digo a mí mismo que este problema ha sido identificado por otros, que ya están trabajando en él. ¡Así que puedo buscar otra cosa!

◉ **LC y BR:** ¿Te ha ocurrido esto alguna vez?

FM: Sí, con… ¡Airbnb! Antes de lanzar BlaBlaCar, Damien y yo habíamos intentado lanzar un concepto de alquiler de pisos a corto plazo para extranjeros que visitaban París. En aquel momento, habíamos encarado «Busy Paris» desde un ángulo muy reglamentario y financieramente oneroso para nuestra experiencia y medios. Éramos jóvenes profesionales con pisos de alquiler muy pequeños y sin acceso a ningún piso libre para probar el concepto. En resumen, Airbnb encontró la receta y eso me hizo muy feliz. Quiero dedicar mi tiempo a hacer cosas que nadie haya hecho antes. Eso es lo que me impulsa.

◉ **LC y BR:** Al querer hacer siempre algo nuevo, tu entorno debió pensar a veces que eras un idealista, o incluso un dulce soñador o hasta un tonto…

FM: He perdido la cuenta del número de veces que he visto compasión en los ojos de algunos de mis amigos que se han dicho a sí mismos: «¡Oh, Dios! ¿Qué ha pasado? Fred tuvo un gran comienzo:

buenos estudios, ingeniero, todo eso... Y ¡bang! Dimite y crea un sitio web para *beatniks* que hacen autostop. Caray... le puede pasar a cualquiera». Ante este tipo de reacción, ceder al pánico es inútil. Hay que distinguir entre lo emocional y lo racional, y decirse a sí mismo que a veces uno no entiende al otro. Los hechos, las cifras, los argumentos y, sobre todo, los primeros usuarios son nuestra tabla de salvación. Así que tenemos que volver a los usuarios reales. Quizá hoy se puedan contar con los dedos de una mano, pero mañana, si se lo ponemos fácil, podrían ser numerosos.

LC y BR: ¿Eso es todo? Cuando estás inquieto, ¿te consuelas con tus usuarios?

FM: ¡Eso ya es mucho! También saco energía del sentimiento de que aquello en lo que estoy trabajando merece existir. Aunque solo sea porque es muy importante para mí. Además, tienes que ser capaz de definir lo que es importante para ti. Lo urgente suele primar sobre lo importante. Según las afinidades de cada uno, se pueden clasificar como «importantes» cosas como aprender música o pintura, escribir un libro, tener hijos, subirse a un escenario, tirarse en paracaídas una vez en la vida, crear una empresa, cuidar la salud, ver la aurora boreal, ir a la ópera, pilotar un avión, dar las gracias a los amigos, los familiares, los empleados, exponer las fotos, hacer *bobsleigh* (deporte de trineo) o saltar en esquí, etcétera. Para una empresa, será tener muchos clientes, diseñar una gran marca, forjar una cultura solidaria y de la asistencia, mantenerse a la cabeza tecnológicamente, mejorar constantemente el producto y la experiencia del usuario, contratar el seguro adecuado contra los riesgos del negocio o asegurar una posición estratégica futura para resistir en un mercado competitivo. Todas estas cosas son importantes, estratégicas. Pero nunca parecen urgentes... ¡hasta que te das cuenta de que deberías haberlas hecho mejor y antes de que fuera demasiado tarde! Por otro lado, lo urgente tiene una desafortunada tendencia a la bulimia... Si lo dejas a su aire, se traga rápidamente toda la agenda y no deja espacio para lo importante. El reto es, por tanto, conseguir avanzar en las cosas importantes de forma regular, para dedicarles tiempo sin que las cosas urgentes las acaparen.

● **LC y BR:** ¿Cómo se hace para que lo importante sea una prioridad?

FM: A lo largo de los años, he encontrado un método para convertir lo importante en urgente: reservo voluntariamente espacios en mi agenda para las cosas importantes y, luego, se convierten mágicamente en cosas que son... ¡urgentes, como las demás! También puedes establecer deliberadamente un plazo en el que lo importante debe estar hecho. Para lograrlo, hay que aprovechar los momentos en que las cosas urgentes están dormidas, normalmente por la tarde o el fin de semana, para planificar las franjas horarias reservadas a las cosas importantes.

● **LC y BR:** La distinción entre importante y urgente suele ser compleja y cambiante. ¿Podrías darnos un ejemplo concreto que te ayuda a transformar lo importante en urgente?

FM: Imaginar que hoy es nuestro último día convierte inmediatamente lo importante en urgente y sustituye a lo urgente sin importancia. Proyectarse mentalmente al final de la vida e imaginar lo que uno podría formular como un «arrepentimiento» es una forma sencilla y radical de descubrir lo que uno considera personalmente importante, antes de que sea demasiado tarde: «Ah, me hubiera gustado... actuar en una película, ver el monte Fuji, inventar un producto útil, pasar más tiempo con mis seres queridos, etcétera». Al proyectarnos de esta manera, las cosas que formularemos son aquellas que son importantes para nosotros y que debemos realizar en nuestra vida, por lo tanto ahora.

LA PACIENCIA

❯ **LC y BR:** ¡Ahora mismo parece ser el espíritu de muchos servicios nuevos!

FM: Sí, está en el aire, es la tendencia en este momento, parece que el mundo actual está intentando hacer desaparecer el tiempo... Nuestra experiencia del paso del tiempo está siendo mordisqueada cada día, y con ella, nuestra comprensión de la virtud de la paciencia. Lo instantáneo está de moda y se está convirtiendo en la norma: «¿Qué? ¿No puedo tener esto ahora mismo? Espera, debe haber una aplicación para eso, ¿no?». Vemos que se crean muchas empresas con la «rapidez» como única visión. No hay que confundir un producto que satisface una necesidad con un producto que crea un deseo. El primero facilita la vida cuando está bien hecho, el segundo alimenta un impulso de anti-paciencia que, a veces, hace la vida más difícil. Cuando hay que hacer algo, si el producto lo hace rápido y bien, es positivo. Por otro lado, si el objetivo final de un servicio es responder a la fiebre compradora o a la compra impulsiva, creo que es contraproducente. La paciencia suele mejorar las cosas y el paso del tiempo actúa como un filtro sobre nuestras necesidades reales. Aceptar responder inmediatamente a todos nuestros deseos es destruir la capacidad del tiempo para ayudarnos a desechar lo innecesario. Por eso, cuando vamos a desarrollar un nuevo servicio, hay que respetar un orden: primero la razón de ser y luego la eficacia. Cuando se ha comprobado que el producto mejorará realmente el mundo que lo rodea, entonces sí, hay que ser eficiente, pero no hay que empezar por querer «ahorrar tiempo». El objetivo es multiplicar el impacto de la noble causa que defendemos, no optimizar lo superfluo.

> **LC y BR:** ¡Esto nos recuerda que el tiempo es una noción importante en la filosofía! ¿Cómo gestionas tu tiempo?

FM: Hay muchas formas de tiempo, por lo que podemos perdernos en él. Aunque lo digamos de mil maneras diferentes cada día, nunca lo asimilamos del todo: hay tiempo para disfrutar y tiempo para trabajar, tiempo que no tiene precio y tiempo que debe ser eficiente, tiempo para invertir y tiempo para gastar, etc. No puedo resistirme, de nuevo, a citar a Einstein: «Lo que cuenta no siempre puede ser contado, y lo que puede ser contado no necesariamente cuenta». En cuanto al tiempo, hay tiempo que cuenta y tiempo que contamos. El tiempo que contamos puede verse como una cantidad de valor que se invierte en cosas que nos trascienden o nos sobrevivirán. Cuando utilizo mi tiempo para construir algo que luego puede funcionar por sí mismo y vivir sin mí, siento realmente que he invertido mi energía correctamente. Eso es lo que me hace ser paciente.

En este sentido es muy interesante ver cómo se comporta un jugador de billar ocasional. ¿Va disponiendo las bolas para hacerlas entrar después o intenta hacerlas entrar directamente con el primer tiro? Si consideras que ganar la partida es importante y que tu rival no es mucho mejor que tú, entonces suele ser mejor acomodar las bolas poco a poco, en lugar de intentar meter una cada vez. De hecho, cuando las has acomodado, suele llegar un momento en el que puedes introducir varias de un mismo golpe, porque están bien colocadas. Esto hará posible inclinar el marcador de tu lado. Acomodar las bolas en primer lugar significa anticiparse y darse los medios para ser paciente.

❂ **LC y BR:** Hasta aquí el tiempo que contamos y, por tanto, invertimos, pero ¿qué pasa con el tiempo que cuenta?

FM: Esta vez tratamos otro tema filosófico: ¡el placer! Sin embargo, me gustaría señalar que la noción de juego en el billar es fascinante porque el juego combina el tiempo que cuenta, el placer, y el tiempo que se mide si quieres ganar: piensas e inviertes para ganar al final. Por eso es importante, al jugar, asegurarse de que todos los jugadores están en la misma onda: si uno está allí para disfrutar y divertirse, mientras que el otro está para ganar, ambos se sentirán frustrados. Uno, porque no lo pasó bien; el otro, porque no hubo una verdadera competencia. Así que el tiempo que cuenta es la parte divertida del juego. Alan Watts lo resume diciendo que «la vida es como la música»[45]. Al igual que una pieza de música no tiene ningún propósito, no va a ninguna parte, simplemente está ahí para ser disfrutada. Si en la música solo contara el objetivo, la música más bella sería solo su conclusión: un gran acorde final, sin la pieza que lo precede. Como suele ocurrir con los opuestos[46], creo que la verdad está en el medio: hay que invertir tiempo y disfrutar del tiempo al mismo tiempo, hay que hacer lo útil y lo agradable, pero sobre todo no se puede hacer solo una de las dos cosas.

❂ **LC y BR:** ¿Qué lugar ocupa lo inesperado en todo esto?

FM: El trabajo del emprendedor es detectar las puertas entreabiertas… ¡y ver lo que hay detrás! Para el emprendedor, lo inesperado se llama oportunidad. Así que hay que ser capaz de maravillarse con los signos reveladores cuando aparecen, para tener perspectiva. En lo que a nosotros respecta, se produjo un pequeño milagro el 23 de julio de

---

45. «Life is a musical thing», A. Watts.

46. Veáse la ficha Focalizar – El método FOCUS.

2011, cuando la revista *Le Monde* colocó en portada su reportaje estrella titulado «Económico, amable, ecológico: mi viaje en coche compartido». En aquel momento, éramos un pequeño equipo de unas veinte personas apasionadas, y este foco de atención fue tan repentino como inmenso. Estábamos entrando en la gran liga. Las ocho páginas dedicadas a aquello en lo que trabajábamos cada día nos emocionaron mucho. En las palabras del periodista, encontramos las experiencias humanas que experimentábamos en los viajes compartidos: «Estrechar la mano. Amistades eternas. Felicitaciones. Nuevamente reencuentros eternos». Recuperamos una gran dosis de energía y optimismo para seguir con la misión de BlaBlaCar.

❷ LC y BR: Esto fue una validación real de la aceptación de esta novedad por la sociedad, pero el uso era todavía restringido en esta etapa...

FM: Efectivamente, pero diseñar un nuevo producto es precisamente proyectarse en un uso masivo, que aún no existe. También significa aferrarse al futuro, mientras se espera en el presente. Victor Hugo dijo: «Prefiero el futuro al pasado porque es ahí donde he decidido vivir el resto de mi vida». Del mismo modo, el diseño no termina el día del lanzamiento. El uso y la circulación suelen tardar mucho tiempo en aparecer. Así que hay que tener paciencia hasta que funcione. Pero eso no significa que te quedes sentado sin hacer nada. Durante este periodo, una especie de sala de espera, el emprendedor está constantemente en contacto con los primeros usuarios. Sus comentarios, como hemos visto, son extremadamente útiles.

❷ LC y BR: ¿Te refieres al principio de la aventura?

FM: Tuvimos que ser pacientes para el lanzamiento de la actividad de los viajes compartidos de larga distancia, pero también para BlaBlaCar

Daily [47], para el lanzamiento de nuestros autobuses o nuestro producto de seguros. Durante el primer mes de lanzamiento de Daily, solo realizamos cinco viajes compartidos... En comparación con los cientos de miles de viajes compartidos mensuales de larga distancia, las cifras palidecen. A pesar de que la comunidad de vehículos compartidos ya contaba con 50 millones de miembros en ese momento, y a pesar de que nuestra marca ya era conocida, tardamos casi dieciocho meses en alcanzar los 10.000 viajes compartidos al mes. Revivimos la experiencia «grano de arena» del inicio de un mercado: para que la oferta y la demanda se encuentren, se necesita mucha oferta y mucha demanda.

Si tienes un grano de arena en cada mano y los lanzas juntos, es poco probable que choquen entre sí. Por el contrario, si tomas un gran puñado de arena en cada mano y los lanzas uno contra otro, chocarán muchos granos de arena. De la misma manera, para compartir el coche, debe haber suficientes proveedores de plazas en un lado y solicitantes en el otro para que se produzcan viajes conjuntos, en las rutas correctas y en el momento adecuado. Al principio, incluso se eliminan los parámetros de búsqueda para aumentar las oportunidades de conexión. Hoy en día parece increíble, pero, en BlaBlaCar, inicialmente, ni siquiera podías elegir la fecha, ¡solo podías elegir la ciudad de salida y la ciudad de llegada! Esto nos permitió tener menos plazas vacías con menos frecuencia. Por lo tanto, al principio se acumula la oferta y la demanda, pero sin ninguna transacción, y después la salsa está a punto y el mercado funciona, pero hay que tener mucha paciencia.

---

47. La actividad de «larga distancia» de BlaBlaCar se refiere a los viajes de una media de 250 km, mientras que BlaBlaCar Daily se dirige a los viajes diarios de una media de entre 20 y 40 km.

EL PRODUCTO

❂ **LC y BR:** La imagen de los granos de arena es poderosa para ilustrar el concepto de liquidez en un mercado. Pero cuando se diseña un servicio como BlaBlaCar, ¿por dónde se empieza?

FM: Ponte en la piel de un golfista: sabes que tienes muy pocas posibilidades de meter la pelota en el agujero en el primer golpe. Así, en lugar de aspirar a la perfección, se dispara con una idea de dirección y se consigue meter la pelota en el agujero tras varias iteraciones. Es exactamente lo mismo con un producto. Sería una pérdida de tiempo prepararse durante mucho tiempo o perfeccionar el producto mil veces antes de ofrecerlo a los usuarios con la esperanza de diseñar el producto perfecto desde el principio[48]. Hay que disparar la primera pelota en la dirección que uno cree que es la correcta y, a partir de ahí, ir perfeccionando el producto, basándose en los comentarios de sus primeros usuarios. El diseño de un producto de tipo «servicio digital» está ahora verdaderamente reconocido como una profesión, la de *Product Manager* (PM, por sus siglas en inglés, en castellano: Director de Producto). Esto no era así en Francia cuando empezamos. En 2010, escribí uno de los primeros anuncios para contratar a un PM cuando muchos confundían esta función con la de *Project Manager* (Director de Proyectos).

❂ **LC y BR:** Volviendo a la analogía del golf, ¿cómo te orientas en el campo y tomas puntos de referencia para el recorrido con antelación? ¿Y cómo se elige el palo?

---

48. Sobre este tema, véase en particular la ficha El producto – El esfuerzo – BEST, así como el libro *Lean Startup: adoptez l 'innovation continue*, E. Reis, París, Pearson, 2012.

FM: Para elegir tu posicionamiento en una cadena de valor tecnológico, para trazar el recorrido, o al menos el contorno del proyecto, nada mejor que comprender plenamente los conceptos del territorio en el que te desempeñas. Por tanto, es preferible haber evolucionado ya en un entorno similar. En el ámbito de la tecnología de los servicios conectados, esto significa estar familiarizado con conceptos tan básico como estructurantes, por ejemplo: Producto, Integración, *Framework* (marco), *Software* como servicio (SAAS, por sus siglas en inglés de *Software As A Service*), Interfaz de Programación de Aplicaciones (API, por sus siglas en inglés de *Application Programming Interface*), Kit de desarrollo de *software* (SDK, por sus siglas en inglés de *Software Development Kit*), Sistemas de gestión de Bases de Datos no Relacional (NoSQL) frente a los sistemas de gestión de Bases de Datos Relacionales, *No Code* (desarrollo sin código), Versionado de *software*, Nube, Cliente y Servidor, entre otros. Y mejor aún es conocer las diversas especialidades, aunque solo sea para organizar el reparto de papeles: probar negocios como Tiger Woods prueba palos de golf. Todo esto lo aprendí en los cinco años que pasé en la *startup* en Kabira Technologies (ahora Tibco) antes de lanzar BlaBla-Car. Me fue de gran ayuda a la hora de diseñar una empresa en el ámbito de la informática. Tuve la oportunidad no solo de evolucionar en un entorno muy tecnológico, sino también de cambiar de puestos de trabajo regularmente.

◉ LC y BR: ¿Dentro de la misma empresa?

FM: Sí, cada año volvía a hablar con la directora de RRHH y le decía que sentía que ya había «tocado el techo» de mi puesto y le transmitía mi deseo de descubrir otra cosa. Tuve mucha suerte de hablar con interlocutores tan flexibles. El equipo siempre encontraba un nuevo reto para mí. Me incorporé al departamento de atención al cliente, luego pasé a ser desarrollador informático, gestor de proyectos, después gestor de cuentas y finalmente arquitecto de soluciones técnicas. Estos diferentes puestos me permitieron comprender, al experimentarlos, muchos de los oficios especializados, necesarios para el buen funcionamiento general de una empresa tecnológica, desde el soporte hasta las ventas, pasando por el desarrollo informático.

◉ **LC y BR:** Conocer cada oficio es bueno, ¿pero no es mejor tener clientes? Entonces, ¿cómo se consigue que un producto encuentre su público?

FM: Ah... el Product *Market Fit*[49]... ¡el Grial! Cuando lo encuentras, entras en un nuevo mundo: el del crecimiento libre y sólido de tu servicio. El problema es que puedes buscarlo durante mucho tiempo y puede ser muy caro. Para encontrarlo, todos los medios son buenos. Paul Graham, de Y Combinator, la famosa incubadora de *startups* de California aconseja en este periodo de adecuación entre producto y mercado: «Haz cosas que no escalen»[50].

◉ **LC y BR:** ¿Qué significa esto en la práctica? ¿Desplegar recursos desproporcionados en relación con el resultado? ¿Probar casi todo? ¿No pensar en la rentabilidad al principio? ¿Hacer las cosas tú mismo para los primeros clientes?

FM: Yo diría que es un poco todo esto al mismo tiempo. El equipo de Airbnb, que salió de Y Combinator, lo ha entendido perfectamente. Para atraer la atención de los viajeros hacia los alojamientos con bellas fotos han contratado a fotógrafos profesionales. Les costó mucho dinero y hoy los anfitriones proporcionan sus fotos, pero

---

49. *Product Market Fit* es un término definido por Marc Andreessen, el fundador de la primera empresa completamente orientada a Internet, y describe el encuentro, la combinación perfecta entre un producto y su mercado.

50. «*Do things that don't scale*».

demostró la tesis. Además, los propios fundadores se desplazaron cada semana a distintos lugares para obtener información sobre el terreno. A veces recibían a los viajeros en sus casas para que vieran por sí mismos lo que había que cambiar de su producto para mejorarlo. En resumen, estaban haciendo cosas que «no se pueden escalar», totalmente inviables a gran escala.

◗ **LC y BR:** Muy bien, pero ¿qué sentido tiene hacer cosas que no van a «crecer», al menos al principio? ¿No es contraproducente?

FM: Esto permite ver lo que funciona sin desplegar recursos colosales en el momento para resolver un pseudoproblema. Es mejor construir una pequeña máquina para resolver un gran problema que una gran máquina sin ningún problema que resolver. Por tanto, al principio, debemos desplegar pequeños medios para probar lo que funciona a pequeña escala y averiguar cuáles son los verdaderos problemas y, luego, diseñar la gran máquina para resolverlos[51].

◗ **LC y BR:** En algún momento, sin embargo, tendremos que ofrecer un producto que satisfaga las necesidades del mayor número de personas posible. ¿Qué actitud aconsejas adoptar?

FM: Una vez diseñado el primer producto, hay que avanzar para que el usuario ni siquiera se dé cuenta de que lo está utilizando. Un buen producto es como un tobogán[52]: no hablamos de él, sino del placer

---

51. En su libro *Great by Choice* (Harper Business, 2011), Jim Collins explica por qué es mejor «disparar balas de pequeño calibre antes de disparar balas de cañón». La capacidad de convertir pequeñas pero sólidas ideas (balas) en éxitos (balas de cañón) cuenta incluso más que una reserva de pura innovación.

52. Véase la ficha El producto – El esfuerzo BEST.

que nos proporciona. El usuario debe permanecer centrado en el objetivo y la experiencia, sin ver la técnica subyacente. Cuando usamos un tobogán, no se habla de su estructura o de su color, sino de las emociones que nos produce bajar y de la alegría al llegar: «¡Fue genial, otra vez!». Lo que más me gusta de hablar con los miembros de la comunidad es cuando me dicen: «¡Oh, viajé con BlaBlaCar, he conocido a un tipo estupendo!», porque entonces creo que han utilizado el producto sin darse cuenta. Hablan de la emoción de deslizarse y no del tobogán. Entonces, ¡es una victoria!

» **LC y BR:** ¿Cómo aprendiste el oficio de desarrollar un producto?

FM: Traté de aprender de los mejores en este negocio, para avanzar más rápido. Aunque me entusiasmaba la idea de crear un nuevo tipo de servicio global, el de los viajes compartidos, no quería que cometiéramos los mismos errores de estructuración y organización de equipos que otras empresas habían cometido antes que nosotros. Así que organizamos varias «expediciones de producto» a San Francisco para conocer de cerca cómo las mayores empresas tecnológicas del mundo diseñan sus productos y estructuran sus equipos. Visitamos los equipos de producto de Airbnb, Dropbox, LinkedIn, PayPal, Slack, Twitter y WhatsApp, y aprendimos mucho. Como resultado de estas experiencias, hemos creado, por ejemplo, un equipo al que llamamos «La voz del cliente», que recibe y sintetiza las sugerencias de toda la comunidad y se encarga de asegurar la perfecta comunicación entre el equipo de producto y el equipo de atención al cliente. También aprendimos cómo estas empresas establecieron una hoja de ruta en la que participaron todos los empleados, sin dejar de ser realistas en cuanto al plazo de entrega de las funciones.

> **LC y BR:** ¿Y qué hacer cuando la llamada «Voz del cliente» es crítica, cuando los clientes están descontentos?

FM: Incluso el mejor producto o servicio del mundo, acompañado del mejor servicio de atención al cliente imaginable, no puede escapar a las críticas. A pesar de nuestros esfuerzos, a veces, nos encontramos con personas enfadadas, coléricas, que se quejan a gritos o envían mensajes insultantes, incluso, amenazas. En estas situaciones, siempre me acuerdo de la frase de Bill Gates: «Me encantan los clientes insatisfechos», ya que me colocan en situación de escuchar y empatizar. En primer lugar, intento comprender realmente «qué es lo que aguijonea». No busco la confrontación, me mantengo tranquilo y hago preguntas sencillas y objetivas: «¿Qué ha pasado?», «¿Puedes explicarme la situación?», «¿Por qué estás enfadado?». Luego escucho sin interrumpir a la persona. En cualquier caso, el diálogo a estas alturas parece a veces imposible. También recuerdo lo que decía Serge Dugas, mi antiguo jefe en Kabira: «Un buen mediador es ante todo un oído, y solo después una boca». Hay que entender lo que la otra persona busca para poder ofrecer una buena solución. Todo esto es completamente de sentido común, pero desgraciadamente no siempre es el primer reflejo que uno puede tener bajo la influencia de la emoción. A menudo ocurre que la reacción del denunciante es desproporcionada con respecto al problema real. Por otro lado, una descripción objetiva del problema permite que todos lo entiendan, lo que nos permite entonces responder a la persona de manera tranquila y *a priori* pertinente, abrir el contexto y hacer transparentes las razones por las que determinado hecho puede haber ocurrido. Se trata de salir del campo de la emoción para entrar en el de la resolución racional.

LA SUPERVIVENCIA

❂ **LC y BR:** Una vez que un producto está vivo y ha encontrado sus usuarios, ¿cómo se garantiza su longevidad?

FM: Debemos recordar, como Heráclito, que «Lo único constante es el cambio». Tenemos que hacer lo mejor que podamos hoy con lo que tenemos, pero también estar preparados para adaptarnos si los nuevos elementos nos contradicen. En el mundo de las *startups*, cambiar de producto se llama *pivotar*. Es común y, a menudo, salva vidas. Hay que saber hacerlo cuando uno se ve obligado a ello, por la llegada de una nueva tecnología, por un cambio de uso o de contexto en la cadena de valor o, simplemente, por los competidores que son mejores que uno. Sin embargo, no debemos hacerlo con demasiada frecuencia, no hay que jugar a la veleta. Hay que hacer lo posible para seguir según sea la necesidad. El cambio con continuidad es un arte.

❂ **LC y BR:** ¿Cuáles son los obstáculos para el cambio que pueden poner en peligro la supervivencia del producto a largo plazo?

FM: ¡Rutina! Para entender el peso y el peligro de una rutina, me gusta pensar en una historia llamada «Teorema de los monos». Se trata de un experimento, o más bien una fábula, en la que encierran a cinco chimpancés en una gran jaula. Se coloca un plátano en lo alto de una escalera. Cada vez que uno de los monos se atreve a bajar el plátano, automáticamente, cae una ducha fría sobre toda la jaula. Los astutos monos comprenden rápidamente que si no quieren mojarse, tienen que renunciar al plátano. Entonces, uno de los monos se sustituye por uno nuevo, que no está familiarizado con la ducha. Cuando llega, el primer instinto del mono recién llegado es intentar coger el plátano. Pero los otros monos se le echan encima para impedirle subir, incluso antes de que se encienda la ducha. Los monos son sustituidos uno a uno y siempre ocurre lo mismo: el nuevo intenta conseguir el plátano, pero se lo impiden los antiguos. Al final, todos los monos son sustituidos y ninguno de ellos se ha mojado. Entonces, se decidió desactivar la ducha, ¡pero los monos siguieron impidiéndose unos a otros subir la escalera! Dentro de la jaula, impedir que se suba la escalera se ha convertido en un proceso, un hábito, que es totalmente paralizante para cualquier iniciativa sensata aun cuando el contexto ha cambiado, cuando la ducha ya no existe. Esta fábula refleja el alcance de nuestros condicionamientos y la existencia de sesgos cognitivos que, unidos al «pensamiento de grupo», limitan nuestras decisiones. Así que debemos permanecer siempre alerta y volver a intentar algo cuando las circunstancias hayan cambiado, es una actitud dinámica permanente en línea con la famosa frase de Steve Jobs en su discurso de graduación en Stanford en 2005: «¡Manténgase insaciables y locos!».

◉ **LC y BR:** Seguir siendo insaciable y loco, pero tampoco temerario... ¡A veces los muros impiden el cambio!

FM: Mi profesor de robótica en Stanford, Jean-Claude Latombe, decía: «No hay muros más resistentes que mi cabeza». Es una imagen, pero te mantiene con energía y optimismo cuando buscas una solución a un gran problema. Te tomas la situación como un reto, como una invitación a innovar y a superar los límites de tu pensamiento. Si el problema es complejo, lo desglosamos y analizamos sus diferentes elementos. En este caso, tratamos de resolver subproblemas y luego ensamblar sub-soluciones para llegar finalmente a una solución completa del conjunto. Este enfoque me permite a menudo desarrollar una fuerte convicción gracias a la cual puedo avanzar [53]. Así que nun-

---

53. Véae la ficha Progresar – La actitud ESTOICA.

ca dejo de buscar una puerta en la pared o de pensar en cavar un tú-
nel por debajo. A veces, ¡hay que pensar en catapultarse a la cima!
Pero a la hora de actuar sobre este conjunto de soluciones, sigo otro
consejo, esta vez dado por Jean-David Chamboredon, nuestro primer inversor profesional: me apresuro lentamente. Esta fórmula,
ciertamente paradójica, corresponde perfectamente a la noción de los
«Opuestos» del método FOCUS[54]: entre la velocidad y la lentitud,
hay que ajustar el cursor, asegurarse de avanzar a la «velocidad máxima autorizada», sin arriesgarse a tener un accidente, por ejemplo,
saltando etapas. Por supuesto, avanzar de forma decidida y resuelta,
dándolo todo, ayuda enormemente. Pero todo debe hacerse bien y
con prolijidad. A veces los métodos y el proceso son obsoletos y hay
que ignorarlos para progresar, pero suelen estar diseñados para evitar
desviarse del camino. Si ignoras un proceso que sigue siendo útil para
avanzar más rápido, lo pagarás en algún momento.

● **LC y BR:** ¿Qué puede hacer descarrilar la marcha del
progreso? ¿A qué le prestas más atención?

FM: La vanidad y el descuido son los factores de riesgo que hay que
tener en cuenta. Por eso uno de nuestros primeros principios situaba
la vanidad en la parte inferior de la escala de comportamiento y, en la
parte superior, la realidad[55]. Un día, en una conferencia, me encontré
con Richard Branson, el famoso fundador de Virgin, y le pregunté:
«¿Cómo se consigue que una empresa perdure?». Con toda naturali-
dad, respondió: «¡Tú mismo tienes que desarrollar la actividad que
matará la tuya!». Lo hago con regularidad, tratando de imaginar qué
podría causar la desaparición de lo que hoy funciona. ¿Un cambio
estratégico perdido? ¿Un producto tecnológicamente obsoleto? ¿Un

---

54. Véase la ficha Focalizar – El método FOCUS.

55. Véase la ficha La cultura – La benevolencia – el CORAZÓN.

incendio en un almacén? ¿Una marca débil? ¿Una cultura empresarial desunida? ¿Un competidor mejor armado o más rápido que nosotros? El alarmismo es radical, pero es muy eficaz para asegurar la supervivencia.

La misión de Coursera

Hacer la educación accesible para todos

Daphne Koller y Andrew Ng, cofundadores de Coursera, imaginaron «un mundo en el que todos, en todas partes, tienen el poder de transformar sus vidas a través del aprendizaje» [56].

En 2012, a partir de su sólida experiencia docente en Stanford y del enfoque científico de las ciencias de la computación y la inteligencia artificial, quisieron hacer la educación accesible a todos a través de Internet. Entonces, imaginaron una plataforma de cursos en línea que redujera las barreras del coste, la distancia y el tiempo a las que se enfrentaban los alumnos.

En la actualidad, Coursera está asociada con más de 200 universidades y empresas líderes para ofrecer un aprendizaje en línea flexible, asequible y adaptado a personas y organizaciones de todo el mundo [57]. Más de 80 millones de alumnos han utilizado ya la plataforma.

Coursera también ha creado una organización que pretende tener en cuenta y mejorar constantemente el impacto de sus decisiones en su ecosistema. Se mide el rendimiento de sus mecanismos de gobernanza, así como su impacto en sus empleados, clientes,

---

56. Fuente: sitio web de Coursera.

57. La última edición del Informe «Coursera 2020 Impact Report» puede descargarse en línea – enlace en el sitio web del libro.

comunidad y medio ambiente [58]. En particular, la empresa ha desarrollado un programa con la Agencia de las Naciones Unidas para los Refugiados (ACNUR). Coursera obtuvo la certificación B Corp en 2021, una etiqueta muy preciada que solo obtiene una de cada tres empresas.

El curso «Let's Talk About COVID-19», lanzado en respuesta a la desinformación sobre Covid-19 con la Prof. Helen Ward y la Dra. Katharina Hauck del Imperial College de Londres, ha atraído a más de 130.000 inscritos. ¡Una señal de lo grande que se ha hecho la plataforma!

La paciencia de Jack Dorsey en Twitter

Cultivar la paciencia identificando las prioridades

Cuando uno es empresario, puede verse rápidamente abrumado por la urgencia. Jack Dorsey, el cofundador de Twitter y de Block (inicialmente, llamada Square), sabe lo importante que es ser paciente a la hora de identificar las tareas importantes y prioritarias: ¡durante varios años fue director general de ambas empresas al mismo tiempo!

Por eso, todas las mañanas, se toma el tiempo de hacer una lista de lo que va a hacer y, sobre todo, de lo que no va a hacer... Las listas de tareas que hay que realizar no siempre tienen en cuenta las tareas y actividades que pueden hacerte perder el tiempo. Por lo tanto, no reflejan plenamente la realidad de las decisiones que hay que tomar en un día determinado para avanzar en las prioridades clave.

---

58. Para más información sobre cómo se miden las puntuaciones de impacto, consulte el informe «B Impact» de Coursera.

«Tener la intención de no trabajar deliberadamente en algo —explica Jack Dorsey— me da un espacio más claro para pensar y trabajar, y ser menos reactivo»[59].

Para organizar mejor sus días y colaborar eficazmente con sus equipos, Jack Dorsey asigna temas a cada día de su semana:

- Lunes: gestión.
- Martes: producto.
- Miércoles: marketing/comunicación y crecimiento.
- Jueves: desarrollo de las tecnologías de la información y asociaciones.
- Viernes: cultura y contratación.

Esperar una franja horaria para abordar un tema le permite, por tanto, centrarse plenamente en cada una de estas importantes cuestiones y, de este modo, dedicar un nivel óptimo de concentración en el momento adecuado. Un esfuerzo de paciencia organizativa apoyado por un diario en el que anota sus pensamientos a largo plazo.

El producto en Spotify

Desarrollar una competencia y una organización
«producto»

En 2006, los abogados de los grandes estudios musicales consiguieron cerrar Napster y sus descargas ilegales. Algunos pensaron que con eso se pasaba definitivamente la página de una experiencia musical diferente.

Por el contrario, Daniel Ek y Martin Lorentzon vieron una oportunidad increíble para crear un producto que ofrezca una alternativa a

---

59. El empresario retoma regularmente sus rutinas en entrevistas o tuits, como en la serie fechada el 17 de octubre de 2018, disponible en línea.

la piratería y proporcione una experiencia de escucha en línea sin igual, para descubrir nuevos artistas.

Tras dos años de duro trabajo para desarrollar un nuevo *software* que ofreciera una experiencia de usuario intuitiva y sencilla, Spotify se lanzó en 2008. El producto impresionó tanto a las compañías discográficas que aceptaron distribuir sus catálogos. Los equipos de producto de Spotify utilizan los llamados métodos «ágiles»: las nuevas ideas se modelan primero y se desarrollan después a nivel teórico. Luego viene la etapa de incubación y creación de prototipos de MVP (por sus siglas en inglés de *Minimum Viable Product*, en castellano, Producto mínimo viable), una versión mínima del producto, pero muy funcional. Solo las mejores funciones, como la de compartir una lista de reproducción, se despliegan entonces de forma global.

Con el crecimiento internacional, Spotify está ampliando sus prácticas ágiles con una organización de «grupos» (*squad*), equipos autónomos de 7 a 8 personas, a su vez, reunidos en «tribus» de hasta 100 personas en torno a un tema global común. Para garantizar la mejor coordinación posible, se han creado comunidades dedicadas a las competencias empresariales («capítulos») y al intercambio de conocimientos, herramientas y mejores prácticas («gremios»). La organización se revisa periódicamente para mantener la agilidad y evitar el despilfarro de recursos.

Supervivencia en Schibsted (leboncoin)

Reinventar la impresión en la era digital

Leboncoin, el principal sitio francés de anuncios clasificados utilizado por más de la mitad de la población francesa y Schibsted, una empresa noruega de impresión, no tienen nada en común a primera vista… y sin embargo son la misma organización.

Cuando Christian Michael Schibsted fundó su propia imprenta en 1843, no tenía ni idea de que su nombre se asociaría a un gigante digital más de un siglo después. Nacido en Noruega en 1812 y huérfano a los 10 años, trabajó duro para mantener su tienda en funcionamiento. Tras su muerte en 1879, uno de sus descendientes, Amandus Schibsted, inició el primer cambio. Puso en marcha la publicación *Aftenposten*, que sigue siendo uno de los periódicos más leídos de Noruega.

A diferencia de muchas organizaciones que no han sobrevivido, Schibsted no solo se ha transformado en un grupo digital global, sino que ha conservado su legado histórico. El primer pilar de su estrategia fue crear las versiones digitales de sus principales periódicos mucho antes que nadie, para no esperar el declive del papel. Los principales títulos de su catálogo lanzaron sus sitios web ya en 1995 y Schibsted pudo así desarrollar la actividad que sustituiría a la suya.

Pero el grupo no se quedó ahí y desarrolló una división de anuncios clasificados en línea. Sin canibalizar sus periódicos en papel, Schibsted lanzó en 2000 el sitio web Finn.no, un modelo en línea que inspiraría a otros. Schibsted no tardó en ampliar sus actividades a una quincena de países, entre ellos Francia, con el lanzamiento de leboncoin en 2006, inicialmente en colaboración con Ouest-France.

Ha sido un éxito, tanto para la empresa matriz como para su nueva filial digital Adevinta, cuyo logotipo, inspirado en la letra griega delta, simboliza la idea de progreso y cambio continuo...

4

FRACASOS Y ÉXITOS

Las páginas de los periódicos están llenas de
historias de éxito empresarial. Sin embargo,
¿cuántos fracasos hay por una historia de éxito
como la de Elon Musk? ¿Cuántos emprendedores
no escucharon lo suficiente a todas las partes
interesadas de su proyecto para construir su modelo
de negocio? ¿Cuántos no han aprendido de sus
errores? No existe una receta para evitar los fracasos,
la **convicción**, los **ensayos** y la **perseverancia** son
los ingredientes esenciales para superarlos... para
luego seguir la ruta de la **alegría** de resolver
problemas.

LA ESCUCHA

«Fred, necesitas un modelo de negocio, de lo contrario tu
proyecto morirá».

Peter Zemsky, profesor de Estrategia e Innovación,
Decano Asociado de INSEAD

❂ **Laure Claire y Benoît Reillier:** ¡Vaya, no se equivoca, pero es algo radical!

Frédéric Mazzella: Sí, el autor de esta respuesta expeditiva tenía tanta credibilidad al analizar los fracasos y los éxitos de miles de aventuras empresariales que me tomé el tiempo de reflexionar. ¿La muerte de mi proyecto sería un fracaso? Ciertamente. ¿Conocería la causa de este fracaso? Según el veredicto, sin un modelo de negocio, tenía pocas esperanzas de que mi proyecto tuviera éxito. Así que solo había una respuesta: «De acuerdo. Así que, por favor, explícame qué es exactamente un modelo de negocio, ¡suena importante!».

❂ **LC y BR:** ¿De verdad descubriste el concepto del modelo de negocio más de dos años después de empezar a trabajar en tu proyecto?

FM: Digamos que había oído hablar de eso, como todo el mundo, pero creo que no entendía muy bien en qué consistía. Un modelo de negocio es el motor de cualquier organización, es lo que equilibra los costes con los ingresos, lo que nos permite movilizar y pagar a hombres y mujeres para llevar a cabo una misión común. Es la pequeña pepita, el pequeño diamante de la lógica en el centro de un producto o servicio útil, lo que lo hace sostenible. Es lo que justifica que alguien quiera pagar para beneficiarse de lo que produce una organización, o que un mecenas, un benefactor o incluso el Estado considere que vale la pena apoyar una buena acción para la población, la educación, la justicia, la salud, la investigación. Sin un modelo económico, no hay vida para ninguna organización, empresa o asociación. Incluso Wikipedia tiene uno: la donación. Algunos de los usuarios donan un poco de dinero para que Wikipedia pueda existir y ofrecer sus conocimientos, lo que ayuda a compensar los costes de funcionamiento del servicio, que ascienden a varias decenas de millones de dólares cada año.

❂ LC y BR: Pero eso no nos dice cómo encontrar el modelo de negocio adecuado.

FM: En mi opinión, la primera pregunta que hay que hacerse es: «¿A quién sirve realmente el producto o servicio». ¿Quién quiere realmente que exista? ¿Quién está dispuesto a pagar para que exista? Para una empresa tradicional, será el cliente. En el caso de una asociación, podría tratarse de las partes interesadas del mismo sector de actividad. En el caso de un servicio público, serán los ciudadanos. Hay muchas posibilidades. Por eso me he puesto en la piel de todas las partes implicadas en relación con el coche compartido: el conductor, el pasajero, por supuesto, pero no únicamente. Empresas u organizaciones me llamaron para ver si podía ofrecer un servicio de transporte compartido para sus empleados. Los organizadores de festivales y conciertos querían una plataforma para su público. Las autoridades locales, como municipios, departamentos o regiones, querían un servicio para sus ciudadanos. También me puse en la piel de posibles socios, como guías turísticos, operadores de autopistas, aseguradoras, petroleras, fabricantes de automóviles e incluso el Estado, a través de sus organismos de financiación de la innovación. Incluso había discutido con Bison Futé (Bison Futé realiza estimaciones acerca de la densidad del tráfico) para diseñar una herramienta de previsión del estado del tráfico basada en las rutas compartidas que conocemos, con varios días de antelación. Todos estos actores parecían querer que BlaBlaCar existiera o, al menos, que les proporcionara un servicio. Pero, ¿quién estaba realmente dispuesto a pagar el precio necesario para que existiera y funcionara? Al final, no había mucha gente.

◉ LC y BR: ¡Sin embargo, solo se necesita un modelo que funcione!

FM: Sí, dicho esto, algunas industrias consiguen desarrollar varios modelos de negocio para un mismo producto. El sector del automóvil, por ejemplo: un coche puede venderse, alquilarse a largo o corto plazo, estar vinculado con una función de la empresa, colocarse en régimen de *free floating*, etc. Y cada uso tiene su propio modelo de negocio. En cuanto al uso compartido del coche, mis interlocutores siempre encontraban una buena razón para dejar que otros lo pagaran. Algunos pensaban que un servicio nacional de transporte compartido debía ser un servicio público... Pero el Estado no lo veía así. Los socios pensaban que el apoyo de nuestros usuarios y otros inversores debería ser suficiente. ¿Por qué pagarnos un euro si otros pueden pagar? Por eso, en un concurso de proyectos empresariales en INSEAD, mis compañeros [60] y yo presentamos seis modelos de negocio [61]. No sabíamos realmente cuál iba a funcionar. La primera vez, en junio de 2007, de los treinta proyectos presentados, quedamos en cuarto lugar. Una medalla de chocolate que se digirió rápidamente porque la segunda vez, a finales de noviembre, ¡ganamos!

◉ LC y BR: ¿Incluso si no tienes un modelo de negocio probado? ¿Cómo se explica?

FM: Creo que al escucharnos, el jurado se convenció de que con tantas posibilidades, una gran progresión y ya casi 50.000 usuarios, seríamos capaces de recuperarnos y adaptarnos. Los miembros del jurado se convencieron finalmente de la utilidad del coche compartido.

---

60. François Bracq, Nicolas Brusson, Verena Butt, Jean-Bernard Escouffier, Tracy Goh y Julien Lafouge.

61. Véase la ficha El modelo económico – El motor NECESIDAD.

LA CONVICCIÓN

◕ LC y BR: Dicho así, parece sencillo... ¿Siempre has conseguido convencer a tus interlocutores?

FM: Por supuesto que no. Al principio, cuando hablaba con la gente sobre el servicio de coche compartido que estaba creando, casi siempre, me respondían: «Sí, muy bien, pero ¿cuál es tu verdadero trabajo?». Está claro que la creación de un servicio web tan excéntrico solo podía ser un pasatiempo de fin de semana, no un trabajo real. La prueba es que no teníamos un modelo de negocio... ¡así que no podíamos vivir de ello! De modo que había que demostrarlo. Luego, cuando reunimos un equipo de desarrollo para la plataforma, la gente me preguntó: «¿Pero qué hacen los desarrolladores? El sitio web ya existe, ¿no?». Había un desfase entre el esfuerzo y la seriedad que poníamos en la estructuración del proyecto y la percepción que nuestros interlocutores tenían de este trabajo. No bastaba con estar convencido, había que racionalizar y argumentar siempre, incluso cuando uno no se sentía tomado en serio.

◕ LC y BR: Difícil, por tanto, con los interlocutores cotidianos, pero ¿con los inversores?

FM: Siempre recordaré el día en que, en medio de una presentación, un inversor de Londres perdió totalmente el interés en la reunión. Acababa de darse cuenta de que, a pesar del tráfico del sitio, no recibíamos ni un euro de nuestros usuarios. A continuación, llamó a su asistente para pedirle que adelantara su tren y para volver antes porque la reunión sería corta. En un instante, el ambiente se volvió tenso y frío.

También tuve que ir a siete bancos diferentes para conseguir una simple cuenta bancaria. Los bancos, arruinados por la burbuja de Internet del año 2000, se negaron a abrirme una cuenta cuando quise depositar 10.000 euros para crear la empresa. Parecían estar traumatizados por la palabra *Internet*. Algunos bancos me dijeron: «Ah, sí, trabajamos con *startup*, tráiganos sus tres últimos balances anuales», que yo no tenía en mi poder porque estaba en proceso de registrar la empresa. Otros cobraban tarifas prohibitivas con cuentas muy limitadas por los requisitos que faltaban «para evitar que la empresa fuera mal administrada». Recuerdo incluso a un agente que me acompañó hasta la puerta de su agencia, me dio un golpecito en el hombro y me dijo: «¡Gracias, señor, pero con Internet ya tuvimos una mala experiencia». Para consolarme por no haber conseguido ni siquiera abrir una cuenta bancaria, me dije que si un banquero no creía en mi proyecto, podría ser un servicio público. Finalmente fui a la oficina de correos y traté de contar la historia de BlaBlaCar sin decir la palabra *Internet*, ¡un verdadero reto pero funcionó! La Banque Postale se convirtió en nuestro primer banco.

◉ LC y BR: Así que los inversores también mostraron cierta desconfianza... ¿y la administración?

FM: Respecto de la administración, es más bien un desajuste. La administración tiene casilleros. Y si no encajas en ellos, tendrás problemas para mover tus piezas por el tablero. Dicho esto, con muchas explicaciones y paciencia, y con las personas adecuadas, a menudo hay un camino. Cuando me presenté por primera vez a una licitación pública para la APHM (por sus siglas en francés, Asistencia Pública-Hospitales de Marsella), tuve que rellenar ciertos formularios. Pero fue imposible hacerlo porque, al ser una empresa nueva y sin empleados, mi expediente no cabía en ninguno de los casilleros establecidos. También tenía que demostrar que la empresa estaba al día con sus cotizaciones a la seguridad social, pero, por la misma razón, al no tener empleados, no teníamos ningún vínculo con la

Urssaf (por sus siglas en francés, Uniones para la Recaudación de las cotizaciones de Seguridad Social y Prestaciones Familiares). Sin embargo, la administración exigió un certificado de la Urssaf. Pasé un día entero en diferentes oficinas para obtener los documentos obligatorios. En la oficina de impuestos, una persona delante de mí tuvo una larga discusión con el funcionario de impuestos. Se fue gritando violentamente a la administración. Cuando fui al mostrador, no estaba muy tranquilo...

❂ LC y BR: ¡No fue fácil conseguir tus papeles!

FM: De hecho, ¡me trajo suerte! Creo que el agente estaba desesperado por evitar otro escándalo. Abordé las cosas con calma, siendo lo más preciso y honesto posible sobre la situación: una nueva empresa, que respondía a una licitación pública, pero que aún no tenía empleados. Claramente, mi petición parecía la de un extraterrestre. El agente me miró con los ojos muy abiertos... Al mismo tiempo, parecía estar atascado. Dejarme ir sin un documento era correr el riesgo de que yo también me pusiera a gritar. El agente aceptó finalmente escribir a mano las explicaciones en los documentos, particularmente la explicación respecto del «0» que figuraba en la casilla correspondiente a «cantidad de asalariados». Al final, mis formularios eran bastante fuera de lo común: escritos a mano en el margen, pero completos y sellados. Esto nos permitió completar el expediente y ganar la licitación.

LAS PRUEBAS

❂ LC y BR: La vida de un emprendedor es extrañamente parecida a una carrera de obstáculos. ¿Cómo se mantiene el ánimo?

FM: A través del humor. Como emprendedor, tengo que admitir que se experimentan largos momentos de soledad. Al principio lo veía como un fracaso, pero, en realidad, era un paso necesario y, actualmente, soy mucho más consciente de ello. No entendía cómo podía estar tan convencido de que funcionaría cuando la gente con la que hablaba parecía no ver el potencial. Algunos se desanimaban solo con verme intentarlo... Un día, un periodista me pidió una entrevista. Quería saber un poco más sobre Covoiturage.fr, que era el nombre del proyecto en ese momento. Lo recibí en mi pequeño piso y le expliqué cómo funcionaba el servicio de coche compartido. Concluyó nuestro intercambio de la siguiente manera: «Así que, si lo resumo correctamente, estás bastante solo, no tienes mucha gente en tu sitio y la poca gente que lo usa no te paga un euro. ¿Cómo esperas sobrevivir?». Ya está, otra vez esa pregunta sobre la supervivencia. Me quedé atónito y, sin palabras, le contesté: «Sabes, mi nombre, Mazzella, es de origen italiano. Voy a comer pasta durante diez años, ¡pero lo haré!». Nunca escribió su artículo...

◉ LC y BR: ¡Qué pena, nos hubiera gustado volver a leerlo hoy!

FM: Sí, a mí también. Y, obviamente, experimenté las reacciones totalmente opuestas más tarde, cuando funcionó, y a mis interlocutores les parecía evidente. De hecho, me di cuenta de que a fuerza de pensar en los entresijos de por qué debía funcionar el proyecto, ya estaba viviendo en un mundo en el que BlaBlaCar existía y funcionaba desde hacía diez años. Pero, al principio no éramos muchos en ese mundo...

◉ LC y BR: ¡Podemos sentir que te has volcado por completo a la misión! Has hablado antes de seis modelos económicos, ¿los has probado todos?

FM: Sí, uno por uno y uno tras otro, manteniéndome enfocado. A veces se solapaban en el tiempo por razones técnicas, lo que creaba complejidades adicionales, pero aun así pasamos de uno a otro a lo largo de varios años y nos dedicamos plenamente a cada experimento. De los seis, tres resultaron demasiado débiles para mantener la actividad y tres pudieron calificarse de equilibrados[62]. Sin embargo, dos de estos modelos financieramente equilibrados conllevaban demasiada complejidad o distorsión del producto para permitirnos crecer de forma saludable y en línea con las ambiciones de calidad de nuestro servicio. No me arrepiento en absoluto de esta prueba. Lo veo en términos de un método científico de progresión: probamos todo, sin dogmatismo. Una vez más, Einstein nos dio un buen consejo. Para él, «el signo de la locura es intentar lo mismo varias veces y esperar un resultado diferente». Esto significa que si quieres progresar, tienes que probar otra cosa. Y la única manera de saber si un barco flota es ponerlo en el agua y no solo imaginarlo en el papel. Así que este recorrido nos ha ayudado realmente a entender nuestra utilidad. Cada modelo también financió el resto de la aventura. Por ejemplo, el hecho de que fuéramos capaces de vender soluciones de coche compartido a las empresas (modelo B2B) nos permitió sobrevivir hasta que encontramos el modelo de reserva para el gran público (modelo C2C), que correspondía a un ajuste perfecto entre nuestro producto y el mercado, el famoso *Product Market Fit* (ajuste del producto y el mercado).

❯ **LC y BR:** ¿Qué lecciones has aprendido de esta forma de progresar como empresario?

FM: Este viaje me hizo comprender dos cosas en particular: en primer lugar, al interactuar con otras empresas, ¡todos los precios son

---

62. Véase la ficha El modelo económico – El motor NECESIDAD.

negociables! Esto es contrario a lo que experimentamos en nuestra vida personal diaria, en la que no negociamos los precios en las tiendas, en artículos que están ampliamente disponibles y para los que el precio se calcula a menudo al céntimo. Además, el precio es aún más negociable cuando el producto es nuevo, ya que aún no existe un punto de referencia. En segundo lugar, el cliente no siempre es el que paga, y el que paga no siempre es el cliente. Cuando se habla del modelo económico, se habla del cliente, mezclando a menudo la noción de uso y de pago. Prefiero pensar que el cliente es la persona que utiliza el producto o servicio, ya que mi objetivo es precisamente que lo utilice. Pero puede ser un error estratégico avanzar en tu producto si consideras que el cliente es el que paga, cuando no es el que lo utiliza. En cualquier caso, el equipo que diseña un producto debe hacer todo lo posible para alinear los intereses del «usuario» con los del «pagador». En un principio, en el caso de las plataformas de coche compartido, los usuarios eran los empleados, mientras que aquellos que pagaban eran las empresas, normalmente representadas por un alto directivo de RRHH o RSC (Responsabilidad Social Corporativa), ¡pero no el usuario! En el mejor de los casos, eran usuarios de una interfaz estadística a la que se les dio acceso. Pero mejorar la herramienta de estadísticas no mejora las estadísticas de uso…

En definitiva, los verdaderos usuarios eran los que compartían coche en el sitio para el público en general, que tenía más del 99 % del tráfico global, mientras que todas nuestras 200 plataformas para empresas representaban menos del 1 %. Así que tuvimos que encontrar el modelo para la gran mayoría de usuarios reales. Este hábito de probarlo todo, de pulsar todos los botones, de no formalizar si falla, solo debe servir para una cosa: mejorar el producto para los usuarios finales.

◉ **LC y BR:** ¿Aplicas esta forma cautelosa y exploratoria de avanzar a otra cosa que no sea el modelo de negocio?

FM: Sí, por ejemplo, en el alquiler de oficinas: en el mercado de locales comerciales, los arrendadores suelen pedir a sus inquilinos que se comprometan con contratos con una duración de 3, 6 o 9 años, es decir, un mínimo de 3 años, con posibilidad de renovación por 6 y 9 años. Esto es más conveniente para ellos, pero totalmente inadecuado para una pequeña estructura de una *startup*, cuya plantilla se duplica cada año, porque, durante el primer año de alquiler, necesitas tener suficiente espacio para acomodar una plantilla, ¡que será ocho veces mayor en 3 años (2 × 2 × 2)! Cuando empezamos, todavía no existían los espacios de trabajo compartidos para *startups*[63], así que en cuanto alquilamos nuestros primeros locales, establecimos mecanismos de subarriendo y gestionamos nosotros mismos a otros coarrendatarios para aprovechar el espacio que quedaba libre. Esto nos permitió ocupar un espacio durante varios años sin tener que planificar una mudanza cada año ni pagar penalizaciones al propietario por no completar los 3 años, ya que nuestros subarrendatarios nos liberarían el espacio gradualmente. Esto creó unos compañeros muy agradables y útiles: nuestros primeros compañeros en Montrouge pertenecían a ekodev, una empresa que vendía nuestro servicio de coche compartido a empresas, cuando nos trasladamos a la calle Chazelles, en el distrito 17 de París, creamos el «Chazup», un auténtico hormiguero de innovación con 14 *startups* de una a diez personas, a menudo con competencias complementarias. El ambiente allí era extremadamente motivador y positivo. Fue en el «Chazup», por ejemplo, donde Paulin Dementhon puso en marcha Drivy, que luego se ha convertido en Getaround, el servicio de alquiler de coches entre particulares. Exploramos la emergente economía colaborativa a través de nuestros numerosos debates.

---

63. Wework y Morning, empresas especializadas en compartir oficinas, fueron fundadas en 2010 y 2012 respectivamente.

> **LC y BR:** ¿Has conseguido extraer algún tipo de regla de todas tus pruebas?

FM: Ante una dificultad real, yo diría que hay dos soluciones posibles: o bien averiguar si otros ya se han enfrentado a ella y ver cómo se las han arreglado, o bien, si parece que estás realmente solo ante la adversidad, preguntarte: «¿Qué haría Batman en mi lugar?». Al armarse con la experiencia de los demás y utilizar su creatividad cuando sea necesario, siempre se abre un campo de superpoderes y, por tanto, de posibilidades. Por eso tuve durante años una pequeña figura de Batman en mi escritorio: actuaba como un disparador, recordándome que siempre tenía que pensar en otra solución, aunque fuera excéntrica. «*Think out of the box* (Piensa fuera de la caja)», como dicen los anglosajones, ¡incluso en situaciones que parecen intrincadas!

LA PERSEVERANCIA

> **LC y BR:** Al escucharte, pensamos que lo único que tenemos que hacer es intentarlo y que al final saldrá bien. Pero cuando miramos de cerca tu carrera, podemos ver una dirección, una perseverancia, ¡incluso una forma de obstinación! ¿Cómo es esto compatible?

FM: Sí, es cierto que cuando era niño me decían a menudo que era testarudo… pero luego me gusta pensar que… ¡se ha transformado en una sana perseverancia! La perseverancia viene de la vida. El deseo es el viento que nos impulsa en la dirección correcta, la dirección del aprendizaje y luego del éxito. También es esencial querer tener éxito. De hecho, mi padre rememoró hace poco un recuerdo de infancia: estábamos mirando los Juegos Olímpicos de Los Ángeles, en 1984.

Yo tenía ocho años. En el podio, el atleta que había ganado la medalla de plata estaba exultante y agitaba los brazos. Le pregunté a mi padre: «¿Pero por qué es feliz? ¿Sabe que ha perdido?». También es el deseo de triunfar lo que nos motiva y nos abre los ojos a las posibilidades del recorrido. Cuando estás interesado, te vuelves curioso porque tienes un objetivo. El reto para todos es, por tanto, comprender nuestros deseos y luego simplemente dejarse llevar. Los padres, por su parte, deben asegurarse de que su hijo tenga deseos y pasiones.

◉ **LC y BR:** Los tuyos, como hemos visto, se han convertido en música y ciencia. ¿Ha sido algo natural?

FM: Cuando era niño, mi acercamiento a la ciencia era, evidentemente, muy real. Quería entender cómo funcionaba todo lo que me rodeaba, desde la mecánica del descarrilador de mi bicicleta hasta la placa de circuitos de mi radio-reloj o mi impresora, pasando por varias preguntas sobre por qué cuando ves a alguien clavar un poste en un campo a 500 metros de distancia sigues oyendo el golpe de un martillo después del último, o por qué el cielo es azul. Fue mucho más tarde cuando Galileo y Rayleigh vinieron a explicarme todo esto en detalle. En cuanto a la música, para mí fue una escuela sin concesiones. Para interpretar una pieza, la ejecución debe ser perfecta, de lo contrario los errores en la ejecución arruinan cualquier sueño y esperanza de arte. Así que, para lograr mis objetivos, desarrollé un gran hábito de trabajo: mañana, tarde, noche, con perseverancia. Esto me permitió ganar confianza en mis habilidades de ejecución. He aprendido a no tener más miedo al trabajo porque, al final, trabajar trae la satisfacción de haber logrado y triunfado en algo.

◉ **LC y BR:** Perseverancia, pues, pero sin caer en la obstinación. En BlaBlaCar, a veces, han tenido que cerrar oficinas, en la

India, México o Turquía, por ejemplo. ¿Por qué ha tomado estas difíciles decisiones?

FM: De hecho, hemos cerrado las oficinas, pero no el servicio, que sigue funcionando en estos países. Sigue creciendo. Así que hay que reconsiderar el contexto: entre 2012 y 2015, en tres años, lanzamos nuestro servicio en veinte países. De los veinte, diecisiete tuvieron un buen comienzo y justificaron nuestras inversiones de crecimiento, y tres se quedaron claramente rezagados. En un afán por racionalizar nuestros esfuerzos y nuestros gastos, reorientamos nuestra energía hacia lo que funcionaba mejor. Había países en los que cada euro gastado tenía diez veces más impacto en el crecimiento que en otros. Además, algunos países como Brasil o Rusia requerían más energía: allí teníamos competidores imitadores muy serios, uno llamado Tripda lanzado por Rocket Internet (un grupo internacional especializado en la réplica rápida de plataformas de Internet que ya funcionan en otras geografías), y otro llamado BeepCar, lanzado por Mail.ru (VK), el equivalente ruso de Gmail y Facebook. Estas copias de nuestra plataforma, impulsadas por grupos muy grandes, nos sacudieron mucho y nos obligaron a reaccionar con fuerza. Ahora tenemos más de 10 millones de miembros registrados en Brasil y 30 millones en Rusia (al momento de escribirse la primera edición del libro), lo que justifica la perseverancia que hemos tenido. Parecía más razonable invertir nuestro dinero en estos países. Y entonces, al final, ¡17/20 no es tan mala nota!

● **LC y BR:** ¿Así que estás satisfecho incluso cuando el progreso significa desechar el trabajo anterior?

FM: Las únicas empresas que progresan son las que dominan el concepto de *sunk cost* (coste irrecuperable). Las demás invierten en el pasado hasta que el presente las expulsa. Haber iniciado una inversión, en tiempo o dinero, no justifica que se continúe con ella si los resultados no son satisfactorios. Cuando un clavo está clavado hasta la mitad, hay que levantar el martillo y dejar de golpearlo, de lo contrario acabará completamente destrozado. Se puede enderezar el clavo o quitarlo y poner uno nuevo. En cualquier caso, hay que pararse a pensar y no seguir golpeando sin cuestionar. De lo contrario, sería una completa pérdida de tiempo y energía. Aquí es donde probablemente se encuentra la diferencia entre la terquedad y la perseverancia. Se puede querer alcanzar un objetivo y a la vez ser flexible en el camino y estar dispuesto a cambiar los métodos. Lo que debemos recordar sobre esta noción de *coste irrecuperable* es la necesidad de permanecer atentos y críticos en la acción. Lo más importante no es siempre la elección que haces, sino lo que haces con tu elección, es decir, tienes que permanecer activo, incluso después de haber elegido. Luego, si decides desviarte, explorar un nuevo camino, es importante no engañarse.

❂ **LC y BR:** Hablando de bifurcaciones, después de los viajes compartidos de larga distancia, BlaBlaCar lanzó los viajes compartidos de corta distancia y ofreció la posibilidad de reservar billetes de autobús. ¿Es esto compatible con el famoso «enfoque»?

FM: Es una diversificación que persigue la ambición inicial de llenar mejor los vehículos en movimiento para reducir la cantidad de energía que se gasta en los desplazamientos. Para evitar la pérdida de concentración, las actividades se estructuran en unidades de negocio, equipos separados con su propio director. En economía, hablaríamos de motores o catalizadores de crecimiento. El hecho de que millones de viajeros piensen en nosotros para desplazarse nos da dos puntos fuertes: la legitimidad como actor en los viajes y la relevancia operativa. La escala de las solicitudes que recibimos nos proporciona un observatorio de todos los viajes a nivel macro, lo que nos permite imaginar soluciones de optimización globales. En este sentido, estamos en condiciones de ofrecer algo único: un servicio que ofrece la posibilidad de reservar varios tipos de transporte y, un día, conectarlos. Viajes compartidos en coche de corta y larga distancia, autobuses y, pronto, también trenes. Como viajero, poder reservar tu viaje desde una única aplicación, independientemente del vehículo utilizado, es un gran plus que ahorra mucho tiempo. Por lo tanto, es una ventaja para atraer a más pasajeros en busca de soluciones. Llevando el concepto más allá, también queremos ofrecer, en un futuro que espero sea lo más cercano posible, la posibilidad de combinar estas soluciones de viaje. Así, podrías hacer una parte del trayecto en tren o autobús y la otra en coche compartido. Esto nos permitiría combinar lo mejor de todos los mundos: viajes rápidos, baratos y ultraprecisos. El coche es un conector universal de movilidad, va a todas partes: puede llevarte a la estación o al aeropuerto, así como a la montaña, al campo, a la playa o a la casa de tu abuela en Paimpol. Conectar todos los medios de transporte y todos los destinos posibles con el coche, tanto en la ciudad como en el campo, hará que los viajes de puerta a puerta sean ideales.

LA FELICIDAD

» **LC y BR:** Perseverar reinventándose constantemente... ¿No es un poco agotador a la larga?

FM: El agotamiento (*burnout*) es siempre un peligro para los emprendedores. No debes convertirte en un monomaníaco con el pretexto de querer tener éxito, ni debes aislarte socialmente. Me fue bastante bien porque estaba advertido: había leído que, estadísticamente, los emprendedores tienen un 50 % más de probabilidades que la media de padecer trastornos psicológicos y el doble de probabilidades de sufrir depresión. Así que siempre estaba atento a cualquier signo físico de sobrefatiga. Los he tenido y mi respuesta siempre ha sido radical: dormir inmediatamente, y mucho, aunque algunos proyectos parecieran ultra urgentes. Hay muchas profesiones que tienen estos mismos peligros y, a veces, mucho peores. Creo que los deportistas de élite, los artistas o los directores de las grandes empresas tienen en gran medida los mismos problemas, con una presión a veces operativa, un peligro físico o incluso problemas de adicción o de doble personalidad mucho más preocupantes. También es importante proteger a los que nos rodean, porque los que se preocupan por nosotros nos dan una valiosa información, que nos permite mirarnos a nosotros mismos con objetividad.

> **LC y BR:** Los dos ingredientes principales del agotamiento (*burnout*) son la cantidad de trabajo y el estrés. ¿Cómo puede la fórmula «grandes ambiciones + bajos recursos» inherente a cualquier proyecto emprendedor evitar que se produzca este cóctel explosivo?

FM: No se puede escapar de la cantidad de trabajo, pero sí del estrés y, por tanto, del agotamiento (*burnout*). Hay dos tipos de estrés: el que proviene de lo que controlamos y el que proviene de lo que no controlamos. En ambos casos, hay que identificar la fuente. Para eliminar la primera, si no podemos eliminar pura y simplemente la causa (lo que deberíamos hacer), a menudo basta con reducir la velocidad. Hay que escucharse a sí mismo y entender que no se está corriendo un *sprint*, sino un maratón: no tiene sentido añadir estrés acortando las fechas de entrega o añadiendo nuevos proyectos a la ya larga lista, cuando no se tienen los medios físicos para hacerlo. Para eliminar el segundo estrés, el que proviene de lo que no puedes controlar, tengo un fuerte recuerdo: un día entro en el despacho de mi jefe, Serge.

Antes de que pudiera hablar, me dijo: «¡Fred, estás estresado, lo veo!». Le contesto y él replica: «El estrés proviene de lo que no puedes controlar. Así que adelante, te escucho, explícame lo que no controlas». Le describí la situación y al final me dijo: «Bueno, ya está, no puedes hacer nada al respecto, sucederá independientemente de tu voluntad, así que no tienes que preocuparte. En el mejor de los casos, prepara tu paraguas». Enseguida me sentí mucho mejor y me dediqué a lo que podía controlar y, por tanto, hacer: planificar una respuesta al problema que no podía evitar[64].

◗ LC y BR: Pero siempre habrá problemas que resolver...

FM: Sí, pero ahí es precisamente donde reside la utilidad y el valor añadido del emprendedor. Si no hubiera problemas que resolver, no habría emprendedores. Ante los problemas, debemos sonreír, porque su aparición justifica nuestra presencia y nuestra acción cotidiana. Entonces, entramos en un estado de placer al resolver problemas y de felicidad permanente al aprender y progresar.

◗ LC y BR: ¿Así que los fracasos y los problemas son una fuente de felicidad para ti? Esto es inesperado...

FM: Todo depende de lo que se entienda por fracaso. En francés [y en castellano], la palabra *fracaso* parece más bien definitiva, mientras que en inglés la palabra *fail* se refiere más bien a un intento no concluyente, al menos en los debates sobre exploración o innovación. Cuando hacemos esta distinción y concebimos los fracasos en el sentido de «intentos no concluyentes», encontramos una satisfacción: la de no haber permanecido inactivos ante una dificultad, la de haber probado y aprendido para poder pasar a otra cosa. Por eso hemos

---

64. Véase ficha de Progresar – La actitud ESTOICA.

formulado el programa «Fail. Learn. Succeed» [65]. Este principio desestigmatiza el error y destaca el aprendizaje que se deriva de él.

❷ **LC y BR:** Pero, ¿cuál es el secreto para alcanzar ese nirvana?

FM: ¡Deja tu ego en el vestuario! Debemos recordar que cuando un intento fracasa, es solo una prueba. Y no afecta nuestra creatividad, inteligencia o personalidad. No tiene ninguna repercusión en nuestro futuro ni en nuestra carrera. Esta noción la describe muy bien el Dr. Serge Marquis [66] cuando explica cómo nuestros miedos, nuestras tensiones por el juicio de los demás, que a menudo podemos malinterpretar, nos impiden vivir plenamente el presente y progresar.

❷ **LC y BR:** ¿Felicidad por aprender y, luego, felicidad a secas, felicidad colectiva?

FM: Una lleva a la otra. Uno de mis recuerdos más intensos de felicidad colectiva con el equipo fue cuando llegamos a 1 millón de personas que compartían coche. Para la ocasión, organizamos una velada especial en una barca. Es un recuerdo inclasificable para los veinte colaboradores y el centenar de socios invitados. Este es el correo electrónico que envié al equipo al día siguiente:

```
El 22 Abr 2011 a las 20:34, Frédéric Mazzella
escribió: Asunto: ¡¡¡Qué noche!!!
    Buenas tardes a todos:
    Anoche fue la mejor noche de la historia de
Comuto. Me gustaría darles las gracias a todos
```

65. «Fracasar. Aprender. Triunfar». Véase la ficha La Cultura – La benevolencia – el CORAZÓN.

66. *Le jour où je suis aimé pour de vrai*, Dr. S. Marquis, París, La Martinière, 2017.

por estar allí con una buena dosis de buen humor. También me gustaría agradecer especialmente a todos los que participaron activamente en la organización de esta velada (¡122 invitados, al fin y al cabo!). Si hacemos un repaso de la organización, nos damos cuenta de que más de la mitad de nosotros ha trabajado directamente para el éxito del evento. Un verdadero esfuerzo de equipo y de profesionalidad.

Detrás de la escena, encontramos (estoy intentando hacer un inventario, pero quizás me olvido de alguna porque hubo muchas acciones complementarias en paralelo):

- Maurice: el vídeo impactante (semanas de preparación + 8 horas de cálculo intenso y una buena dosis de pericia videotécnica), que hizo un efecto increíble + las fotos;
- Caroline: logística impecable, la reserva de la barca y la coordinación con los gestores, la búsqueda y el pedido del excelente champ' &. vinos + refrescos, entrega de todo en la barca + devolución de todo hoy después de la fiesta, recordatorios personales a los invitados… ;
- Laure: coordinación de los eventos, el envío de las invitaciones, la idea del *stand* de fotos que gustó a todo el mundo, las diademas con antenas de Comuto, la bienvenida sonriente;
- Nico: correos (hay que tener valor y paciencia con los correos :));

- Clara: las ilustraciones siempre bonitas, la realización de las diademas con antenas y las máscaras azules;
- Raphaël: la presentación y el montaje del video-proyecto + las preguntas «¿Quién quiere celebrar el millón?» + la idea del nombre del Comutomóvil + el encargo de las pulseras de colores;
- Marine: las máscaras azules;
- Matthias: la adaptación, el pedido, el corte y la instalación de los elementos visuales para el fotomatón, incluido el Comutomóvil + la señalización de Comuto en toda la barca;
- Jean-Marc: las fotos;
- Francis: la elección correcta de la barcaza «La balle au bond» + una aparición como *disc jockey* :) ;
- Fred: el escaneo de nuestros 6.500 contactos profesionales 4 veces para elaborar la lista de invitados, y algunas otras «nimiedades»;
- Y todos nosotros: pedimos que saliera el sol del 21 de abril, y lo conseguimos :)

En resumen, una noche de éxito como esta no se produce por casualidad. Y cuando trabajamos juntos así, conseguimos grandes cosas.

Esta noche quedará grabada en nuestra memoria.

Gracias, Frédéric

La escucha de Reid Hoffman en LinkedIn

Responder a las necesidades de los usuarios y... a sus comentarios

Encontrar el modelo de negocio puede ser un verdadero reto, especialmente cuando se inventa una solución.

Este importante obstáculo no ha detenido a Reid Hoffman. Al cofundador de PayPal y LinkedIn le gusta recordar que encontrar el modelo de negocio adecuado y la escucha están inextricablemente unidos[67] para entender cómo se crea el valor.

Según Reid Hoffman, esta capacidad de escucha se desarrolla a través de pruebas, a veces, no concluyentes como fue el caso de SocialNet, una mezcla de red social y sitio de citas lanzado en 1997. De este fracaso, aprendió dos lecciones que le sirvieron para encontrar la fórmula adecuada para LinkedIn: en primer lugar, hay que lanzar rápidamente una primera versión de la solución, por muy imperfecta que sea, para saber si responde a las expectativas de los usuarios y poder hacer los ajustes necesarios. En segundo lugar, hay que centrarse en un problema concreto y aportar la solución más acertada. SocialNet no fracasó porque el público no estuviera preparado para el concepto, sino porque la propuesta de valor no estaba clara para sus participantes. El sitio de citas convertido en red social ofrecía conectar a sus usuarios con su próxima pareja, compañero de piso o empleador. Quien mucho abarca poco aprieta.

Para LinkedIn, la elección del modelo Freemium (afiliación gratuita, pero servicios adicionales de pago) en 2005 fue precisamente «de pago»[68]: atrajo a más de 4 millones de usuarios en un año.

67. «Reid Hoffman, LinkedIn co-founder, tells his story from failure to success», E. Plesky, 10 de febrero de 2020, disponible en línea.

68. «Business Model Canvas Examples: LinkedIn Business Model», D. Pereira, 29 de julio de 2021, disponible en línea.

Actualmente propiedad de Microsoft, la plataforma tiene casi 750 millones de usuarios en todo el mundo y ha atraído a millones de reclutadores dispuestos a pagar por compartir sus ofertas de trabajo.

La convicción de Yuka

La transparencia en nuestros platos

Ante la jungla de etiquetas y la opacidad de la composición de los productos alimentarios, Julie Chapon, François y Benoît Martin estaban convencidos de que era necesario aportar transparencia a los consumidores, para que pudieran elegir los mejores productos.

El equipo fundador de Yuka imaginó entonces una aplicación que escanease las etiquetas de decenas de miles de productos para analizar su composición y darles una puntuación[69]. Basándose en la elección del consumidor, el objetivo final de los cofundadores era animar a los fabricantes a cambiar sus prácticas.

En cuanto a los consumidores, lo menos que podemos decir es que les gusta el formato. En solo cinco años, Yuka ha reunido a más de 21 millones de usuarios en 12 países. En Francia, la aplicación tiene tantos usuarios como Uber o Tinder, es decir, 12,5 millones[70].

El éxito de la joven empresa también puede medirse a través de los cambios de comportamiento. Un estudio de impacto, realizado con 230.000 usuarios, muestra que «el 94 % de ellos ha dejado de comprar determinados productos, el 92 % devuelve los productos cuando son calificados en rojo por la aplicación y el 90 % está con-

---

69. «La belle aventure de Yuka, l'app pour mieux manger», V. Loctin, *Entreprendre*, 7 de junio de 2020, disponible en línea.

70. Estas son las cifras dadas por la plataforma de datos y estadísticas *Statista* en 2021, disponibles en línea.

vencido de que Yuka puede empujar a las marcas a ofrecer mejores productos»[71].

Y tienen razón. Los supermercados, que en un principio fueron objeto de críticas, han tratado de contrarrestar la creciente influencia de aplicaciones como Yuka. Sin embargo, tanto si se trata de colocar la Nutri-Score en sus productos como de eliminar los aditivos de sus recetas, muchas marcas se comprometen a nivel mundial a tener en cuenta la demanda de transparencia de los consumidores, lo que ha sido posible sobre todo gracias a Yuka[72].

Las pruebas de UiPath

Intentar, fallar, volver a intentar... hasta el NASDAQ

Es difícil adivinar el origen rumano de la empresa que está detrás de la mayor salida a bolsa del NASDAQ (por sus siglas en inglés, National Association of Securities Dealers Automated Quotation) jamás realizada por una *startup* europea[73]...

Hay que decir que UiPath está evolucionando en un área poco conocida en el *software* empresarial, la automatización robótica de procesos (RPA, por sus siglas en inglés). En concreto, se trata de fragmentos de código que permiten automatizar tareas manuales y repetitivas en una empresa, como el procesamiento de facturas.

Convertirse en un unicornio ha sido un largo camino de prueba y error para esta *startup*. Daniel Dines y Marius Tirca son cofunda-

71. El estudio de Yuka «Measure d' Impact – Comment Yuka contribue à changer les choses?» puede descargarse en línea.

72. «Face au phénomène Yuka, les industriels cherchent la parade», A. Haverland, *L'Usine nouvelle*, 17 de julio de 2019, disponible en línea.

73. «UIPath's meteoric rise from unknown *startup* to $35B RPA juggernaut», R. Miller, Tech Crunch, 26 de marzo de 2021, disponible en línea.

dores desde 2005 de una pequeña empresa de consultoría y *software* en externalización (*outsourcing*) para grandes empresas como IBM, Google y Microsoft. En 2012, se dieron cuenta de que la automatización de procesos robóticos tenía potencial en muchas empresas. Se les ocurrió la idea de un nuevo concepto, una plataforma para «robots de *software*». ¿El problema? No podrían permitirse el lujo de abandonar su negocio original, que debía financiar el desarrollo del producto.

La combinación de ambas actividades fue un fracaso. Así que decidieron pivotar y centrarse plenamente en el desarrollo de productos. Pero sus equipos aún no habían integrado la cultura de la iteración. Al intentar crear un producto «perfecto», UiPath no se confrontaba con el mercado y perdió un tiempo valioso[74].

En 2013, lanzaron su *software* mientras los cofundadores estaban a punto de tirar la toalla en esta actividad. Esta primera versión fue un éxito que les permitió probar el concepto y recaudar fondos de Accel Partners en 2015. ¡Por fin habían encontrado el posicionamiento y pudieron comenzar a crecer a nivel internacional!

La perseverancia en Airbnb

Vender cajas de cereales para lograr crear... ¡una empresa multinacional de alojamiento!

¿Cómo convencer a tu familia de que no eres un desempleado sino un emprendedor? Brian Chesky ha tenido que librar esta batalla diaria durante muchos años, incluso dentro de su propia familia[75].

---

74. «The story of UiPath — How did it become Romania's first unicorn?», G. Gheorghe, *Business Review*, 9 de abril de 2018, disponible en línea.

75. «The AirBnB Story: Brian Chesky's Lessons For Business Startups», P. Stubbs, 13 de abril de 2017, disponible en línea.

Es difícil desanimar al cofundador de Airbnb: su perseverancia se puso a prueba en 2008, en la conferencia South by Southwest (SXSW). En aquel momento, el concepto aún se llamaba airbedandbreakfast.com y solo tenía dos reservas... ¡incluida la suya! Los inversores, enfriados por la crisis financiera, prefirieron pasar de la idea[76]. Las tarjetas de crédito de Brian Chesky y sus dos cofundadores ya no podían mantener el barco a flote, así que tuvieron que encontrar una forma de financiar la empresa, y rápidamente. El equipo decidió aprovechar la campaña presidencial fabricando cajas de cereales con los nombres de los candidatos[77]: las «Obama O's» y las «Capitán McCain» les permitieron recaudar 30.000 dólares. Los alimentos no vendidos se utilizan como comida[78].

Los ingresos les permitieron cancelar su deuda, pero, sobre todo, el acuerdo les proporcionó una cobertura mediática sin precedentes. La audacia y el espíritu demostrados por los cofundadores acabaron convenciendo a Paul Graham, fundador de Y Combinator, para que invirtiera 20.000 dólares en noviembre de 2008 y acogiera la *startup* en su programa.

Que conste que otro gran inversor estadounidense, Fred Wilson, lamentará durante mucho tiempo no haber invertido. Atesorará una caja del famoso cereal: verla en su escritorio le recuerda cada día que debe invertir en emprendedores decididos... ¡para no perderse el próximo Airbnb!

---

76. «Airbnb CEO Brian Chesky on Building a Company and Starting a "Sharing" Revolution», D. Thompson, *The Atlantic*, 13 de agosto de 2013, disponible en línea.

77. La página de inicio del sitio sigue siendo accesible y merece una visita.

78. «The Airbnb Startup Story: An Odd Tale of Airbeds, Cereal and Ramen», I. Rabang, 31 de mayo de 2019, disponible en línea.

La alegría de aprender en OpenClassrooms

Compartir el deseo de aprender

¿Qué mejor motor para la creatividad que las ganas de aprender? Mathieu Nebra y Pierre Dubuc saben algo de esto. OpenClassrooms, la empresa que cofundaron, nació precisamente de su sed de aprendizaje.

En 1999, Mathieu Nebra, de 13 años, quería descubrir el desarrollo de la web. Fue imposible encontrar un recurso que le fuera realmente útil[79]. Así que decidió documentar su aprendizaje «traduciendo» un libro lleno de jerga en su «site du Zéro». Rápidamente, este sitio, que permite a cualquiera codificar de forma divertida, federa una comunidad. Algunos visitantes habituales, como Pierre Dubuc, de 11 años, contribuyen mucho con el contenido.

Durante años, los dos emprendedores en ciernes trabajaron juntos a distancia. En 2007, crearon su primera empresa mientras cursaban sus estudios.

OpenClassrooms se creó en 2013, en la ola de la aparición de los MOOC (por sus siglas en inglés Massive Open Online Courses). Una apuesta ganadora, ya que desde entonces el sitio se ha convertido en el líder europeo de la educación en línea, con más de 3 millones de estudiantes al mes que pueden seguir 55 recorridos que otorgan diploma[80].

La ambición de los cofundadores es ahora centrarse en la empleabilidad, con el objetivo de que un millón de estudiantes al año encuentren un trabajo o cambien de profesión. Para ello, OpenClassrooms ofrece cursos centrados en las profesiones del futuro,

79. «L'histoire d'OpenClassrooms, le numéro 1 européen du cours en ligne», H. Deschaux, Maddyness, 7 de abril de 2015, disponible en línea.

80. «L'histoire d'OpenClassrooms dans un documentaire inédit», E. Balaguer, Maddyness, disponible en línea.

basados en sesiones semanales de tutoría con profesionales, para fomentar el deseo de aprender. Y si el graduado no encuentra un puesto correspondiente a su formación en un plazo de seis meses, ¡OpenClassrooms le reembolsa la totalidad de la formación!

5

FINES Y MEDIOS

¿El fin justifica los medios? Esta es una pregunta filosófica clásica, pero también para el emprendedor que está pensando en la mejor manera de **presentar** su proyecto para convencer a los inversores de que le den los medios para lograr sus ambiciones. Pero solo después de haber pasado por una larga **secuencia** de etapas puede esperar cumplir su misión. Y siempre que el dinero esté **bien gestionado**, lo que puede llevarnos, a veces, a ser como **camaleones**. ¿Y si no? El final puede llegar antes de lo esperado.

LA PRESENTACIÓN (*PITCH*)

«Hola, encantado de conocerle. Como su tiempo es precioso y el mío también, le propongo que nos demos treinta minutos para evaluar si deseo o no invertir en su proyecto. Si la respuesta es negativa, simplemente nos despediremos en treinta minutos, pero esto no significa que su proyecto no vaya a funcionar, simplemente significa que no se corresponde con lo que estoy buscando».

Jean-David Chamboredon, alias JDC, presidente de ISAI, fondo de inversión para emprendedores tecnológicos

❂ **Laure Claire y Benoît Reillier:** ¡el tono estaba marcado! ¿Y qué hiciste con esos treinta minutos?

Frédéric Mazzella: ¡Lo recordaré el resto de mi vida! Jean-David acababa de lanzar su nuevo fondo de inversión llamado ISAI. Enseguida empecé a explicar mi concepto, este sistema de reserva centralizada de todos los coches vacíos, mi pasión por el uso de los recursos infrautilizados y mi lucha contra el despilfarro, los verdaderos medios de transporte latentes que constituían los coches vacíos en las carreteras, el inmenso potencial del coche compartido tanto en términos de reducción de la contaminación atmosférica como de ahorro económico, destaqué las grandes cualidades de mis primeros acompañantes en el proyecto, las señales de apoyo de varios socios que, aunque tardaron en materializarse, fueron reales, la tecnología pertinente que ya habíamos puesto en marcha, los primeros resultados prometedores y la reacción de los primeros usuarios de coches compartidos... sin parar, ¡sobre todo! Ah, sí, porque no quería que me cortara. Me recordó el tenso ambiente de los exámenes de música cuando era niño: el jurado ante el que, al final de año, tocábamos nuestras piezas de piano para aprobar el curso y pasar al siguiente tenía una aterradora campana dorada en su mesa. Cuando la hacía sonar, el pobre candidato, cuya actuación musical ya no merecía la atención de los artistas reunidos en la sala, tenía que parar en seco y marcharse. Mientras esperaba mi turno para actuar, a veces oía el sonido de la campana del alumno que me precedía. Podía imaginar los pequeños asentimientos y las miradas de reojo que intercambiaba el jurado antes de hacer sonar la campana que ponía fin a su calvario y expulsaba al alumno, frustrado por haber sido interrumpido y llorando por no haber aprobado el curso. ¡Aaaaaahhhh! No, a mí nunca me había sucedido esto en un examen de música, ¡así que no era el momento de empezar! Impulsado por una tensión continua pero constructiva en mi vientre, que aumentaba mi ritmo de habla y —esperaba— mi fuerza de convicción, continué mi historia durante más de... dos horas. Con poca o ninguna interrupción, cuando JDC me hacía unas cuantas preguntas breves pero punzantes, y yo respondía rápidamente, evitando cualquier silencio potencialmente fatal, exponiendo mis argumentos, que eran a la vez objetivos, apasionados, factuales y cuantificados. Tras este maratón de palabras, Jean-David hizo un largo silencio... diez segundos, treinta segundos, un minuto, no sé, para finalmente decir: «Tienes oro en tus manos... Vamos a tutearnos, ¡porque la historia aún no ha terminado!».

◉ **LC y BR:** ¡Bueno, estresante pero relevante inversor! ¿Siempre transcurren de este modo las presentaciones?

FM: A menudo es estresante, pero siempre es diferente. Nunca hago la misma presentación dos veces. Algunos argumentos se repiten a menudo. Sin embargo, el poder de convicción de un discurso proviene de su relevancia para la persona a la que te diriges. Tienes que ser capaz de basarte en lo que ya saben y añadir los argumentos convincentes que les afectan a ellos y solo a ellos. Por eso es tan importante estudiar el mayor número posible de «facetas» [81] de tu proyecto para elegir lo que es relevante para tu interlocutor.

◉ **LC y BR:** Una vez convencido JDC, ¿la inversión se realizó rápidamente?

FM: No, no inmediatamente, ¡hubo una segunda prueba! Jean-David nos organizó a Francis y a mí un encuentro con Pierre Kosciusko-Morizet (PKM), el fundador de PriceMinister. Símbolo de mercado entre particulares, PriceMinister, que posteriormente fue comprada por Rakuten, era una de las inversiones del fondo de Jean-David.

---

81. Véase la ficha Focalizar – El método FOCUS.

PKM junto con Jean-David, se convirtió posteriormente en uno de los cofundadores de ISAI. La empresa se había instalado en una antigua fábrica de globos aerostáticos en el distrito 19 de París y el local parecía enorme. En lo alto del techo de la cúpula de cristal, el despacho de Pierre dominaba el conjunto, colgado en lo alto de una escalera vertical de mampostería de unos diez metros de longitud. Llegamos allí arriba, bajo la luz cenital, allí estábamos alrededor de una mesa redonda, listos para presentar nuestro «pequeño proyecto de coche compartido, que se hará grande» a JDC y PKM, que obviamente habían venido con algunas preguntas agudas... A estas alturas, ya no se trataba realmente de validar una corazonada. El uso compartido del coche les parecía prometedor y querían evaluar nuestros progresos y habilidades técnicas. En resumen, querían asegurarse de que podíamos dirigir el timón del barco. «¿Cuántos GMV hacen?, ¿cuál es la principal KPI?, ¿y el CAC y la LTV en la actualidad? ¿Cuáles son las principales fuentes de tráfico: obtenidas, propias o pagadas? ¿Cuál es el ratio de búsqueda por transacción? ¿Y la relación entre transacciones y atención al cliente? ¿Cómo son las cohortes de uso? ¿Estable, al alza o a la baja? ¿Qué tecnologías utilizan para garantizar la escalabilidad general? ¿Cuál es la política de seguridad? ¿Qué herramientas han desarrollado? ¿Han medido su elasticidad de precios? ¿Cómo fidelizan a los usuarios?»[82] En resumen, nos sometieron a un duro interrogatorio. Salimos de la reunión un poco mareados, pero esta vez la inversión vino rápidamente.

● **LC y BR:** En total, ¿cuántas presentaciones has realizado?

FM: Tal vez mil, no lo sé... De hecho, un emprendedor realiza presentaciones todos los días frente a sus interlocutores. ¡Presentando te

---

82. Estos términos técnicos son en su mayoría mediciones de actividad para las que se pueden encontrar definiciones y explicaciones buscando en Internet.

conviertes en presentador! El hábito de convencer a tus contactos también puede marcar la diferencia a la hora de tratar con los inversores. Sabes cómo responder a casi todas las preguntas de forma eficaz porque ya las has respondido. Recuerdo mi primer encuentro con el gran inversor ángel[83] español Luis Martín Cabiedes en Madrid, unos meses antes del encuentro con Jean-David. Yo había ido de París especialmente para la ocasión porque Nicolas Brusson me había indicado que Luis, al que conocía por su trabajo como inversor, podría entender mi servicio y, por tanto, tal vez invertir. Hice mi presentación durante cuarenta y cinco minutos. Al final, Luis me miró a los ojos durante treinta segundos, luego miró a su alrededor, al techo, al suelo, y luego de nuevo a mí: «Esto sucederá. ¿Cuánto?». ¡Fue bastante directo y expeditivo, pero mágico! A continuación, invirtió la totalidad de lo que quedaba por invertir del capital semilla de 600.000 euros, es decir, 150.000 euros.

◐ LC y BR: ¿Y qué sucede con los grandes fondos de capital riesgo[84]?

FM: El principio es el mismo, pero es más impresionante. De hecho, para negociar y obtener una captación de fondos en condiciones satisfactorias, hay que organizar lo que se conoce como *roadshow*: te reúnes con varios inversores a lo largo de unas semanas para conocer mejor el valor de mercado de tu proyecto en un momento dado. En función de las condiciones propuestas por ambas partes, será posible elaborar una oferta con la que todos se sientan cómodos, tanto los inversores como los emprendedores.

---

83. Un inversor ángel invierte individualmente en el capital de una joven empresa innovadora en una fase temprana de creación. A veces también pone a disposición de la empresa su experiencia y su red de contactos.

84. El capital riesgo es la rama del capital privado especializada en la financiación de jóvenes empresas innovadoras.

❯ LC y BR: ¿Vas directamente a esos fondos de inversión, así, sin conocerlos?

FM: En realidad no, porque aunque el *roadshow* en sí solo dure unas semanas, es mejor haber establecido una relación de confianza de antemano con los inversores, que prefieren invertir más bien mirando una película que una foto. En el caso de ISAI, antes de conocer a JDC, ya había presentado frente a dos de sus colegas un año antes: Ouriel Ohayon y Christophe Raynaud. Nuestra inversión de «Serie B3 [85]» también refleja este largo tiempo. Nicolas Brusson conoció a Philippe Botteri, entonces inversor en Silicon Valley, antes de que nos encontráramos en el INSEAD. Nicolas le presentó BlaBlaCar durante nuestros estudios, diciéndole que quería invertir dinero en él. En ese momento, Philippe respondió: «¡Perderás todo tu dinero!». Varios años después, Philippe se unió en Londres al famoso fondo de inversión Accel, que había financiado el crecimiento de Dropbox, Etsy, Facebook, Slack y Spotify. A lo largo de los años, conseguimos poner en marcha nuestra plataforma para compartir el coche. Philippe vino a vernos varias veces a París durante este periodo, con Sonali de Rycker también de Accel, para seguir más de cerca nuestros progresos y establecer una relación de confianza. Juntos imaginamos el potencial de una red de transporte global, habiendo superado ya el concepto de los anuncios autostop.

❯ LC y BR: Y a partir de ese momento, ¿esta ronda de conversaciones logró convencer?

FM: No, porque cuando las sumas son grandes, el proceso implica a muchas personas. Todavía no habíamos pasado el examen final. A finales de 2011, conocí a Nicolas en Londres, en las oficinas de Accel.

---

85. Un tipo de inversión de crecimiento que suele ser de decenas de millones.

Llegamos a una gran sala con un gigantesco escritorio redondo. Una docena de personas entraron poco a poco en la sala y Philippe, nuestro gran apoyo, ocupó la primera fila. Incluso llevaba nuestra camiseta. Para él también fue un calvario, ya que había venido a buscarnos para presentarnos a todos sus socios. Ahora teníamos que convencer a todos estos capitalistas de riesgo internacionales de que nuestra historia merecía ser apoyada...

◗ **LC y BR:** ¿Cuánto marcaba el «miedómetro»?

FM: ¡Ah, mucho! Había mucha tensión, pero era más presión constructiva que estrés. No pude evitar pensar en esas escenas de James Bond en las que un botón rojo escondido bajo una mesa envía a los invitados al foso de los cocodrilos si no aprecian lo que dicen. Después de una hora de presentar nuestras 20 diapositivas generales, todo el mundo empezó a hacer preguntas muy precisas y pertinentes, durante casi dos horas más. Pero lo habíamos planeado con antelación, con un apéndice de más de 70 diapositivas. Para cada pregunta, teníamos una diapositiva que la respondía, con estudios y cifras.

◗ **LC y BR:** ¿Por qué tantas preguntas?

FM: Porque al final de una sesión de presentación los inversores tienen que decirse a sí mismos: «Creo en la idea, en el potencial de crecimiento de este negocio que encontrará su mercado, y sobre todo... creo que las personas que tengo delante son capaces de ejecutar esta ambición». No hay nada peor para un inversor que descubre un proyecto que hacer preguntas que los propios emprendedores no se han planteado ya. Esto demuestra al inversor una falta de perspicacia o curiosidad por parte de los emprendedores. Ese día, obviamente, fuimos convincentes con Nicolás, ya que Accel invirtió 10 millones de dólares.

LA SECUENCIA

❀ **LC y BR:** ¡Bueno, hablar contigo y que te convenzan puede salirte caro, parece! Pero, ¿en qué orden se activan las diferentes fuentes de financiación?

FM: Esto es lo que yo llamo «la secuencia[86]». Damien y yo empezamos sacando cada uno 5.000 euros de nuestros bolsillos. Llegamos a 40.000 euros, gracias a Francis y Nicolas Deroche que quisieron participar en el desarrollo técnico del proyecto. Con este dinero, construimos un prototipo real y conseguimos que los primeros usuarios se interesaran. Ninguno de nosotros, por supuesto, tenía salario. En una época en la que muchos de mis amigos se compraban su primer piso, yo ponía todo en mi *startup*. Para financiar mis necesidades y mi formación de MBA, pedí un préstamo de 70.000 euros y obtuve una beca de L'Oréal para emprendedores. Los cursos me ayudaron a estructurar el proyecto y fue entonces cuando ganamos el concurso de proyectos innovadores.

❀ **LC y BR:** Buen impulso, que debe haberte permitido encontrar inversores justo después...

FM: No tan rápido, por desgracia. Recién estábamos en el 2007, y hay que recordar que el concepto de economía colaborativa ni siquiera se había formulado todavía. Airbnb aún no existía... Se puede decir en retrospectiva que nos adelantamos bastante, pero en aquel momento solo significaba que el éxito del concepto era muy incierto y que nuestro proyecto no interesaba a los inversores. Entre 2008 y 2010 participé en concursos y recaudé unos 10.000 euros,

---

86. Después de la financiación inicial por parte de amigos, familiares e inversores ángel llega la de los financieros. Estos últimos utilizan las letras del alfabeto para referirse a estas secuencias de financiación: Serie A, Serie B, Serie C, etc.

luego hicimos un *leasing* con un banco para financiar la adquisición de nuestros servidores informáticos por 50.000 euros. Obtuvimos un préstamo a tasa cero de 30.000 euros de Scientipôle[87], y también una ayuda de 50.000 euros de Proxima Mobile, un programa nacional destinado a ayudar al despliegue de nuevos servicios en los teléfonos móviles. Catherine García-Wieme, una directora financiera a la que había conocido en un acto del INSEAD, me ayudó mucho a elaborar los planes de negocio necesarios para estos trámites. Francis, Catherine y yo nos íbamos juntos de viaje por carretera para hacer presentaciones a varios comités. 60.000 euros de los compañeros que quedaron convencidos por los resultados iniciales y el potencial internacional. La comunidad de vehículos compartidos contaba entonces con unos 50.000 usuarios y, para complementar nuestros recursos, vendíamos soluciones de transporte compartido a las empresas.

❂ **LC y BR:** ¡Realmente has ido a llamar a todas las puertas!

FM: Sí, ¡teníamos que identificar todas las fuentes de financiación que pudieran ayudarnos a progresar! Posteriormente, incluso después de haber recaudado fondos, el equipo continuó redactando solicitudes de subvenciones para la innovación a ADEME, OSEO (el PIB de la época) y la Región de Île-de-France con el programa PM'Up. La preparación de las solicitudes suele requerir mucho tiempo, por lo que es importante centrarse en las subvenciones pertinentes para no perder tiempo en la administración.

❂ **LC y BR:** Esto está muy lejos de la recaudación multimillonaria casi inmediata de la que a veces oímos hablar hoy en día...

---

87. Aceleradora de innovación para empresas *startup*, ahora llamada Wilco.

FM: Sí, hasta 2009 no pude recaudar nuestro primer capital inicial y pagarme mi primer sueldo, cinco años después del inicio de la aventura. Nuestro servicio ya contaba con 150.000 usuarios. Un grupo de inversores ángel, llamado Quadriplay, fue el primero en invertir. Les encantó el proyecto y pusieron la máxima cantidad que podían pagar: 300.000 euros de los 600.000 previstos. La otra mitad se recaudó a través del *love money* (inversión de amigos) y de Luis Martín Cabiedes, a quien ya he mencionado.

◉ LC y BR: Pedir dinero a los amigos, ¿no es una situación delicada?

FM: Sí, lo hice, ¡y no estaba muy cómodo! Hace poco encontré el correo electrónico que había enviado a mis amigos que querían invertir: estaba tomando todas las precauciones posibles para evitar malentendidos y, sobre todo, ¡para asegurarme de no perder ningún amigo!

```
El 03 Sep 2009 a las 02:28, Frédéric Mazzella
escribió: Hola amigos[88]:
    Cuidado, Comuto[89] es una droga. Ya somos mu-
chos los que la probamos y, una vez que empie-
zas, es difícil parar. No lo diré de nuevo,
asuman su responsabilidad.
    Son excelentes amigos. Sí, lo son, los cinco
:)
    Estamos hablando de dinero y el dinero a ve-
ces es destructivo para las relaciones. Es muy
doloroso, apesta, pero sucede. No quiero arries-
```

---

88. Correo electrónico enviado a Christophe Coste, Antoine Devulder, Frédéric Dupuy, Frédéric Gérard y Nicolas Maggiar.

89. Nombre de BlaBlaCar en 2009.

garme a enemistarme con ninguno. Estamos hablando de una inversión, arriesgada por naturaleza. Hoy en día no puedo dar a nadie una garantía del 100% de que ese dinero volverá a sus manos. La regla básica es invertir el dinero que se tiene y no se necesita. Por lo tanto, no habría que invertirlo si hoy ese dinero sería más útil para comprar un coche, un cochecito (de lujo :)) o para pagar el alquiler. Por lo tanto, existe un riesgo pequeño pero real de que el dinero invertido en este proyecto no se recupere nunca. Hay que ser consciente de esto.

Soy muy consciente de que no estoy haciendo un discurso de venta muy bueno. Creo en el proyecto como nunca he creído en nada en mi vida, ya he invertido mucho tiempo y dinero en él, es mi elección. Si crees en este proyecto como yo y quieres ayudarnos a desarrollarlo y, a cambio, beneficiarte potencialmente de todo el valor añadido que creamos hoy y que crearemos en los próximos años, entonces, muy bien. Sin embargo, CUIDADO: quiero que la decisión de esta inversión sea independiente de la amistad que nos une. Estaré en las últimas si, a pesar de todos mis esfuerzos, el proyecto se viene abajo.

Así que si pudiera ahorrarme el doble dolor de perder a todos mis amigos… Tras esta escalofriante advertencia, he aquí la información importante.

(…)

◉ LC y BR: La pregunta que todo el mundo se hace es: ¿invirtieron tus amigos? Y sobre todo, ¿continuó la amistad?

FM: ¡Sí y sí! Y tras esta recaudación de fondos, que reunió a muchas personas, se puso en marcha la máquina. Habíamos demostrado que el concepto funcionaba y ahora podíamos acercarnos a los principales inversores profesionales para conseguir cantidades mucho mayores, de millones de euros. Pero la puesta en marcha se hizo buscando todas las pequeñas fuentes de financiación posibles.

◉ LC y BR: Sin embargo, con la distancia de los años, es difícil imaginar que, al principio, la recaudación de dinero haya sido tal carrera de obstáculos para BlaBlaCar. ¿Qué fue lo que realmente marcó la diferencia?

FM: Fue más fácil una vez que analizamos varias pruebas en relación con la adopción del servicio. Cuando empezamos a tener cientos de miles de usuarios, el fenómeno se hizo más concreto y eso permitió a los inversores proyectarse: es más fácil convencer a un inversor con datos que con promesas. Así que adoptamos un principio sencillo para nuestra recaudación de fondos: una ronda de recaudación, un objetivo. Con cada ronda, nos centramos en un área específica para convencer a los inversores de que nuestro próximo objetivo era alcanzable.

◉ LC y BR: ¿Cuáles fueron los objetivos alcanzables de sus sucesivas recaudaciones de fondos con inversores profesionales?

FM: El objetivo de nuestra primera ronda de financiación era convertirnos en el líder del transporte compartido en el mercado francés, ya que teníamos algunos competidores. Una vez que superamos esta etapa, el objetivo de los 1,25 millones de euros con ISAI era desplegar un modelo de negocio viable en el sitio para el gran público. Las conversaciones mantenidas a finales de 2011 con Accel condujeron a una ronda de 10 millones de dólares a principios de 2012, destinada a la expansión en España, Italia, Polonia, Inglaterra y Alemania. Estos primeros éxitos internacionales nos permitieron prever una presencia aún más amplia, siempre que fuera posible. Realizamos, entonces, una nueva ronda de financiación, esta vez de Dominique Vidal, Danny Rimer y Martin Mignot, del fondo Index Ventures. Gracias a esta nueva ronda de financiación de 100 millones, en 2014, recibimos una llamada del mismísimo presidente François Hollande, para felicitarnos, lo que supuso una primicia para una *startup* francesa. Luego nos reunimos con otros fondos internacionales muy grandes para estructurar nuevas captaciones de fondos, siempre con la idea de la expansión global. Sin embargo, lo importante de una recaudación de fondos no es la cantidad, sino el objetivo hacia el que nos conduce. La visión puede ser amplia y de gran alcance, pero cada éxito debe validar el objetivo anterior y marcar el crecimiento etapa por etapa. Esa es la secuencia, en lo que respecta a las inversiones.

❯ **LC y BR:** Algunos empresarios consideran que las rondas de recaudación sucesivas son complicadas y requieren mucho tiempo, cuando a ellos les gustaría concentrarse en su negocio. ¿Por qué no intentar recaudar la mayor cantidad de dinero posible desde el principio?

FM: Es tentador, pero un equipo de tres personas no es capaz de gestionar millones de euros de forma eficiente. La capacidad de gestionar o absorber una determinada cantidad de dinero depende de la fase de desarrollo de una empresa. Un equipo se construye lentamente, los costes de producción de un producto o servicio crecen cada año. Por eso, los fondos tienen que llegar gradualmente. Además, mientras que una parte del dinero recaudado se utiliza siempre para la contratación de nuevo personal para adquirir nuevas competencias, la otra parte nunca financia lo mismo en diferentes etapas. Los primeros fondos suelen utilizarse para construir y definir el producto y su tecnología; los siguientes, para perfeccionar una estrategia de marca y métodos de expansión; y los siguientes, para introducir el servicio en nuevas regiones y acelerar su adopción. En esta fase es muy importante haber desarrollado el «Manual de estrategias» [90].

➤ **LC y BR:** Conseguir cientos de millones de euros de financiación puede hacer que la cabeza te dé vueltas. ¿Cuál es tu brújula para evitar marearse?

FM: Hay que centrarse en los clientes. En este caso, para BlaBla-Car, en los miembros de la comunidad y su actividad. Es cierto que cuando la empresa recibe una transferencia de varios millones de euros en su cuenta bancaria, al principio da miedo. Piensas: «Vaya, ¿cómo podrá la empresa gastar todo esto de forma adecuada y eficiente?». Hay que disciplinarse y mantener la cabeza fría. En realidad, la inversión suele ser simplemente para contratar empleados y atraer nuevos clientes. Y en todo esto hay que distinguir entre el dinero que viene de los clientes y el que viene de las subvenciones o de la recaudación de fondos: solo el primero aporta la certeza de que alguien está usando nuestro producto (¡e incluso está dispuesto a pagar por él!), así como la retroalimentación que hace avanzar la oferta.

---

90. Véase la ficha de Internacionalizar – La analogía del salto.

LA GESTIÓN

❯ **LC y BR:** ¿Qué condiciones piden los inversores a cambio del dinero que aportan a la empresa?

FM: Por lo general, el primer requisito es un puesto en el consejo de administración. Esto permite a los inversores estar cerca de la dirección de la empresa y de las decisiones importantes para los próximos años. Cuando la empresa es muy joven, pueden ayudar a estructurar el primer consejo de administración, que a menudo incluye un administrador o administradora independiente además de los fundadores e inversores. Por ejemplo, cuando recaudamos fondos con ISAI, dimos la bienvenida a Didier Kuhn, un empresario, a nuestro consejo. Es muy beneficioso tener a otros empresarios en el consejo, porque son personas que ya han experimentado la situación en la que estamos trabajando. Por lo tanto, proporcionan un excelente asesoramiento. Además, la ampliación del círculo de gobernanza permite nuevos puntos de vista y, por tanto, una mejor articulación de las decisiones.

❯ **LC y BR:** ¿Cómo se puede garantizar que el dinero recaudado se gasta bien para lograr los resultados esperados por los inversores?

FM: Es importante distinguir entre un gasto y una inversión. Una inversión es un gasto eficaz, que sirve para el futuro, de lo contrario es puro despilfarro. Gastar bien el dinero recaudado es, por tanto, invertirlo bien para construir el futuro de la empresa. Tengo tres principios: prudencia, responsabilidad y separación.

La prudencia implica dos cosas: saber empezar con poco y aprender poco a poco cómo funciona todo, por ejemplo, practicando con pequeñas cantidades antes de desplegar sumas mayores sin

152 · MISIÓN BLABLACAR

dejar de ser eficiente; y saber contar todo (bien). Llevé la contabilidad de la empresa yo mismo durante los primeros seis años, porque había aprendido que la mitad de las empresas que fracasan lo hacen por una mala gestión. Estaba dispuesto a aceptar que la aventura de BlaBlaCar no funcionara porque el concepto de compartir coche no resultaba, pero ¡no estaba dispuesto a aceptar estrellar mi empresa por un error de suma o resta!

La responsabilidad significa querer cumplir tus compromisos. Para ilustrar esto, imagina que estás en un casino y que vas a apostar 100 euros al rojo. Eso es mucho y es todo lo que tienes. Imaginemos dos casos: escenario 1, los 100 euros son tuyos; escenario 2, te los ha prestado tu mejor amigo. Si ganas, estarás contento en ambos escenarios y encontrarás la forma de agradecer a tu amigo en el escenario 2. Si, por el contrario, pierdes, tu pena será diferente en cada escenario. En el escenario 1, puedes consolarte simplemente con una copa en el bar o un helado de camino a casa (cada uno tiene sus vicios), o llamando a ese amigo al que no le debes nada. Pensarás en los 100 euros que has perdido y luego lo olvidarás, con suerte, porque así es el juego. Pero, con el segundo escenario, la historia es diferente: puedes tomarte una copa o un helado, pero seguirás teniendo una deuda y, además, tendrás la «sensación de la deuda». Además, si llamas a tu amigo no estarás seguro de encontrar consuelo. Es la experiencia de esta sensación de deuda, y la voluntad de hacer todo lo posible para evitarla, lo que también disciplina al emprendedor en la forma de gestionar el dinero que se le confía.

Por último, la separación: mantengo una cuenta bancaria específica para la ampliación de capital, separada de la cuenta corriente de la empresa. Esto aísla la cantidad recaudada de la gestión diaria de la empresa. Si la gestión diaria es deficitaria, lo que casi siempre ocurre en una empresa en crecimiento que invierte en su futuro, tendrás que reponer regularmente dinero de la cuenta de reserva en la cuenta corriente. De este modo, podrás ver claramente las cantidades gastadas durante el periodo. Al ver que su reserva disminuye, también sabrás en cuánto tiempo se habrá gastado todo. Es sencillo y eficaz.

> **LC y BR:** ¿Son realmente suficientes estos tres principios para gestionar bien el efectivo?

FM: Digamos que si no se evitan todos los problemas de liquidez, al menos se pueden ver venir. Son solo principios que rigen el comportamiento. Ayudan a crear una cultura de la gestión del dinero saludable dentro de la empresa, mediante la cual «Estamos comprometidos y llevamos la contabilidad». Eso ya es mucho. Como todo el mundo, he tenido lagunas de liquidez. Recuerdo un episodio en el que me faltaban 20.000 euros. Sin esta suma, era imposible pagar los salarios de nuestro pequeño equipo. Yo había adelantado personalmente 10.000 euros a la empresa, prestados a mi nombre, y Catherine había venido a ayudar con los 10.000 euros restantes. Este es el correo electrónico que le envié cuando tuvo la amabilidad de hacer un cheque para cubrir el flujo de caja. Se siente la urgencia de la situación en este correo electrónico enviado a la 1 de la madrugada.

El 31 Ene 2009 a las 01:06, Frédéric Mazzella escribió:

El problema de liquidez del que te hablé esta semana es real. Necesito ingresar dinero en la cuenta de la empresa sin más demora.

Envío un cheque de 10.000 euros en mi nombre. ¿Puedo también hacer efectivo el cheque de 10.000 euros que extendiste a la empresa y que yo recibí, para poner 20.000 euros en la cuenta mientras espero la transferencia de 25.000 euros de mi cliente principal que lleva varios meses de retraso en su pago? Contabilizaremos estos 20.000 euros como un anticipo de la cuenta corriente de ambos. ¿Te parece bien?

Me gustaría hacerlo antes del sábado al mediodía (mañana por la mañana) para que llegue a la cuenta lo antes posible. Gracias.

Desde entonces, he aprendido la lección. El estrés de la situación me hizo ver que siempre hay que anticiparse mucho más de lo que se piensa, porque cualquier dinero que llega tarda mucho más de lo que se cree en materializarse. Ya sea un pago de un cliente, una subvención o un evento de recaudación de fondos, el dinero siempre llega tarde. Desde este episodio, siempre me aseguro de tener al menos doce meses de liquidez, ¡para no tocar nunca fondo!

❯ **LC y BR:** Uno se debe sentir un poco solo en este tipo de situación, ¿verdad? Sobre todo porque parece difícil compartir un problema de este tipo con el personal, que, independientemente del estado de ánimo de la tesorería, ¡necesita cobrar para mantenerse confiado y motivado!

FM: No me sentía tan solo porque comparto todo con mis colaboradores e inversores, ¡incluso los problemas! Hay muchas razones para hacerlo. En primer lugar, a menudo los problemas se resuelven mejor juntos que solos: un empleado que conozca el problema podría encontrar una solución rápidamente. Por último, conocer los problemas te hace responsable. Así, cada uno puede comportarse de forma diferente si conoce las dificultades. También es un signo de confianza y madurez compartir lo que no va bien, especialmente en lo que respecta al flujo de caja. Nunca hay que quedarse solo con los problemas de dinero, especialmente cuando otros dependen del dinero que falta. Si se enteran por atrás, perderás su confianza.

❂ **LC y BR:** Esto es sorprendente, ya que muchos empresarios piensan que demasiada transparencia sobre los problemas puede desmotivar a la tropa.

FM: Se puede compartir un problema sin desmoralizar a todo el mundo... Hay que seguir siendo objetivo y confiar en que se encontrará una solución. Obviamente, si tú mismo empiezas a deprimirte, entonces sí, harás que tus compañeros se hundan también. Esto nos lleva de nuevo al hecho de que es vital elegir bien a tus colaboradores e inversores, e incluso considerar a tus inversores como colaboradores, ¡o incluso mentores! Trabajas con ellos durante años. Su personalidad, sus conocimientos, sus valores y su disposición a compartir su experiencia para ayudarte a resolver tus problemas son muy importantes para colaborar eficazmente a largo plazo. Por lo tanto, no elijas un inversor que solo te utiliza como si fueras una cuenta de ahorro. Jean-David y Philippe son nuestros inversores desde hace más de diez años. Nos aportan su conocimiento de todo el sector tecnológico, nos ponen en contacto con las personas adecuadas y tienen una personalidad atenta con los emprendedores a los que apoyan. Saben que emprender es difícil. Así que son muy comprensivos y colaboradores. Se han convertido en nuestros mentores: nos han abierto muchas puertas y nos han evitado cometer muchos errores. Suelo decir que un euro de un buen inversor vale por dos.

DINERO CAMALEÓNICO

❂ **LC y BR:** Un euro que vale dos euros, ¿es magia?

FM: Un poco, sí... De todos modos, ¡el dinero es un camaleón! Acabamos de hablar de que el dinero de los buenos inversores vale más que la cantidad invertida porque viene con su valor añadido, pero hay otras situaciones en las que el concepto de dinero camaleónico es aún más concreto. Me gusta esta noción porque deja claro que un euro, en términos absolutos, no significa mucho. En el mundo de los negocios, el dinero adopta muchas formas, muchos valores. Incluso cambia con el tiempo. A veces de forma previsible según los acontecimientos, a veces de forma totalmente inesperada...

● **LC y BR:** ¿Tienes algún ejemplo concreto en mente?

FM: En primer lugar, está la diferencia básica entre la deuda y los capitales propios, las acciones. La primera vez que experimenté esta diferencia fue en el patio de mi escuela primaria de Fontenay-le-Comte, en Vendée. Durante la pausa del almuerzo, quería jugar a las canicas, pero no tenía ninguna. Así que le pedí a un compañero de clase que me prestara una y le dije que si la perdía, le devolvería una canica equivalente. Jugué, jugué, jugué... y gané mucho. Al final del recreo, no solo había ganado docenas de canicas y pelotas nuevas, sino también varios LEGO y figuras de Playmobil, ¡incluidos caballos y hasta un camión de bomberos! Cada uno jugaba un poco de lo que tenía y siempre encontrábamos un valor de cambio en canicas para cada elemento. Volví a ver al amigo que me había prestado la canica, y cuando se la devolví me dijo: «¡Oh no, tienes que darme la mitad de lo que has ganado!». Me quedé atónito. Negociamos y acabé dándole una cuarta parte de lo que había ganado. Así que para él, la canica que me había prestado había crecido de alguna manera entre el mediodía y las dos de la tarde, y su valor había crecido con mi éxito. Mi compañero consideró el préstamo de la canica como una inversión en acciones y quería un porcentaje de mi éxito. Por mi parte, yo pensaba que era una deuda: le había dicho que le devolvería una canica equivalente si perdía la suya. Había especificado lo que pasaría si perdía, pero no si triunfaba, porque para mí era obvio: ¡solo le devolvería su canica inicial y estaríamos en paz!

⊕ LC y BR: De ahí el paralelismo con el mundo del capital riesgo: cuando los inversores te dan dinero, es una inversión en acciones, ¡no una deuda!

FM: ¡Exactamente! En caso de fracaso, esto tiene la ventaja de no tener que devolver nada, por el contrario, cuando se tiene éxito, se comparte todo. En el caso de este tipo de inversiones, todos los casos se contemplan inicialmente en una carta de intenciones (una *Term Sheet*) y luego en un pacto que vincula a los accionistas en su asociación. Le Galion[91] publica periódicamente una carta de intenciones (*Term Sheet*) que refleja la evolución del mercado, lo que resulta muy útil para los emprendedores en sus negociaciones con los inversores. Explica las etapas, el vocabulario, las costumbres y las reglas del capital riesgo. También da consejos sobre lo que es habitual y lo que no. Es una gran oportunidad para los emprendedores de hoy en día tener la oportunidad de leer un modelo de carta de intención antes de recibir una real de los inversores. Esto les permite comparar la oferta que reciben con los estándares del mercado.

En la inversión profesional, los conceptos son muy avanzados. Por ejemplo, no todas las acciones tienen el mismo estatus: hay acciones ordinarias (acciones O) y acciones preferentes (acciones P), que no tienen ni los mismos derechos ni los mismos valores de conversión en caso de absorción o salida a bolsa de la empresa. Las acciones P tendrán condiciones preferentes en la reventa, con protección frente a las acciones O. Por ejemplo, las acciones P nunca pueden valer menos que su coste: si el valor global de la empresa ha caído desde que se tomó la participación, entonces las acciones P invadirán el valor de sus compañeras más pequeñas para conservar su valor original: aunque tengan un valor declara-

---

91. The Galion project: el principal laboratorio de ideas (*think tank*) para emprendedores tecnológicos.

do en euros, ¡las acciones P no representan los mismos euros que las acciones O! Otra forma de camaleón. Es fascinante comprender la mecánica de la predicción de lo que valdrá un porcentaje del capital de una empresa en el futuro, y su valor en relación con otras piezas de capital, cuando, por supuesto, ¡no conocemos el futuro!

Detrás de esta fluctuación del valor futuro, se encuentra lo que se llama la valoración de una empresa: es el precio que vale en un momento dado, pero que depende de lo que todo el mundo piensa que valdrá más adelante. Esto también es un hermoso camaleón: la valoración es un poco como la sombra de un objeto. Varía con el tiempo, igual que la sombra de la Torre Eiffel cambia de tamaño según la hora del día y la posición del sol.

❷ LC y BR: ¡Se aprende mucho en el patio del colegio!

FM: Sí, ¡se aprende mucho jugando! También aprendí en ese mismo patio de colegio el principio de una masa monetaria en circulación y su influencia en los precios, que es una herramienta tan importante para un banco central. Cuando tenía 8 años, acabábamos de mudarnos a una casa nueva y había cubos enteros en el garaje llenos de pequeños cuadrados de loza de todos los colores, como pequeños azulejos de piscina. Se habían utilizado para un trabajo de mosaico en el baño y, obviamente, los anteriores propietarios habían comprado demasiados. Un día, a modo de prueba, llevé a la escuela unos azulejos pequeños. Me parecieron muy bonitos y pronto a mis amigos del colegio también. Empezamos a jugar con los azulejos en el patio del colegio, como si fueran canicas en el suelo. Rascar, mirar, pinchar… todo funcionó. No rodaron, pero ese fue su único fallo, porque por lo demás eran muy bonitos y muy resistentes. Al principio, solo había llevado una decena de ellos a la escuela y se los pasaban de mano en mano. En pocos días, el precio de un azulejo se multiplicó: del equivalente a una canica de barro al principio, pasaron a ser el equivalente a una de vidrio sin decoración, luego a una canica de mayor tamaño y después a varias de estas. Entonces me di cuenta de que en mi garaje dormía un verdadero tesoro: la «máquina de hacer dinero»... Yo era el único en la escuela con un suministro casi infinito de azulejos. Podía «emitir» azulejos progresivamente en el patio de la escuela y esto influía en la «cotización del azulejo». Fue bastante mágico.

◉ **LC y BR:** Deuda, acciones ordinarias o preferentes, dinero... ¿De qué otros colores es el dinero camaleónico?

FM: ¡Opciones! Como su nombre indica, una opción es una posibilidad. Una opción sobre una acción societaria da derecho a comprar una acción en una fecha posterior a un precio fijado hoy. Esta opción tiene un coste: por ejemplo, se puede comprar una opción a 1 euro que da derecho a comprar una acción ordinaria a 10 euros durante diez años. Si la acción vale 20 euros dentro de cinco años, al comprarla a 10 euros ganaremos 9 euros (10 euros de plusvalía, menos 1 euro, el precio de compra inicial de la opción). Por otro lado, si la acción solo vale 5 euros más tarde, nuestro derecho a comprarla a 10 euros no tendrá ningún valor. Entonces habremos perdido 1 euro, el precio inicial de la opción. Para los empleados, también existe la posibilidad de ofrecer opciones gratuitas. Cuando la empresa es joven, se denomina BSPCE (por sus siglas en francés, *bons de souscription de parts de créateur d'entreprise*; en castellano, bonos de suscripción de partes de creadores de empresas). Estas múltiples posibilidades de opciones y de valor futuro no siempre se comprenden ni se aprecian en Francia, donde la cultura del accionariado de los trabajadores está menos desarrollada que en los países anglosajones, por ejemplo. Como resultado, en las entrevistas de trabajo, me han preguntado si ofrecíamos vales de comida cuando ofrecía el BSPCE a los candidatos. Obviamente, esto es totalmente diferente, pero el concepto de un ticket de comida que da la posibilidad de comprar inmediatamente una comida es mucho más inmediato de entender.

⦿ LC y BR: Todas estas nociones se refieren a la valoración del capital de la empresa. ¿Este concepto de dinero camaleónico se encuentra también en la actividad de las propias empresas?

FM: Sí, por supuesto. Hay una noción que me encantó cuando la entendí, y es la posibilidad de cambiar el Capex (por sus siglas en inglés, *Capital Expenditure*, en castellano, Gasto en capital) por el Opex (por sus siglas en inglés, *Operational Expenditure*; en castellano Gastos operativos) [92]. Este también es un buen truco. Es una forma de préstamo vinculada con el uso. Esto es exactamente lo que vemos en la industria de la telefonía móvil y también en la del automóvil. Cuando un operador nos ofrece un teléfono por 1 euro a cambio de un compromiso de permanencia como cliente durante veinticuatro meses con un paquete de 30 euros, financia la adquisición del aparato, que naturalmente no vale 1 euro, mediante la promesa de un uso futuro de sus servicios: una suscripción. Veinticuatro meses a 30 euros representan 720 euros, por lo que *a priori* es más caro que el precio de coste del teléfono para el operador. De este modo, permite a sus clientes equiparse sin tener que pagar una gran suma de dinero al principio para obtener el dispositivo necesario para utilizar el servicio. Sustituye la inversión inicial por un gasto de uso a lo largo del tiempo. Las empresas de alquiler de coches a largo plazo que ofrecen opciones de compra al final del contrato de alquiler también hacen este truco de magia,

---

92. Véase la ficha El modelo económico – El motor NECESIDAD.

que, en este caso, se parece más a un préstamo. Esta misma noción, cuando se despliega sobre miles de personas, da lugar incluso al modelo de seguro: se paga un poco cada mes, para que cuando le pase algo a alguien, se pueda pagar una gran suma a través de las cotizaciones. Es probable que en los próximos años veamos florecer otros modelos de este tipo en otros ámbitos.

La presentación (*pitch*) en Stripe

Contar con el principal competidor entre los inversores

¿Cómo se convence a un inversor profesional para que crea en tu equipo y en tu idea? Muchos empresarios se enfrentan a este reto en algún momento. Los hermanos Patrick y John Collison no fueron una excepción y consiguieron convencer a Peter Thiel, cofundador de PayPal, de que su sistema de pago en línea «aumentaría el PIB de Internet» [93] y... ¡destronaría a PayPal [94]!

Los hermanos irlandeses, de 19 y 21 años, no tenían experiencia en el sector de los pagos cuando entraron en la aceleradora californiana Y Combinator en 2011. Solo llevaban seis meses trabajando en el proyecto a tiempo completo y, simplemente, habían construido un prototipo durante sus vacaciones.

Frente a Peter Thiel, hacen la presentación y explican cómo Stripe creará una infraestructura para todos los pagos en línea, lo que los hará más esenciales que PayPal [95]. Provocadora, la estrate-

93. Esta es la misión de Stripe.

94. «Patrick and John Collison: Stripe's 30-something billionaires», T. Bradshaw, Irish Times, 19 de marzo de 2021, disponible en línea.

95. La visión de Stripe es construir una plataforma de plataformas de pago. «From Tipperary to Silicon Valley: how Stripe became vital cog in digital economy», A. Hernm, *The Guardian*, 17 de marzo de 2021, disponible en línea.

gia da en el clavo cuando Peter Thiel decide invertir. Mejor aún, este lanzamiento atrajo a Elon Musk, también cofundador de PayPal, y a Michael Moritz, uno de los primeros inversores de Google, para una primera ronda de financiación de 2 millones de dólares.

Cuando se le pregunta por qué decidió apoyar financieramente la empresa Stripe, Moritz cita en primer lugar la singularidad de los hermanos Collison y su insaciable curiosidad. El premio al joven científico irlandés del año que recibió Patrick a los 16 años, el mejor resultado nacional de John en sus exámenes finales al batir el récord de su hermano mayor[96], el valor de dejar el MIT y Harvard para dedicarse a Stripe... ¡una diferencia preciosa que había que cultivar, aunque sea para alimentar una presentación!

La secuencia de financiación en Wise

Alinear la visión y la recaudación de fondos

Taavet Hinrikus y Kristo Käärmann fundaron Wise (antes TransferWise) en 2010 para no tener que pagar comisiones desorbitadas ni esperar varios días cada vez que querían hacer una transferencia bancaria entre el Reino Unido y Europa.

Hasta su salida a la bolsa en 2021, cada paso de la financiación de la *startup* ha estado al servicio de esta visión. La simplificación de las transferencias internacionales fue un rompecabezas que requirió mucho poder mental y esfuerzo.

Al posicionar a TransferWise como LA solución para las transferencias de dinero rápidas y baratas frente a la lentitud y los costes

---

96. «The Collison Brothers and Story Behind The Founding Of Stripe», D. Andersen, disponible en línea.

ocultos de las transferencias internacionales, los cofundadores validaron su concepto cuando ganaron un concurso de la aceleradora Seedcamp en 2011[97].

Con el concepto probado, TransferWise pudo recaudar una ronda de serie A en 2012 para desarrollar su servicio de intercambio de divisas entre *peer-to-peer*[98]. Posteriormente, la *startup* ha llevado a cabo varias recaudaciones de fondos de aceleración vinculadas con objetivos específicos como la cobertura de más divisas, la internacionalización y la creación de una oferta para empresas. La última ronda de financiación de 319 millones de dólares en el verano de 2020, que refleja la madurez alcanzada por la empresa, le ha permitido considerar desarrollos más allá de su posicionamiento principal.

TransferWise anunció su nuevo nombre, Wise, unos meses antes de su salida a bolsa en febrero de 2021. El cambio de nombre va acompañado del lanzamiento de nuevas ofertas, como una tarjeta de débito y cuentas multidivisas. Sobre todo, señala la voluntad de Wise de posicionarse como un actor importante en los servicios financieros y no como una simple solución de transferencia de dinero.

La gestión de la innovación en Tesla

¿Crecer o innovar? Esa es la cuestión...

Conciliar la carrera por la innovación con el éxito comercial puede ser un reto. Tesla lo ha hecho mejor que cualquier otro fabricante de

---

97. «Wise IPO: Everything you need to know about Wise», B. Lobel, disponible en línea.

98. Los modelos peer-to-peer (P2P) son modelos distribuidos en los que los participantes de la red están directamente conectados entre sí.

automóviles. En 2020, el fabricante de automóviles registró el mayor crecimiento de ventas del sector, al tiempo que innovaba sin descanso.

La estrategia de la empresa liderada por Elon Musk es formidable y le permite generar lo que los investigadores de Harvard llaman «capital de innovación». Es el medio de obtener y movilizar recursos internos y externos para desarrollar una innovación[99]. Por ejemplo, los espectáculos de lanzamiento del Cybertruck o del Roadster 2.0 no tienen como objetivo el éxito financiero inmediato: se trata sobre todo de señalar al público y a los inversores que la innovación define a la marca.

Para diferenciarse de forma sostenible de la competencia, Tesla está innovando tanto en su producto como en su ecosistema. La empresa está desplegando una arquitectura de *software* centralizada y perfectamente integrada con el *hardware* de los coches, lo que le permite actualizar el *software* rápidamente y añadir nuevas funciones. Elon Musk, incluso, promete que las actualizaciones harán que los coches de Tesla sean parcialmente autónomos. Además, su estrategia se basa en la posible apertura de su red de recarga eléctrica a vehículos de otras marcas y en un avance tecnológico que le permita posicionar sus baterías como el estándar del sector.

El lema «innovar o irse», que subraya que la falta de innovación es un riesgo de despido, muestra cómo Tesla considera que la innovación es crucial para convertirse en el líder de su sector[100].

---

99. «Lessons from Tesla's Approach to Innovation», N. Furr y J. Dyer, Harvard Business Review, disponible en línea.

100. «7 Pillars Shaping Tesla's Corporate Culture», J. Livescault, disponible en línea.

El dinero camaleónico: el bitcoin

Crear una moneda virtual y anónima

¿Quién está detrás de la revolución del bitcoin? ¡El misterioso Satoshi Nakamoto, inventor del bitcoin en 2009, al que nadie conoce y cuyo seudónimo puede incluso esconder un colectivo [101]!

A diferencia de los billetes y, cuyo valor está garantizado por los bancos centrales, el bitcoin se crea, distribuye, intercambia y almacena de forma descentralizada. ¿Cómo se hace? Utilizando el sistema de distribución que permite la cadena de bloques (*blockchain*) [102]. Con esta tecnología, el bitcoin y todas las demás criptodivisas ofrecen la promesa de un sistema en línea independiente de los gobiernos y cuyas transacciones quedan registradas públicamente.

¿Sustituirán algún día las criptomonedas a las monedas fiduciarias? Nadie puede decirlo. Su tasa de adopción sigue siendo baja, su volatilidad alta y el consumo de energía de las redes informáticas que permiten su existencia sigue siendo un problema medioambiental [103]. Sin embargo, algunos actores institucionales y tecnológicos las están adoptando: Goldman Sachs está poniendo a disposición de algunos clientes fondos en bitcoin, mientras que PayPal permite a sus usuarios aprovechar sus tenencias de criptodivisas para pagar a comerciantes en línea a nivel internacional [104].

Tanto si se está a favor como en contra, es innegable que las criptomonedas son una gran innovación, pero aún se desconoce el

---

101. «Guide: What is Bitcoin and how does it work?», BBC, 5 de febrero de 2021, disponible en línea.

102. «Bitcoin definition», J. Frankenfiel, Investopedia, 30 de noviembre de 2021, disponible en línea.

103. «Future of Cryptocurrency? Will it grow or stoop low?», P. Dialani, 4 de junio de 2021, disponible en línea.

104. «Fiat Money vs. Cryptocurrency: can they co-exist?», disponible en línea.

alcance de sus implicaciones [105]. Su aparición demuestra que el «dinero», ya sea utilizado para contar, comerciar o atesorar, puede adoptar muchas formas diferentes. Un verdadero camaleón...

105. «Jack Dorsey says Square will launch bitcoin DeFi platform», H. Murphy, Financial Times, 16 de julio de 2021, disponible en línea.

6

PEQUEÑO Y GRANDE

Nada nace grande. Todo nace pequeño y todas las
grandes empresas fueron alguna vez pequeñas.
Por eso lo pequeño y lo grande están tan
estrechamente ligados, igual que nosotros somos
inseparables de nuestra infancia.
Se trata simplemente de dos aspectos de una misma
cosa que comparten mucho más de lo que
uno podría pensar: la **versatilidad**, los **valores**
y la **ambición** son conceptos que se aplican a todos,
tanto a los pequeños como a los grandes.
¿Y si lo importante no fuera el tamaño,
sino asegurarse de mantener siempre **los pies
en la tierra**?

LA POLIVALENCIA

—¿Tiene un asistente [106] que le dé una mano para imprimir
estos papeles?

---

106. N del T: En el original, se utiliza la expresión *petite main* (mano pequeña), usada en
sentido figurado para designar a un empleado de menor jerarquía, ocupado en tareas me-
nores.

—Mmm… no. Bueno, digamos que yo soy mi asistente, lo voy a hacer.

Discusión entre un director y Fred durante la venta de un servicio de coche compartido

❥ Laure Claire y Benoît Reillier: ¡Tú no sabes mentir!

Frédéric Mazzella: ¡No, pero la realidad es que el emprendedor es su propia asistente! Así que para estar más cómodo, un día compré una pequeña mano de porcelana blanca en una tienda de porcelana de la calle Saint-Lazare y la puse en mi escritorio, junto a mi pequeño Batman. Después, cuando alguien me preguntaba si tenía una mano que me asista, podía decir que sí sin mentir. En mi escritorio tenía todo para triunfar, ¡desde la mano hasta el superhéroe!

❥ LC y BR: En cualquier caso, se trata de un detalle que muestra un desfase entre el mundo de los grandes grupos y la realidad de las *startups*. ¿Crees que esto podría perjudicar las relaciones?

FM: Si ninguno de los dos es consciente de ello, entonces sí, puede ser perjudicial para la pequeña estructura. Hay al menos dos discrepancias sintomáticas: la diferencia de medios y el diferente enfoque del tiempo. Al iniciar una colaboración, un gran grupo organiza fácilmente muchas reuniones con una empresa emergente para entender su fascinante nuevo producto. Si la *startup* no sabe parar, esta situación puede acabar matándola porque despliega demasiados recursos para complacer a la gran empresa, que siente cierta fascinación por ella. El grande suele tener muchos recursos y personas movilizables (contables en el departamento de finanzas, abogados en el departamento jurídico, ingenieros en el departamento de sistemas de información, etc.), y los directivos pueden no darse cuenta de que sus demandas están ocupando todo el tiempo de los pocos empleados de la *startup*. En cuanto a los diferentes enfoques del tiempo, el más flagrante es el de los retrasos en los pagos. Las grandes empresas suelen pagar a las pequeñas con varios meses de retraso. Esto nos ha ocurrido varias veces, y en estos casos no faltan las malas excusas: «Ah, pero usted envió su factura al departamento equivocado hace seis meses! Necesitamos uno nuevo, con fecha de hoy, para el departamento de recursos humanos». Los grandes a menudo no se dan cuenta del impacto que tienen estas discrepancias en el rendimiento y el crecimiento de las pequeñas empresas, que necesitan dinero continuamente para funcionar, al no disponer de efectivo por adelantado. El mundo del emprendedor es frugal.

❂ LC y BR: ¿Cómo se hace grande el pequeño entonces? ¿Y cómo nos aseguramos de que, cuando crezcan, sepan interactuar con los pequeños?

FM: ¡El pequeño se hace grande subiendo las escaleras! Porque en el emprendimiento no hay ascensor. El emprendedor lo entiende rápidamente y se lo recuerdan las pruebas por las que ha pasado. Se da cuenta de que no todo funciona a la primera, que a menudo tiene que hacer, deshacer, rehacer o hacer las cosas de otra manera para conseguir sus objetivos. Es como en la investigación. Recuerdo una bonita lección que recibí el primer día del nuevo curso en la Escuela Normal Superior, después de una veintena de pruebas escritas y orales, algunas de las cuales podían durar seis horas. Solo un porcentaje muy pequeño de los candidatos había sido admitido, así que había motivos para estar satisfechos por haber superado el examen, pero la directora se apresuró a darnos una idea de la perspectiva en su discurso de bienvenida: «¡Enhorabuena a todos a la Escuela Normal Superior, todos han superado la prueba de admisión, así que todos saben cómo rellenar... un cuestionario. Sí, porque deberían saber que solo han respondido a preguntas que otros ya han hecho. A partir de ahora, aprenderán a explorar por sí mismos, a imaginar los problemas y las preguntas del mañana!». Con tal introducción, percibíamos una escalera infinita. El mundo de la investigación es una verdadera escuela de humildad. De este modo, para saber relacionarse con todos, grandes y pequeños, hay que recordar de dónde se viene, no dar nada por sentado. La realidad del emprendedor es que, a pesar de su gran ambición, tiene pocos medios. Esto los hace ser humildes. También debe tener un comportamiento ejemplar, porque en ello se basará la futura cultura de la empresa. La realidad le hace aceptar las diferencias y capacidades de cada individuo. Las posibles brechas de interacción entre los grandes y los pequeños suelen ser el resultado de una mala apreciación por parte de los grandes de la situación de los pequeños y, por tanto, una falta de comprensión, o incluso de interés, por la condición de su interlocutor. Por último, tanto si eres pequeño como grande, se trata sobre todo de cultivar siempre tu empatía, que es, para mí, un valor fundamental.

⊚ **LC y BR:** A menudo los pequeños tienen que conformarse con lo que tienen. Entonces, ¿hay dos mundos: el de los expertos y el de los aficionados al bricolaje?

FM: Probablemente, pero me encanta hacer manualidades y jardinería, ¡y siempre lo he hecho! Son actividades muy creativas y divertidas. Cuando era niño, solía arreglar todo lo que podía porque no me gusta tirar las cosas, y solía desmontar bicicletas y aparatos electrónicos viejos. Construía otras nuevas con las piezas que había recogido. Al ver todas las partes por separado, puedes dejar que tu mente imagine algo nuevo. Construir a partir de piezas es como explicar algo a alguien: nos ayuda a entender mejor cómo funciona todo. En casa, pasaba mucho tiempo en el jardín cuidando los setos y plantando diversas hortalizas, o en el taller fabricando objetos más o menos útiles de madera, a veces con armazón metálico o ruedas: cajas, vehículos de todo tipo y algunas creaciones originales… Diseñé un videoproyector de madera con faro y bobinas de plástico transparente en las que se dibujaban las imágenes para proyectar (¡hacía magníficas «sesiones de cine»!), una trampa para ratones que los capturaba vivos para poder dejarlos libres luego, un porta-paraguas que se colgaba de la chaqueta, etc. ¡Incluso envié estos dos últimos inventos a *Sciences et Vie Junior*! También aprendí mucho de mi padre cuando renovaba la casa (durante años): cemento, juntas, vigas, bloques de hormigón, clavos, tornillos, bisagras… y todas las herramientas. Me encantó. A veces hay muchas formas de conseguir un resultado similar, pero hay que elegir una forma.

❯ **LC y BR:** ¿Crees que un buen emprendedor es ante todo un habilidoso?

FM: En espíritu, sí. Para construir un proyecto empresarial, hay que ser ingenioso, arreglárselas con lo que se tiene y lo que se sabe. Hay que estar preparado para hacerlo todo uno mismo y también para aprender muchas cosas nuevas en el camino. Se dice que la necesidad es la madre de la creatividad, y la palabra «necesidad» debe entenderse en dos sentidos: la necesidad de obtener algo, pero también la necesidad en el sentido de falta de medios. En BlaBlaCar, tenemos un principio que representa esta mentalidad: «Be Lean Go Far»[107]. Es un poco como un alpinista que guarda su oxígeno para alcanzar las altas cumbres. Este enfoque nos permite innovar siempre sin dejar de ser realistas, saber actuar en pequeño para ver en grande, mantener un espíritu de *startup* al tiempo que nos convertimos en una empresa más consolidada.

---

107. «Sé frugal para llegar lejos». Véase la ficha La cultura – La benevolencia – el CORAZÓN.

● LC y BR: Muchos de nosotros hemos hecho trabajos esporádicos cuando empezamos en la vida. ¿Y tú?

FM: He hecho unos cuantos, como despanojar maíz a las 6 de la mañana en verano o enrollar cables, cargar cajas y copiar docenas de cintas de vídeo para Arte durante las giras de los festivales. También trabajé en un piano bar y también realicé algunos trabajos de traducción del inglés al francés. Después, cuando BlaBlaCar se puso en marcha, hice toda la gama de trabajos: desde la atención al cliente hasta la definición del producto, desde la estrategia hasta la financiación, desde la contabilidad hasta la contratación, desde la comunicación hasta la administración, desde la técnica hasta el marketing, desde la codificación hasta la redacción de contratos, ¡y hasta la adaptación musical de nuestro jingle publicitario! Sin olvidar, por supuesto, la colocación de carteles, el lavado y la limpieza de los locales, el montaje y desmontaje de los muebles y el traslado de todo en un camión alquilado durante el fin de semana… ¡antes de presentar el proyecto en la televisión el lunes por la mañana!

● LC y BR: ¡Qué diversidad! ¿Crees que en tus debates estratégicos, tus interlocutores de alto nivel comparten este enfoque polifacético?

FM: Algunos sí y otros, no. Todo depende de la importancia que tengan las apariencias. Personalmente, admiro a los polifacéticos tanto como a los expertos. De hecho, lo que a veces me molesta es la «actitud de experto», que puede llevar a alguien a querer hacer solo aquello en lo que es experto y pedirles a los que lo rodean que se adapten: esto crea frustración. Tener una gran experiencia en un campo no libera al experto de llegar a otros o de interesarse por otras profesiones. Además, mientras que, en algunos campos, como la investigación básica, la medicina, la biología o la física, por ejemplo, la complejidad de las materias requiere toda una vida para dominarlas, en otros, la barrera para superar es mucho menor y algunos expertos solo son «expertos de estima»[108] que consiguen convencer por el aplomo con el que dan sus consejos más que por la relevancia de su juicio. La confianza en sí mismos de los expertos no debe interpretarse siempre como un signo de competencia. Los verdaderos expertos suelen dudar, cuestionarse y escuchar las críticas. Del mismo modo, ser serio y creer en uno mismo no tiene nada que ver con ser creído. Me rodeo de gente muy seria, no de gente creída. No solo la actitud no decide el resultado, sino que es imposible pasar un buen rato o incluso reírse con alguien que se toma tan en serio a sí mismo. Este estado de ánimo está respaldado por nuestro principio «Fun & Serious». Sí, la seriedad y la diversión son compatibles cuando se sabe no tomarse tan en serio a uno mismo.

LOS VALORES

◉ **LC y BR:** Divertido, serio, pero ¿qué papel juega la cultura empresarial en el desarrollo de una compañía?

FM: Un lugar central y permanente. Los valores de una empresa representan su ADN, por así decirlo, y se discuten durante la entrevista de trabajo. El reto es atraer a candidatos que compartan estos valores, lo que los anglosajones llaman el *fit* («ajuste, calce»). Cuando las aptitudes están ahí y sientes que el «el *perfect fit*», tienes que ser capaz de hacer una oferta muy rápidamente, como hicimos con Perrine Labesse, por ejemplo: en cuanto terminó la entrevista, ya que todos los indicadores estaban en verde, la invitamos a una fiesta interna que

---

108. *Noise: pourquoi nous faisons des erreurs de jugement et comment les éviter*, D. Kahneman, O. Sibony y C. R. Sunstein, París, Odile Jacob, 2021.

habíamos planeado. En aquel momento, éramos una veintena de personas, y esta adecuación perdura, ya que Perrine se encarga ahora de la experiencia de los empleados, es el alma que anima los intercambios de nuestro equipo de BlaBlaCar en todo el mundo. Pero, de acuerdo con su tamaño, una empresa no atrae a las mismas personas. Una empresa pequeña atrae a personas que suelen ser bastante aventureras, que quieren crear, que están dispuestas a aprender muchas cosas, a tocar muchos temas diferentes y que se sienten cómodas en un equipo pequeño sin un proceso real. Una gran organización atraerá a personas que busquen un marco establecido, que estén pensando en su carrera, que se sientan atraídas por una experiencia y que posiblemente busquen mejorar su CV con una marca reconocida.

⊙ **LC y BR:** ¿Debe formalizarse la cultura? Y, si es así, ¿en qué fase de crecimiento?

FM: Sí, en algún momento tenemos que ser explícitos sobre la cultura, y esto puede expresarse mediante la formulación de la misión, valores y principios [109]. Redactamos nuestra misión escuchando a los miembros de nuestra comunidad internacional: «*We bring freedom, fairness and fraternity to the world of travel*» [110]. Cuando quisimos traducirlo al francés nos dimos cuenta de que reflejaba fielmente el lema de la República Francesa, «*Liberté, Égalité, Fraternité*» (Libertad, Igualdad y Fraternidad), salvo que *fairness* se traduce como «equidad» y no «igualdad». ¿Ha contribuido BlaBlaCar a exportar el espíritu francés a nivel internacional? Es muy posible que así sea. En cualquier caso, explicitar la cultura permite una comunicación coherente tanto a nivel interno como externo. Por tanto, ayuda a atraer a

---

109. Véase la ficha la Cultura – La benevolencia – el CORAZÓN..

110. Nos comprometemos a aportar libertad, equidad y el espíritu de la fraternidad compartida al mundo de los viajes.

las personas adecuadas, aunque la tarea siga siendo más complicada para las empresas pequeñas y desconocidas que para las grandes [111].

● **LC y BR:** A pesar de estos factores variables, ¿tienes algún punto de referencia, alguna cualidad esencial que busques en los candidatos?

FM: Sí, en primer lugar, la motivación, la verdadera. Los americanos dicen: «*Will Beats Skills*» [112]. Por eso tiene que ser difícil conseguir un puesto de trabajo en tu empresa para que solo los más motivados lo consigan. En las entrevistas quieres ver a personas que tengan estrellas en los ojos ante la idea de trabajar en tu empresa. En segundo lugar, hay que buscar personas a las que les guste compartir lo que saben y no se guarden información para ganar importancia en un equipo. Por el contrario, el trabajo en equipo significa que todos aprenden de las discusiones con sus colegas, y que las decisiones correctas se toman precisamente gracias al máximo intercambio de conocimientos acumulados. Por último, si puedes, intenta siempre contratar a personas que sepan hacer más, o incluso mucho más, que lo que requiere el puesto para el que se incorporan.

● **LC y BR:** ¡Esto es lo contrario de la idea que uno se hace de una contratación justa! ¿Por qué contratar a alguien sobrecalificado?

FM: Para poder crecer con tranquilidad. Una vez conocí a uno de los primeros empleados de Dell, que me dijo que el secreto de su éxito radicaba en la contratación: nunca se consideraba que nadie estuviera sobrecalificado para un puesto de trabajo. De modo que, el creci-

---

111. Véase la ficha Reclutar – Los 10 filtros.

112. La motivación vence a las habilidades.

miento de la empresa, permitió ascender a todo el mundo: «¡Cuando el platillo volador despegó, todo el mundo pudo despegar con él!». Por el contrario, las empresas que contratan solo al nivel de sus puestos se encuentran ancladas al suelo a la hora de despegar. A continuación, tienen que hacer algo muy difícil: contratar a directivos de afuera para que se hagan cargo de equipos de empleados de la primera hora. En este caso, puede haber una escisión entre los antiguos colaboradores y los nuevos, y crear frustración. Además, puede frenar el crecimiento, ya sea porque los veteranos se van con el conocimiento histórico y parte de la cultura, o porque la colaboración no funciona. Esta historia de Dell me convenció y siempre hemos reclutado al más alto nivel para todos nuestros puestos: gracias a esta filosofía de reclutamiento, innumerables personas han crecido en responsabilidad al mismo tiempo que BlaBlaCar, y han acelerado sus carreras para alcanzar puestos de alta dirección a una edad temprana.

◉ **LC y BR:** ¿Cuánto tiempo se debe dedicar al reclutamiento en el momento del lanzamiento del platillo volador?

FM: Varía según la fase de desarrollo. Durante nuestra fase de hipercrecimiento, la plantilla se duplicó cada año durante más de cinco años y la contratación ocupaba fácilmente un tercio de mi tiempo. Era una preocupación constante. Lo más inquietante de la contratación es que, al igual que la creatividad, no es una actividad lineal: no se obtiene necesariamente un resultado proporcional al tiempo invertido. A veces, puedes pasarte diez horas seleccionando y conociendo candidatos y acabar sin ninguno. Esto es muy frustrante. Entonces, la tentación de reclutar a la siguiente persona que aparezca es muy grande, solo porque sientes que has gastado suficiente tiempo en el reclutamiento. Pero esta es una trampa en la que nunca se debe caer. La contratación es una disciplina aparte, no como el trabajo al que estás acostumbrado. Las diez horas empleadas no fueron una inversión, fueron un coste hundido: el famoso *sunk cost*. En el mejor de los casos, entendimos lo que no queríamos. Es aún más complicado decir que no al final del proceso de contratación, porque has invertido mucho tiempo en una persona.

◐ **LC y BR:** ¿Cómo se decide continuar o dejar de invertir tiempo en un candidato?

FM: Siendo fiel a tus intenciones iniciales y a tus valores: integridad y empatía en particular. Un día, durante la última entrevista, una candidata que quería mostrarme su interés por nosotros me dijo que había hecho un viaje compartiendo el coche. Pero se había inventado toda una historia, no era verdad. Cuando me di cuenta de ello, le pregunté cómo creía que podía establecer una relación de confianza con la empresa mintiendo al fundador. La entrevista fue breve. Además, cuando buscábamos personas bilingües que pudieran ocuparse de la atención al cliente en otros idiomas además del francés, a veces, tenía candidatos en la entrevista que decían «Sí, hablo inglés, pero hoy no». Esto contrasta con personas más humildes, que no prometen nada de antemano, pero que en la entrevista descubrimos que, por ejemplo, dominan perfectamente cuatro idiomas, como fue el caso de Isabel Bescos, que se incorporó inicialmente para coordinar nuestras actividades de marketing y, luego, creció con la empresa hasta participar en toda nuestra estrategia internacional. En las entrevistas, obviamente es mejor presentar buenas sorpresas que decepcionar.

Otro día, un candidato que tenía una buena posición como negociador en un grupo grande también estaba al final del proceso con nosotros. Habíamos discutido el paquete salarial con dos opciones: una con un salario alto y X acciones de BlaBlaCar; la otra, con un salario más bajo pero 2X acciones de BlaBlaCar. Quería el salario máximo y 2X de acciones. Le dije que no podía doblegar los principios de equidad entre los empleados. De todos modos, me esforcé y le hice dos nuevas propuestas, diciéndole que esta vez no podía ir más lejos. Al día siguiente volvió a pedir el salario máximo, con más acciones aún que el máximo que yo había propuesto. Así que le dije que daríamos por terminado el proceso de contratación, ya que no podía ofrecerle lo que le interesaba. Entonces me dijo textualmente: «No puedes abandonar ahora dado el tiempo ya invertido en mi contratación: ¡ocho entrevistas!». Un poco aturdido por el hecho de que intentara torcerme el brazo, le repetí que no estaba exagerando, que eran mis últimas propuestas. Entonces se apresuró a aceptar mi oferta anterior, pero por mi parte se rompió la cuerda: no me planteaba trabajar con alguien que negociaba como un dominador. En ese momento casi se puso a llorar por teléfono, diciéndome que era la primera vez en tres años que perdía una negociación... Simplemente antepuse nuestra cultura a la consideración del coste hundido del tiempo ya invertido en esta contratación.

❷ LC y BR: Pero una vez contratado, ¿cómo puedes estar seguro de que el candidato es el adecuado? ¿Y si las cosas van mal?

FM: Las primeras semanas de la llegada de un nuevo empleado son un momento muy estructurante para su carrera en la empresa, es necesario destinarle mucho tiempo a trabajar bien en conjunto. Es durante este periodo cuando se transmite un marco explícito de comportamiento esperado. Si este encuadre no se ha hecho bien, es irrecuperable. Un reclutador me enseñó una vez este principio esencial: «No hay reencuadre sin encuadre». Sin embargo, con demasiada frecuencia vemos a los directivos reencuadrar a los empleados cuando no han hecho el trabajo de encuadre inicial, porque han supuesto que las reglas eran evidentes o implícitas. Y, cuando tienen que aclarar lo que creían que era obvio, les crea mucha frustración. Por lo tanto, el mánager tiene gran parte de la responsabilidad de que una integración vaya bien. Hay que recordar una sola regla de gestión: elogiar en público, reencuadrar en privado, nunca al revés. Reencuadrar a alguien en público incomoda a todo el mundo, y genera un efecto bumerán: la persona que ha sido reencuadrada querrá recuperarse frente a sus compañeros y la explicación más rápida que se le ocurrirá será «mi mánager no realiza una buena gestión», lo que por supuesto crea un ambiente envenenado.

Sin embargo, es mejor darse cuenta rápidamente de que puede haber una incompatibilidad y no dudar, si es necesario, a dar por terminada la colaboración. La separación de un empleado es una de las situaciones más complicadas de afrontar para un empresario, pero debe hacerse y con rapidez, porque el periodo intermedio siempre es muy incómodo para todos. Cuando se ha decidido dejar de trabajar con una persona recién llegada pero incompatible, a menudo, se escucha un «gracias» de los otros colaboradores.

❷ LC y BR: ¿Cómo se integran los recién llegados?

FM: Cuando la estructura es pequeña, ocurre de manera muy informal. Solo hay que pasar tiempo juntos para formar parte del equipo. Luego, cuando la empresa crece, es necesario poner en marcha verdaderos procesos de *onbording* (proceso de incorporación de nuevos trabajadores). Los recién llegados participan en sesiones de presentación de todos los departamentos de la empresa y reuniones con sus directores, para que puedan orientarse en la organización y saber a quién dirigirse cuando tengan una pregunta. En BlaBlaCar, también tenemos un día «Be the Member»[113] durante el cual los nuevos miembros viajan en coche compartido o en autobús para reunirse en determinadas

---

113. «Sé el miembro» – Véase la ficha la Cultura – La benevolencia – el CORAZÓN.

ciudades. Una verdadera búsqueda del tesoro, pero sobre todo una excelente manera de conocer nuestros servicios y transmitir al mismo tiempo los valores de la empresa.

> **LC y BR:** Así que el *onboarding* (proceso de incorporación de nuevos trabajadores) requiere mucha preparación por parte de la empresa, ¿cómo se justifican esos esfuerzos?

FM: Es una inversión con muchos efectos beneficiosos. Nos tomamos el tiempo de transmitir los valores porque una vez que todos los han asimilado, es gracias a ellos que crecemos. En una estructura de hipercrecimiento, como hemos comentado, los valores expresados como principios tienen el poder de sustituir a los procesos que, por lo general, no tienen tiempo de ser escritos antes de que estén ya obsoletos. Para eso, se puede dedicar un tiempo a escribirlos como mantras[114]. Así, actúan como brújulas que permiten al equipo tomar decisiones coherentes en toda la organización. Los valores, además de la flexibilidad, tienen la ventaja de la responsabilización y la rapidez sobre los procesos. Una persona que toma decisiones basadas en valores compartidos se siente autónoma y responsable, mucho más que si siguiera un proceso escrito. Lo que conlleva un sentimiento de satisfacción por parte del empleado que tiene el control, pero también un sentimiento de compromiso que, generalmente, garantiza un mejor resultado. En efecto, cuando uno se siente al mando, lo aguanta todo y hace un esfuerzo adicional, ese pequeño esfuerzo extra que garantiza que todo salga bien. Por último, es más fácil y rápido tomar una decisión basándose en un valor que siguiendo un proceso, que suele ser largo y a veces inadecuado para la situación concreta a la que se enfrenta: los valores aportan rapidez a la ejecución.

---

114. Véase la ficha la Cultura – La benevolencia – el CORAZÓN.

● **LC y BR:** Y, en una colaboración entre un grupo grande y una *startup*, ¿quién hace el esfuerzo adicional?

FM: A menudo es la *startup*. Dicho esto, algunos grandes grupos, conscientes del problema, están desarrollando departamentos de innovación o incubadoras o aceleradoras para ayudar a las pequeñas empresas a encontrar el contacto adecuado dentro de su grupo y facilitar la colaboración. De hecho, para poder colaborar adecuadamente con las pequeñas empresas, y más aún en proyectos de innovación, las grandes empresas deben tener una capacidad interna de aprender, emprender e innovar. Una empresa madura suele haberse estructurado a lo largo de los años para hacer muy bien un producto o servicio concreto. Sus empleados están en camino de generar los ingresos correspondientes de forma eficiente. Es posible que gasten millones en proyectos directamente relacionados con la actividad principal de la empresa, pero, a menudo, es muy difícil encontrar unos cuantos miles de euros para experimentar con cosas fuera del patrón habitual.

LA AMBICIÓN

● **LC y BR:** Hablas de escaleras y de cohetes cuando te refieres al espíritu emprendedor, ¿qué los une?

FM: ¡Ambición! Una escalera puede parecer larga, lenta y agotadora, pero al menos es algo tangible, que conecta lo pequeño con lo grande, el suelo con las estrellas, de forma continua y sólida. Se trata, pues, de acompañar tu ambición con realismo. Y la imagen de la escalera nos invita a no creer en Papá Noel...

Al leer historias de emprendedores de éxito resumidas en unos pocos párrafos en los periódicos, acabamos creyendo que su viaje fue rápido y fácil, que encontraron un ascensor o una alfombra mágica... y que triunfaron. La realidad que conozco de todas las personas que tienen éxito en su campo es completamente opuesta a estas historias románticas. Ya sean emprendedores, artistas, médicos, líderes empresariales, deportistas, forenses, investigadores, grandes profesores o astronautas (cito deliberadamente profesiones que hacen soñar), no conozco a una sola persona que haya tenido éxito, por mucho talento que tenga, y que no haya invertido una enorme cantidad de trabajo en su trayectoria y que no se haya encontrado con innumerables obstáculos y dificultades. Esa es la escalera, y es difícil progresar. Después, para profesiones como la de astronauta, el talento, el trabajo duro y la perseverancia se combinan con una cantidad desmesurada de valor. Me quito el sombrero ante Thomas Pesquet. Personalmente, no estoy seguro de que mi paciencia sea lo suficientemente grande como para soportar años de entrenamiento antes de una misión, o que mis nervios no cedan cuando el cohete despegue...

❯ LC y BR: Pero, ¿no hace falta también valor para ir a competir con las grandes empresas cuando se es pequeño?

FM: Sí, pero no es la misma valentía: ¡no se arriesga la vida sentándose sobre 400 toneladas de explosivos! Te arriesgas a otras cosas, como perder tiempo o dinero, ser atacado injustamente por cuestiones de competencia o propiedad intelectual, algunas negociaciones desequilibradas y un poco de coste hundido, pero sigue siendo un juego.

❯ LC y BR: Es como un juego en la selva... ¿Cómo conciliar pequeños medios y grandes ambiciones en un mundo de grandes?

FM: Utilizando los puntos fuertes que los grandes no tienen: la agilidad y la velocidad. Los equipos pequeños son pequeños y no cubren todas las competencias en todos los dominios, pero son ágiles y tienen pocas ideas preconcebidas. Pueden avanzar rápidamente con cierta ingenuidad y probar cosas que los grandes no se permitirían. Por otra parte, el hecho de ser pequeño no impide utilizar los métodos de los grandes. Por ejemplo, cuando lanzamos una nueva actividad que no encaja en ninguna categoría administrativa, podemos muy bien, como una gran empresa, hacer *lobbying* y hablar con los gobiernos y los agentes reguladores. Puede parecer increíble, pero cuando empezamos no había una definición oficial de coche compartido, lo que en algunos países pudo ser un problema. Éramos inclasificables y algunos de los grandes transportistas intentaron acusarnos de competencia desleal. Esto nos llevó a una serie de juicios, que ganamos, desde España hasta Rusia, porque no había razón para considerarnos competidores. Solo éramos una actividad diferente que había que clasificar, pero conseguirlo nos hacía perder mucho tiempo y energía. Por eso, en la asociación France Digitale, de la que ahora soy copresidente empresarial, llevamos a cabo dos acciones cruciales: 1) comprender y explicar las evoluciones que trae consigo el mundo digital para anticipar los cambios necesarios y 2) federar a los actores del ecosistema empresarial para ayudarlos a debatir con el agente regulador cuando encuentren problemas de resistencia o incomprensión de la innovación [115]. Por definición, las leyes van por detrás de la innovación: el legislador ya tiene bastante con los problemas que le plantea lo que existe, así que ¿cómo puede regular algo que aún no existe?

❖ **LC y BR:** Más allá del *lobby,* ¿cómo has enfocado la expansión internacional en el aspecto operativo?

---

115. France Digitale, de la que Frédéric es copresidente, es la mayor asociación de *startups* de Europa.

FM: Desde el principio hemos anclado el aspecto internacional en nuestras prácticas empresariales. La internacionalización consta de tres fases: preparación, expansión y recepción. Cada etapa es esencial y requiere mucho tiempo [116]. La preparación es la parte decisiva a la hora de soñar con la expansión, pero se le suele prestar muy poca atención. Sin embargo, afecta al menos a tres ámbitos: la marca, que debe entenderse en todas partes, la cultura interna, que no debe ser franco-francesa, y el producto, que debe poder adaptarse a otras lenguas. A continuación, hay que estructurar la expansión: con la ayuda y la energía desbordante de Cyrielle Callot como directora de crecimiento, habíamos conseguido reunir un equipo absolutamente fenomenal para lograr nuestra ambición. Philippe Botteri, de Accel, también nos ayudó enormemente en ese momento poniéndonos en contacto con muchos equipos de emprendedores que estaban creando un servicio de coche compartido en otros países, y con los que él había interactuado antes de invertir en BlaBlaCar. De este modo, pudimos acelerar nuestra presencia internacional trabajando con Piotr, Michal y Asia en Polonia; Aleksey en Ucrania; Olivier en Italia; Cristina y Alberto en México; e Istvan y Balázs en Hungría. Por último, una vez que la presencia en muchos países ha provocado necesariamente una gran complejidad, la recepción es una forma de reorganización y estandarización de las actividades y los procesos.

● **LC y BR:** ¿Por qué es importante ampliar un servicio a nivel internacional?

FM: Lo más importante es tener en cuenta las palabras de Vinod Khosla, el brillante inversor estadounidense que cofundó Sun Microsystems: «¡Si no se escala, no sirve de nada!». Algo positivo y bien

---

116. Véase la ficha internacionalizar – La analogía del salto.

diseñado merece expandirse al máximo. Además, escalar aporta dos ventajas muy importantes: el acceso a los medios para innovar y mantenerse así a la vanguardia de tu campo, y una visión global de tu actividad, con la ventaja de percibir señales débiles y precursoras en función de tu presencia en diferentes países. A medida que creces, ganas velocidad y altura, es un poco como avanzar sobre zancos cada vez más altos. Sin embargo, tienes que darte cuenta de que cuanto más alto llegues, más dura será tu caída... Por eso consolidamos todo lo que se puede consolidar sobre la marcha y tenemos cuidado de mantener los pies sobre la tierra.

CON LOS PIES SOBRE LA TIERRA

❯ **LC y BR:** Mantener los pies sobre la tierra con zancos, ¡no es fácil! Ahora, en serio, ¿cómo pueden los emprendedores dominar este cambio, de lo pequeño a lo grande, de la oscuridad a la luz, sin perder el equilibrio?

FM: El emprendimiento es una gran escuela de humildad, porque para una cosa que funciona, tienes que darte cuenta de que has probado decenas de otras que no funcionaron. La educación y el realismo han sido nuestros mejores aliados en BlaBlaCar. Todos los cofundadores proceden de entornos modestos y todos recibimos una educación que nos enseñó los valores del trabajo y las trampas de la vanidad. También nos enseñaron a no suponer nunca que merecíamos ningún privilegio o favor especial. Somos, ni más ni menos, personas normales. El realismo también nos ayuda a mantener la cabeza fría y el sentido de la escala y la proporción. Es cierto que BlaBlaCar es una historia de éxito con 20 millones de suscriptores franceses y 100 millones de miembros en todo el mundo, pero las métricas de algunas empresas americanas ponen las cosas en su sitio… Incluso si podemos argumentar que Facebook, Google y Apple producen servicios muy diferentes, y que no queremos parecernos a ellos en ciertas dimensiones, tenemos que tener en cuenta que cada uno reúne miles de millones de miembros activos al mes. Además, el recorrido de BlaBlaCar ha sido lo suficientemente largo y los primeros años lo suficientemente difíciles como para que se nos haya inoculado definitivamente contra la percepción de que todo se nos debe o de que tenemos algún estatus privilegiado. Sabemos que el éxito de nuestro concepto se debe más a nuestro trabajo que a cualquier talento innato. Podemos alegrarnos de que nuestro trabajo haya dado sus frutos, pero no tenemos que presumir de ello.

◉ LC y BR: Muy bien, pero sí que fue un éxito: ¿esto afectó tu comportamiento?

FM: Me anima a ser aún más ejemplar. Me gusta mucho una frase, atribuida por igual a Voltaire, Churchill o Spiderman, que da fe de su universalidad, que dice: «Un gran poder conlleva una gran responsabilidad». Para mí, esto es lo que significa la ejemplaridad. Si un día uno puede pensar en tener algún poder sobre el mundo, entonces debe comportarse como le gustaría que se comportara todo el mundo para que el mundo funcione correctamente: nada de abusos, nada de tratos preferenciales, mucha empatía, cierta humildad… ¡lo que también incluye fregar los platos en la oficina cuando sea necesario! La relación con mis amigos también es un gran factor de estabilidad. Tengo viejos amigos desde hace más de 25 años. Los veo con regularidad, me han conocido en todas las etapas de mi carrera: durante mis estudios, durante mis primeros trabajos, durante las dificultades de poner en marcha BlaBlaCar y luego en la trayectoria de crecimiento. Para ellos, siempre seré Fred. Todavía nos reímos mucho juntos y nunca faltan las bromas que ponen a cada uno en su sitio. Estas amistades inalteradas me dan una sana continuidad. Evitan la percepción potencialmente distorsionada de mi personalidad que se tendría si el conocimiento de mi persona llegara solamente a través de los medios de comunicación. A menudo he escuchado que no he cambiado, lo que me hace feliz. Se trata de un anclaje muy importante, que está en consonancia con la cultura corporativa que permite al equipo mantener su ADN mientras gana importancia y responsabilidad.

◉ **LC y BR:** Puede que no hayas cambiado, pero el éxito de BlaBlaCar te ha llevado a reunirte con presidentes y jefes de Estado, hasta Barack Obama, para representar la insignia de la tecnología «made in France». ¿Qué has aprendido de estas experiencias?

FM: Es cierto que estas experiencias fueron muy singulares e instructivas. Aprecio aún más su importancia porque con dos padres profesores y una educación muy republicana, siempre en la escuela pública hasta el Bachillerato, amo a Francia y los valores que difunde por encima de todo. Naturalmente, no puedo permanecer insensible a este tipo de reconocimiento. Recibir la Orden Nacional del Mérito por BlaBlaCar, el movimiento de promoción de las *startups* francesas que puse en marcha con mi hermana Hélène y amigos emprendedores [117], también me hizo mucha ilusión. Pero, una vez más, cuanto más se multiplican las señales de reconocimiento, más se desencadena en mí la voluntad de continuar mi trabajo de forma ejemplar. Así que aprecio estos momentos, pero vuelvo al trabajo justo después.

Por encima de todo, veo estos eventos como una forma de entender mejor el mundo que me rodea. Al hablar con los principales

---

117. Véase los agradecimientos «Nada se hace solo» al final del libro.

responsables políticos, artistas, investigadores, empresarios o deportistas, tienes la oportunidad de hacer preguntas para explorar un mundo que no conoces y de ver facetas nuevas y complementarias. También ves cómo a menudo todo es más complejo y más lógico de lo que podrías haber imaginado desde fuera. El camino hacia la resolución combina entonces el sentido común para orientar, mucho trabajo para absorber la complejidad y personas motivadas y bien intencionadas para avanzar. Creo que estas experiencias me han vacunado contra las hipótesis conspiracionistas. En muchos casos, la realidad ya es lo suficientemente complicada como para que sus responsables ni siquiera tengan tiempo de inventar historias paralelas. Desde fuera, algunos imaginan a veces escenarios conspirativos y se niegan a sumergirse en la complejidad de la realidad que hay que gestionar. Esto nos remite a las nociones de confianza y desconfianza mencionadas anteriormente. Suelo confiar *a priori* en los y las que saben admitir que no saben o cuando se equivocan, y que se esfuerzan mucho.

> ● **LC y BR:** ¿Cuál es el reconocimiento que más le ha impactado?

FM: El reconocimiento involuntario y espontáneo, de los miembros de BlaBlaCar. En 2010, estaba en la terraza de un café en place des Abbesses en París. A un grupo que estaba sentado en la mesa de al lado, se le unen dos personas que acababan de llegar de Bruselas. Sacan sus teléfonos móviles para explicar a sus amigos cómo han hecho el viaje entre las dos capitales. Hacen una demostración de nuestra aplicación y cuentan a sus amigos su viaje con un guitarrista que actuaba esa noche en un local cercano: ¡iban a ir al concierto! Sentí que este pequeño trozo de la vida cotidiana era un logro. Después de años de diseño y desarrollo, mi producto estaba en manos de usuarios reales que, al conocerlo, promocionaban sus ventajas mejor de lo que yo hubiera podido hacerlo. Y que iban a pasar una gran noche en un concierto gracias a que habían conocido al guitarrista en un viaje compartido. Tenía lágrimas en los ojos.

◉ **LC y BR:** ¿Crees que la fama es una ventaja o una desventaja?

FM: Un poco de las dos cosas. Depende de las circunstancias. Abre puertas, así que para un emprendedor siempre es interesante. Después, en la vida cotidiana, es bastante abrumador que te reconozcan, incluso es incómodo a veces. Después de quince años de ser el hombre-sándwich para BlaBlaCar —alguien tenía que hacer algo para dar a conocer este nuevo y gran servicio—, la gente me reconoce sin saber mi nombre, y me llaman «Sr. BlaBlaCar». A menudo son los miembros de BlaBlaCar los que se acercan a mí, o los emprendedores. La gente me propone regularmente proyectos en el metro. Suele ser gratificante, pero no siempre tengo tiempo suficiente para dedicar a los emprendedores porque mi agenda suele ser bastante apretada. El otro día, escuché «¡Fred!» detrás de mí en la calle. Me giré, pero no reconocí a nadie. Alguien corría hacia mí como si fuera un amigo de la infancia y me dijo: «¡Fred, soy embajador de BlaBlaCar!». Hay 2 millones de miembros embajadores en BlaBlaCar, estos son los usuarios más activos. Por supuesto, no los conozco a todos personalmente. Tuvimos una buena charla. BlaBlaCar le ha cambiado la vida, le ha permitido ver a sus hijos más a menudo y pasar las vacaciones en la montaña. En cualquier caso, me alegra ver que la gente me llama espontáneamente *Fred* aunque no nos conozcamos: creo que es más agradable que si me llamaran *Sr. Mazzella*, es más de mi agrado.

◉ **LC y BR:** Lo malo del éxito es que no eres inmune a los rumores... Así que no podemos dejar de preguntarte por el «rumor de la SNCF (por sus siglas en francés, Société

Nationale des Chemins de Fer Français, Sociedad nacional de ferrocarriles franceses)» que lleva diez años circulando en la comunidad del coche compartido. Entonces, ¿la pequeña BlaBlaCar ha sido comprada por la gran SNCF o no?

FM: La SNCF se cuenta entre nuestros amigos. El rumor de una adquisición nació alrededor de 2010, de una confusión ahogada en un mar de información. En aquel momento, la SNCF ya estaba interesada en el coche compartido y había comprado a uno de nuestros competidores, que había crecido menos que nosotros y que hoy ya no existe. La confusión empezó ahí, alimentada por el deseo de algunos de encontrar una explicación sencilla y sorprendente al rápido crecimiento de BlaBlaCar. Esta es precisamente la teoría de la conspiración mencionada anteriormente. Evidentemente, he oído este rumor muchas veces en los viajes compartidos. Una vez, un pasajero lo apoyó con uñas y dientes. Le dije amablemente que no, y me explicó que sí… Acabé diciéndole que era el fundador de BlaBlaCar y que, por tanto, conocía el desglose del capital de la empresa. Se detuvo durante diez segundos… tomó su teléfono móvil y buscó en Internet «BlaBlaCar Frédéric» para ver si el «Frédéric M», que era su conductor, no era un mitómano. Volvió a detenerse durante diez segundos, me miró y dijo: «Pero si no lo sabes, ¡no te lo han contado todo!». Debo admitir que me quedé atónito y el resto del viaje fue bastante silencioso…

◉ **LC y BR:** Pero… para acabar con el rumor de una vez por todas: ¿hubo efectivamente un acercamiento a la SNCF?

FM: Sí, pero mucho más tarde. A finales de 2018, la SNCF se convirtió en parte de los accionistas de BlaBlaCar al participar en uno de nuestros eventos de recaudación de fondos. Por tanto, la SNCF posee ahora un pequeño porcentaje de la empresa. La idea de esta fusión es poder ofrecer a los viajeros el mayor número posible de opciones de viaje en un futuro próximo, combinando el coche compartido, el autobús y el tren, para convertirse en un punto de entrada central en la experiencia de reserva de viajes en línea.

◐ **LC y BR:** ¿Ha habido otros rumores sobre BlaBlaCar?

FM: Sí, muchos: una adquisición por parte de Vinci, otra por parte de AXA y otra por parte de Total. El que más me hizo reír me lo contó una de mis compañeras. Un día, se acercó a mí y me preguntó con toda seriedad: «Dime, Fred, ¿es cierto que eres el hijo oculto del propietario de Bolloré?». Ella había viajado con un conductor de coche compartido que la había convencido de esto, ¡aunque mi padre es profesor de matemáticas! En ese momento, consulté a un profesional de la comunicación para saber si debíamos realizar alguna acción para acabar con los rumores. Lo desaconsejó porque le pareció inadecuado que una empresa seria se comunicara en respuesta a las mentiras que circulaban. Y aunque comunicáramos activamente, no podríamos deshacernos de todos los rumores. En el mejor de los casos, podríamos acallar alguno, pero inmediatamente después surgiría otro. Me explicó que cuando algo crece rápidamente o sorprende, siempre se crean rumores para dar al mayor número de personas una explicación sencilla al asombro general, un cortocircuito fácil que haga decir a la gente: «¡Ah, por eso! Ahora lo entiendo». Parece que esto es tranquilizador… BlaBlaCar duplicó su tamaño cada año en Francia entre 2010 y 2015, se necesitaba una explicación.

◐ **LC y BR:** Una vez una empresa se convierte en «grande», es posible ayudar a los más pequeños compartiendo su experiencia. ¿Qué aprendiste de tu clase magistral

«Entrepreneuriat» en Mentorshow[118] y de tu rol de inversor en el programa «Qui veut être mon associé?» emitido por el canal M6[119]?

FM: He asumido estas experiencias para ayudar a difundir la consciencia y la comprensión del espíritu empresarial porque, para mí, es un gran medio de emancipación y una forma positiva de logro a través del trabajo. Creo que si la gente como yo no comparte su experiencia, la transmisión de conocimientos de una generación a otra tiene menos éxito. También creo que el espíritu emprendedor y las pequeñas empresas de nueva creación están mucho más en línea con lo que la gente quiere en términos de realización de lo que pensamos. De hecho, se está produciendo una verdadera revolución social y la nueva generación prefiere crear su propia empresa o *startup*, en lugar de unirse a una gran empresa establecida. Más de uno de cada tres estudiantes quiere crear su propia empresa[120]. Así pues, tanto la clase magistral como el espectáculo de M6 fueron primicias en Francia en cuanto a la puesta en valor del espíritu emprendedor y, como se puede ver, ¡me gusta hacer cosas nuevas!

Pero la transferencia de experiencia funciona en ambos sentidos: también puedes y debes contribuir con los grandes cuando puedas. ¡Por eso me incorporé al consejo de administración de Renault!

---

118. Mentorshow es una plataforma en la que se pueden seguir clases magistrales. En estos cursos, que se presentan en forma de vídeos cortos, artistas, escritores, chefs, empresarios, etc., entregan las «recetas» de su éxito para que todos puedan seguirlas.

119. «¿Quién quiere ser mi socio?» es un programa en el que los líderes de proyectos presentan su empresa a un jurado de cinco inversores y piden una contribución financiera específica a cambio de un porcentaje de su empresa. Tras las preguntas y debates en los que se disecciona el modelo de proyecto, cada miembro del jurado decide si sigue o no el proyecto mediante una inversión.

120. Según el «Barómetro del deseo de emprender de los franceses» publicado por Go Entrepreneurs en enero de 2021, el 36 % de los estudiantes afirma querer crear su propia empresa.

La polivalencia de Apple

Bricolaje en el garaje...

El garaje es la ilustración perfecta del arranque artesanal de una *startup*, y esa es exactamente la historia de Apple: fue en el garaje de la casa de la familia Jobs donde Steve Jobs y Steve Wozniak, los dos cofundadores de una de las empresas más valiosas del mundo, diseñaron y ensamblaron los primeros cien ejemplares del Apple I en 1976.

El sueño de Steve era revolucionar la imagen de los ordenadores y hacerlos más accesibles al público en general. Con esta idea como brújula, se apoyaron en su versatilidad y su fuerza respectiva: Steve Wozniak se encargó de la informática y el desarrollo de *software*, mientras que Steve Jobs se encargó del marketing[121]. El diseño y, luego, el montaje fueron completamente manuales.

El éxito del Apple I[122] les permitió lanzar el diseño del Apple II al año siguiente. No dudaron en meter las manos en los circuitos para desarrollar este nuevo ordenador, el primero en ofrecer gráficos en color. Pronto se invitó a desarrolladores externos a crear aplicaciones para hacer el Apple II más atractivo para el mercado masivo.

La polivalencia de Jobs, que había estudiado caligrafía entre dos cursos de informática, también inspiró las pantallas de alta resolución del Mac con sus variados tipos de letra. Finalmente, los cofundadores imaginaron un ecosistema de marcas, construido en torno a los productos. Es esta estrategia la que ha permitido a Apple desarrollar una capacidad de innovación única para atraer socios e inventar nuevos mercados (iPod, iTunes, iPhone, App Store, etc.).

---

121. «How Did Apple Get So Big? The Story Behind Apple's Success», A. Beattie, 8 de octubre de 2020, disponible en línea.

122. «Steve Jobs y Steve Wozniak.Apple Computer.Computing and Telecommunications», disponible en línea.

Este garaje, encarnación legendaria de la cultura del sistema D, tan querida por Apple, es un lugar catalogado por la Comisión Histórica de Los Altos desde 2013.

Valores en EcoVadis

Encarnar su razón de ser

¿Y si ponemos los objetivos sociales y medioambientales en el centro de nuestros valores corporativos? Esta es la posición que adoptan cada vez más empresas. Para algunas *startups* «de impacto», estos valores y objetivos son incluso su principal razón de ser.

Entre ellas, EcoVadis. En pocos años, la empresa francesa se ha convertido en la referencia internacional en materia de impacto gracias a su plataforma de evaluación de la responsabilidad social corporativa (RSC) utilizada en más de 150 países[123]. Las virtudes de EcoVadis son contagiosas, ya que todos sus socios deben utilizar también la plataforma para demostrar su compromiso con la RSC: ¡un verdadero efecto de red en relación con el valor!

El modelo invita a los subcontratistas de una empresa solicitante a ser calificados en 21 indicadores de RSEC para poder responder a la licitación de la empresa. El modelo se difunde fácilmente, ya que la empresa solicitante y sus subcontratistas se convierten en clientes de EcoVadis al mismo tiempo.

La recaudación de 200 millones de dólares[124] en 2020 ha permitido a EcoVadis financiar su hipercrecimiento y ha confirmado el

---

123. La responsabilidad social (o societaria) de las empresas evalúa el modo en que estas contribuyen con el desarrollo sostenible.

124. «Notation RSE: EcoVadis lève 200 millions de dollars auprès du fonds américain CVC», B. Héraud, Novethic, 13 de enero de 2020, disponible en línea.

interés que tienen ahora los inversores por las cuestiones socioambientales.

La misión de la empresa resuena con fuerza en las aspiraciones profesionales de las nuevas generaciones en busca de sentido y compromiso [125]. Por tanto, los valores de EcoVadis se extienden a sus clientes, luego a los clientes de sus clientes y así sucesivamente. EcoVadis es una de las cinco empresas mejor valoradas en Glassdoor [126], lo que demuestra, por si hiciera falta, que unos valores bien definidos y plasmados pueden marcar la diferencia.

La ambición en Snapchat

El coraje de las convicciones

¿Quién rechazaría una oferta de adquisición multimillonaria por una empresa que apenas tiene dos años de vida y pocos ingresos?

En 2013, Evan Spiegel, cofundador y consejero delegado de Snapchat, rechazó la oferta de Facebook, estimada en 3.000 millones de dólares [127]. En su momento, esta afrenta tuvo el efecto de una bomba. El «chico» de 23 años resistió cuando otros, como Kevin Systrom, el creador de Instagram, habían cedido.

Si Evan Spiegel podía permitirse tal seguridad, era porque era plenamente consciente del posicionamiento único de Snapchat,

125. «Marque employeur, développement durable et RSE: nouvel acte de recrutement?», O. Kaddouri, 24 de abril de 2021.

126. Glassdoor es un sitio en el que los empleados actuales y antiguos de las empresas pueden valorar de forma anónima su entorno de trabajo.

127. «Snapchat Spurned $3 Billion Acquisition Offer from Facebook», E. M. Rusli y D. MacMillan, *The Wall Street Journal*, 13 de noviembre de 2013, disponible en línea.

ultrapreferido por usuarios muy jóvenes e hiperactivos en los *smartphones*[128].

Facebook decidió entonces inspirarse en las funciones de Snapchat, en concreto, simplemente copiando Snapchat Stories, rebautizadas como Instagram Stories...

Sin embargo, tocada pero no hundida, Snapchat ha seguido innovando y ofreciendo nuevos servicios en torno a la realidad aumentada a sus jóvenes usuarios. Los usuarios pueden probarse virtualmente un nuevo traje, unas gafas o un reloj. Al momento de escribirse el libro, la capitalización bursátil de Snap.Inc supera los 118.000 millones de dólares gracias a la explosión del número de usuarios durante la pandemia y a una estrategia de monetización ganadora[129]. Una prueba de que la ambición de competir con los grandes es algo más que una temeridad. Y no será Mark Zuckerberg quien diga lo contrario... ¡Él mismo rechazó, a los 22 años, la oferta de mil millones de dólares de Yahoo para comprar Facebook!

Los pies sobre la tierra de Xavier Niel

Emprender, luego devolver al ecosistema

Lo menos que podemos decir es que Xavier Niel, el emblemático fundador de Free, cree en el ecosistema tecnológico francés, ¡e innova!

El empresario francés, hacker informático al principio de su carrera y luego dinamizador de la industria de las telecomunicaciones, sigue cultivando este compromiso como «pirata». ¿Su ob-

---

128. «Snapchat Founders Prove That Turning Down Facebook's $3 Billion Wasn't Such a Bad Idea After All», C. Bankoff, *The New York Mag*, disponible en línea.

129. Este valor está sujeto a las fluctuaciones del mercado de valores y se proporciona únicamente a título indicativo.

jetivo? Redistribuir las cartas a favor de la innovación. Desde hace más de diez años, invierte en *startups* francesas a través de su fondo Kima Ventures, gestionado por Jean de La Rochebrochard. Con dos inversiones por semana, Xavier Niel es uno de los ángeles más activos del mundo[130].

En 2013, para paliar la escasez de desarrolladores en Francia, creó «42», una escuela de programación 100 % gratuita y abierta a todos, sin requisitos de titulación. Desde entonces, el concepto se ha extendido: presente en una veintena de países, «42 the Network» cuenta ahora con más de 12.000 estudiantes en 35 campus.

En 2017, invirtió casi 200 millones de euros en la renovación el salón Freyssinet de París[131]: dirigido por Roxanne Varza, Station F es actualmente la mayor incubadora de *startups* del mundo.

Más recientemente, Xavier Niel se ha involucrado en temas relacionados con el cambio climático. En 2020, ayudó a financiar la primera fábrica francesa de sustitutos de la carne a base de plantas, y está financiando Hectar, una estructura de formación que combina las fuerzas respectivas de École 42 y Station F: un establecimiento, también gratuito, que pretende formar a los líderes de proyectos en agricultura ecológica y regenerativa[132]. La escuela está dirigida por Francis Nappez, antiguo cofundador y director de tecnología de BlaBlaCar, muy acostumbrado a encontrar sinergias entre los ecosistemas naturales y tecnológicos, y a abordar los problemas del mañana.

---

130. Al menos eso es lo que dice de él su fondo.

131. «Comment Xavier Niel est devenu le "parrain" français… du numérique», P. Manière, *La Tribune*, 6 de abril de 2016, disponible en línea.

132. «Ce que l'on sait d'Hectar, l'école d'agriculture de Xavier Niel», Maddyness/AFP, 1 de septiembre de 2021, disponible en línea.

7

SOLOS Y JUNTOS

Solos vamos más rápido, juntos llegamos más lejos.
Si quieres ir rápido, construye primero un **primer
círculo** sólido. Pero si quieres llegar lejos, tienes que
construir un **cohete**. Además, caminar juntos no se
puede improvisar. Se trata de una **cultura** sólida que
se construye sobre la base de una **comunidad**.

«¿Así que es verdad que estás motivada?»

Primeras palabras de Nicolas Deroche a Laure Wagner,
futura primera empleada de BlaBlaCar

❂ **Laure Claire y Benoît Reillier:** Se nota la sorpresa... ¿Había
dudas sobre la motivación de Laure?

Frédéric Mazzella: ¡Después de muchos meses solos con nuestra
idea y cientos de rechazos por todas partes, nos sorprendió mucho
haber encontrado a alguien tan motivado como nosotros por los
viajes compartidos! Tuvimos que comprobar... ¿Cómo un profesional de la comunicación que había organizado la «Semana de la Movilidad» a nivel nacional para el Ministerio de Transición Ecológica

podía interesarse realmente por nuestro todavía modesto proyecto, y por las métricas que aún inclinaban la balanza en el contador nacional de emisiones de CO_2? Todavía no teníamos ningún local... Así que quedamos con Laure en un pequeño bar de la calle Oberkampf de París. Su energía y ambición nos convencieron. Laure se convirtió en la primera empleada de BlaBlaCar y ha contribuido enormemente al éxito y al crecimiento del coche compartido en Francia... y más allá.

EL PRIMER CÍRCULO

» **LC y BR:** A menudo nos imaginamos que una *startup* empieza en un garaje, con unos cuantos Gyro Gearloos (Ungenio Tarconi en España y Giro Sintornillos o Ciro Peraloca en Hispanoamérica, personaje creado por Disney en los años 1950) haciendo bricolaje. ¿Está esto lejos de la realidad para BlaBlaCar?

FM: ¡No tanto! No estaba en un garaje, sino en un pequeño piso de Montmartre y, además, había un gato gris, el que había adoptado justo después de empezar el proyecto. Lo llamé Carbone para recordar mi misión de encontrar soluciones al problema de las crecientes emisiones de CO_2. Carbone disfruta ahora de un merecido retiro en la Vendée. Aconsejo a todos los emprendedores que tengan un gato, es fantástico. Puedes decirle al gato todo lo que piensas, hacer tus primeras presentaciones, ¡y es prácticamente el único ser que no te responderá con todas las razones por las que no funcionará! Esto reduce un poco la soledad del emprendedor. Pero déjame tranquilizarte, yo también hice presentaciones frente a personas reales: al principio, intentas construir tu primer círculo, digamos hasta diez personas, y convencer a cualquier persona inteligente con la que entres en contacto de que el proyecto tiene sentido, o incluso de que haría bien en unirse a ti para hacerlo realidad. Pero hay que tener cuidado, porque cuando uno está totalmente comprometido con una idea y busca un socio, no es inmune a cometer errores. Tuve la suerte de tener algunas personas increíbles a mi alrededor, a las que conocí durante mis diferentes experiencias. Pude incluirlas en mis reflexiones iniciales y luego asociarme con algunas de ellos.

⊘ **LC y BR:** ¿Cómo ha ocurrido? Cuéntanos un poco sobre la historia entre bambalinas.

FM: Organizaba noches de pizza en casa y aprovechaba para hablar del proyecto. Mi amigo Damián, al que había conocido durante mis clases preparatorias, se enganchó inmediatamente con la idea. Apenas treinta minutos después de hablar con él por primera vez sobre el concepto de una plataforma para compartir viajes en coche, ¡se puso a codificar conmigo! Mi amigo Patrick y mi hermana Hélène también participaron en los debates de las reuniones (pizza de por medio), principalmente, sobre comunicación, estrategia y estructuración administrativa. Más tarde se unió a nosotros Nicolas Deroche, un antiguo colega que me había impresionado mucho por sus conocimientos de programación y con el que me llevaba muy bien se unió a nosotros. También estaba mi vecino Lionel Johnson, que estaba muy familiarizado con los nuevos paradigmas de Internet porque es emprendedor y uno de los primeros empleados de Meetic. También organizaba noches de pizza en su casa para explorar nuevos servicios.

⊘ **LC y BR:** ¡Así que tal vez la clave sea la pizza! Esto nos recuerda la regla de las dos pizzas en Amazon, según la cual una reunión no debe celebrarse si dos pizzas no son suficientes para alimentar a todos los participantes...

FM: ¡Sí, las pizzas en la tecnología son sagradas! Fue en la pizzería Chez Lionel donde conocí a Francis, que me impresionó rápidamente. Una noche, al darnos cuenta de que todos habíamos prestado CD, DVD o libros a amigos y habíamos perdido la pista de muchos de ellos, hablamos de un servicio de seguimiento de estos objetos. A la semana siguiente, otra noche de pizzas, ¿y qué descubro? ¡Un producto desarrollado, totalmente funcional en el móvil y capaz de hacer lo que habíamos discutido! Le pregunto a Lionel: «¿Qué ha pasado en una semana, cómo es posible que ya haya un producto?». Y Lionel me responde:«Ah, fue Francis, tuvo tiempo este fin de semana». Me quedé sin palabras. Con diez años de desarrollo informático a mis espaldas, sabía cuánto tiempo llevaba codificar ciertas funciones. Claramente, Francis había sido mucho más rápido que el tiempo mínimo que pensaba que se necesitaría para crear un producto así. Como se había enterado de que yo estaba lanzando un servicio de viajes compartidos por Internet, simplemente me dijo: «Si quieres tu servicio de viajes compartidos en el móvil, llámame». No hace falta decir que llamé rápidamente. Francis se convirtió en mi cofundador y director técnico. Aportó un conocimiento inconmensurable en la estructuración funcional y tecnológica de plataformas de alto tráfico. Rápidamente descubrimos una rara complementariedad de personalidad y aptitudes, junto con un respeto mutuo infalible y una capacidad de trabajo combinada muy intensa. Esto impulsó literalmente el proyecto y nos hizo trabajar todo el tiempo. Una gran parte del valor añadido en la estructuración de BlaBlaCar en los primeros años se consiguió realmente… ¡de noche! Esto no es una receta, solo una observación. Como Francis y yo somos más bien noctámbulos, trabajamos hasta muy tarde por la noche durante muchos años.

❯ **LC y BR:** Pero no nos digas que conociste a todos tus primeros colaboradores gracias a las pizzas, porque después de tu afirmación sobre el papel crucial de las «pastas» para la supervivencia de los emprendedores, ¡acabaremos creyendo que haces publicidad de Italia! ¿Cómo conociste a Nicolas Brusson, por ejemplo y, luego, a todo el primer círculo?

FM: Conocí a Nicolas durante mis estudios. Julien Lafouge, un compañero de clase, nos presentó, pensando acertadamente que nos llevaríamos bien y que el concepto de la plataforma para compartir viajes en coche le atraería. Nicolas y yo enseguida congeniamos, y descubrimos que teníamos intereses increíblemente complementarios. Hablamos del producto, del crecimiento y de la visión, y pronto nos pusimos en marcha para vender servicios de transporte compartido. Julien también llegó a promover junto conmigo el uso compartido de vehículos en el terreno y luego fue nuestro director financiero durante años. Entonces conocí a Verena Butt d'Espous, nuestra directora de comunicación, en una conferencia sobre el cambio climático. Para nuestro primer lanzamiento internacional, recurrí a Vincent Rosso, un antiguo colega con el que había realizado algunos proyectos para Kabira y que estaba afincado en Madrid. Y para estructurar toda nuestra administración, nuestra salvadora fue Caroline Cottineau, una prima política.

Francis también contribuyó en gran medida con la creación del primer círculo al reclutar a personas excepcionales con las que había trabajado durante sus experiencias profesionales en Free y Meetic, en particular: Jean-Marc Charles, Maurice Svay, Nicolas Schwartz y Rémi Paulmier —expertos técnicos— vinieron para construir una arquitectura informática sólida, preparada para un crecimiento real. Puedes conocer a tus futuros compañeros en todos lados. ¡La mayor oportunidad del emprendedor es poder elegir a sus empleados, así que hay que estar atento y pensar siempre en la contratación!

◉ LC y BR: ¿Qué es lo que te convence para asociarte con alguien?

FM: Estrellas en los ojos, ¡siempre! Como fundador, haces todo lo posible por exponer tu visión a todos los que conoces y a veces es contagiosa. Si alguien vuelve con estrellas en los ojos y nos dice: «He pensado en lo tuyo..., entonces sabemos que también ha picado...».

EL COHETE

◉ LC y BR: Una vez formado el primer círculo, BlaBlaCar ha escalado reclutando a decenas de nuevos colaboradores y formando un equipo de choque. ¿Cómo ocurre ese cambio?

FM: De hecho, ¡pasamos de 10 a 500 personas en solo cuatro años! La sensación que insuflábamos a los aspirantes en ese momento se puede resumir con la frase de la directora de operaciones de Facebook, Sheryl Sandberg: «Si te ofrecen un asiento en un cohete, no preguntes el número de asiento, ¡sube!». En ese momento, la empresa empezaba a parecer algo tan extraño como atractivo. Fue una fase estimulante. Describimos el fenómeno emergente, su crecimiento y nuestro enfoque para estructurar el proyecto y llegar lo más lejos posible. Hemos sistematizado la asignación de participaciones en el capital de la empresa a nuestros empleados y hoy el 100 % de ellos posee acciones: esto refuerza la cohesión y la alineación en torno a una misión común. A lo largo del camino, cuando éramos alrededor de cincuenta, añadimos un impulso para atraer al mayor número posible de candidatos motivados, formulando y difundiendo, incluso en todos nuestros anuncios de contratación, nuestros principios y valores de trabajo en equipo [133]. También hemos empezado a comunicar nuestras contrataciones directamente a nuestra comunidad de personas que comparten coche. En conjunto, estos diferentes ele-

---

133. Véase la ficha la Cultura – La benevolencia – el CORAZÓN.

mentos nos han permitido aumentar el número de CV recibidos al mes de unas pocas docenas a varios miles. Desde un punto de vista cualitativo, ya no necesitábamos «vender» BlaBlaCar durante las entrevistas. Los candidatos estaban mucho mejor informados sobre nuestra empresa que antes. Conocían nuestra misión, nuestro estado de ánimo y sabían que teníamos mucho más que ofrecer que un simple trabajo: ¡les ofrecíamos una aventura!

❯ **LC y BR:** ¿No tenemos la impresión, al reclutar a tanta gente, de que nos estamos privando de nuestra propia utilidad, ya que llega tanta gente para hacerlo todo?

FM: Uno tiene un poco la sensación estar perdiendo su propio trabajo día a día, pero es la única manera de garantizar que el equipo crezca con serenidad y tenga tiempo suficiente para concentrarse en los retos que tiene por delante. La empresa en crecimiento puede entonces pretender atraer a directivos de alto nivel; hay que darles el máximo margen de acción y permitirles estructurar [134] Esto significa necesariamente que algunas cosas que te fueron asignadas ya no formarán parte de tu ámbito de acción. Hay que dividir y delegar. Sin embargo, para que un equipo crezca realmente, es necesario que exista una cultura de empoderamiento, es decir, que delegar no signifique controlar ni desligarse. Delegar es potenciar, sin dejar de participar.

❯ **LC y BR:** El principio está claro, pero en concreto, ¿cómo encontrar el equilibrio adecuado entre delegación y supervisión?

---

134. Nuestra capacidad de actuación cambió de alcance cuando Frédéric Altenbourger, Rémi Guyot, Tristan Charvillat y Olivier Bonnet, que anteriormente ocuparon puestos de responsabilidad en eBay, Paypal o Apple, se unieron a nosotros para gestionar la secretaría general, el producto, su diseño y su tecnología.

FM: Para delegar con responsabilidad, hay que ceder grandes bloques de actividad a los compañeros. Si solo les das pequeñas piezas, pequeñas tareas, su trabajo no será motivador. Cuando quieras delegar un tema, puedes intervenir al menos un poco al principio para orientar, pero no debes empezar a trabajar en él. Debe transferirse como un todo desde el principio y hay que asegurarse de que todas las personas implicadas estén bien conectadas y puedan trabajar juntas. La delegación de poderes también se consigue dejando claro que se está disponible para pensar en las decisiones difíciles, siempre que cada persona reflexione sobre los problemas a los que se enfrenta.

Está bien que vengas y compartas tus problemas, pero también tienes que aportar posibles soluciones, u opciones para elegir: no puedes limitarte a rebotar los problemas. Lo más gratificante es que durante esta fase te inclinas hacia adelante, en la cima del cohete, para explorar el futuro. El lado más realista es que también eres el recogepelotas: ¡por mucho que pongas a gente en la red, algunas pelotas acaban afuera! Necesitas que alguien las atrape, y si no lo haces tú mismo, pierdes el punto.

⦿ **LC y BR:** ¿Consideras que es mejor ser un hacedor o un orquestador durante este crecimiento?

FM: Hay que ser capaz de alternar según las circunstancias: ser un hacedor en las primeras etapas, y luego convertirse en un orquestador para estructurar el crecimiento. Cuando haces, entiendes lo que hay que hacer. Porque era necesario y porque también me gustaba, al principio llevaba la contabilidad o el desarrollo informático, a veces hasta las 3 de la mañana. Cuando más tarde recluté para estos puestos, pude estimar la carga de trabajo y esto me ayudó a determinar si el candidato sería capaz de manejarla. Haber hecho las cosas tú mismo también te da cierta legitimidad ante los equipos: sabes de lo que hablas cuando describes un trabajo. La trampa, por otra parte, es que cuando uno se vuelve eficiente en ciertas tareas, duda en contratar a alguien porque teme que, en sus primeras semanas de trabajo, la persona no sea tan eficiente como tú. Y a medida que pasan las semanas, los conocimientos que hay que transferir se acumulan... Sin embargo, el reflejo correcto es parar en cuanto se empieza a hacer lo mismo varias veces y realizar una descripción del puesto que corresponde a esa tarea. Entonces lo distribuyes y gastas tu tiempo y energía en reclutar a alguien para hacer ese trabajo, ¡no en el trabajo en sí! En cierta manera, reemplazas lo urgente por lo importante: no haces el trabajo inmediato, sino que inviertes en contratar a alguien para que haga el trabajo. Así que te conviertes en un orquestador, lo que te permite mantener momentos de reflexión para estructurar los siguientes pasos. Como fundador, a menudo estás solo para tener una visión real que te permita diseñar las reacciones adecuadas. Si no te tomas tiempo para analizar y digerir toda la información que recibes, corres el riesgo de paralizarte. Esta alternancia entre el hacer y el orquestar proviene de una voluntad real y probablemente no corresponde a todas las personalidades.

❯ **LC y BR:** ¡Incluso acabaste delegando la orquestación en tu cofundador Nicolas Brusson!

FM: Sí, a estas alturas ni siquiera es una delegación, es una transmisión. Hace unos años, separamos las funciones de presidente y director general en BlaBlaCar, y cedí la dirección general a Nicolas para poder seguir siendo presidente. Cada uno de nosotros analizó sus puntos fuertes, sus debilidades y sus afinidades, y conseguimos repartir las tareas y las responsabilidades gracias a nuestras personalidades complementarias. Mientras que esta disociación es muy común en las empresas americanas, que diferencian claramente el papel de *Chairman* (Presidente del directorio) del de CEO (Director general), en realidad es poco frecuente en Francia, salvo en las estructuras asociativas. Todavía vemos con frecuencia a directores generales que combinan las funciones de presidente y director general, mientras que separar las funciones tiene muchas ventajas, entre ellas, el aumento de la cantidad de tiempo disponible al más alto nivel para servir mejor a la empresa, lo que permite abarcar una gama más amplia de acciones. También es un mejor principio de gobierno, y una forma de no agotar al jefe: «El que quiere viajar lejos cuida su montura». Esta inteligente evolución ha sido posible gracias a la complicidad que hemos desarrollado con Nicolas al trabajar juntos durante muchos años, y gracias al inmenso respeto mutuo que nos tenemos.

> **LC y BR:** Antes, hablabas de cohetes. ¿Qué hace que una tripulación sea buena?

FM: Es un equipo que comparte una misión y en el que todo el mundo trabaja por motivación y no por obligación o coacción, lo que tiene como consecuencia directa que todo el mundo esté encantado de hacer un esfuerzo adicional, de establecer el vínculo necesario con sus compañeros para que cualquier iniciativa tenga éxito y no se bloquee a mitad de camino. Esto me recuerda la famosa anécdota de la visita del presidente estadounidense Kennedy a Cabo Cañaveral antes del despegue del Apolo 11. Kennedy preguntó a un vigilante que estaba limpiando el piso cuál era su función y este le contestó: «Voy a enviar un hombre a la Luna». Es mágico, e ilustra el poder del espíritu de la misión. Sea cual sea el nivel jerárquico, todo el mundo sabe por qué está trabajando y, en un ambiente así, no es raro ver a personas con alta responsabilidad ensuciarse las manos.

> **LC y BR:** Y en relación con el mundo exterior, cuando uno se encuentra como piloto de cohetes sin tener ninguna experiencia, ¿no siente el famoso «síndrome del impostor»

del que muchos hablan, el que nos hace pensar que estamos en un puesto que está por encima de nuestras capacidades?

FM: Cualquiera que adquiera responsabilidad y nunca haya sentido el síndrome del impostor carece de humildad o de perspicacia, ¡o de ambas cosas! Espero que todos lo sientan, y más a menudo, porque significa que exploran y se hacen las preguntas correctas: «¿Cómo voy a hacer esto? ¿Soy la persona adecuada para llevar a cabo este gran proyecto? ¿Soy un buen partido para mis colegas?». Si crees que siempre tienes el control y estás en tu sitio, corres el riesgo de tropezar por exceso de confianza, al igual que los «expertos en estima» que hemos mencionado antes. ¡Los verdaderos impostores no sufren este síndrome! Sentir la incomodidad de este síndrome es perfectamente saludable, sobre todo cuando al mismo tiempo nos apoyamos en nuestro amigo de todos los días: el trabajo, acompañado de una feroz voluntad de aprender. Un día, mi profesor de piano de jazz, Claude Terranova, cuando yo trataba tocar una pieza que no había trabajado lo suficiente, al verme enfadado y luego escucharme decir: «Bueno, no lo voy a conseguir», me explicó: «Fred, déjame decirte algo sencillo: antes de saber algo, no lo sabes. El camino entre el no sé y el sé es el trabajo, así que si esta vez no te ha funcionado no pasa nada, pero no es motivo para enfadarse y mucho menos para rendirse». Todo lo que tuve que decir fue: «Volveré la semana con el trabajo hecho».

> **◉ LC y BR:** ¿Quieres decir que la mejor cura para el síndrome del impostor es el trabajo?

FM: Sí, sobre todo porque, como emprendedor, si no construyes tu proyecto, nadie lo hará por ti. Así que no hace falta que te tortures sobre si puedes hacerlo o no, ¡porque eres la única persona que ha aceptado la misión! Todo lo que tenemos que hacer es trabajar. Sin embargo, para evitar la parálisis o el fracaso, yo diría que hay que hacer tres cosas: en primer lugar, comprender y analizar los propios miedos, y compartirlos con mentores de fuera de la organización para obtener información. Esto le permite reflexionar sobre ellos, sin perturbar innecesariamente al equipo. En segundo lugar, cuando un colega viene a nosotros con un problema en el que potencialmente ha estado trabajando durante mucho tiempo, debemos recordar siempre que hay que hacer una pausa para pensar: podemos y debemos tomarnos tiempo para reflexionar sobre nuevos problemas. Estar en una posición de decisión no significa que haya que decidir rápidamente. Por último, mira siempre hacia adelante para ver los problemas que se avecinan y anticiparte a ellos: cuando llegue el momento, tendrás soluciones y esto tranquilizará a los que te rodean.

También hay que ser un poco camaleónico y aceptar, a veces, adoptar códigos que no son exactamente los nuestros, solo para poder llevar a cabo la acción. Esto también puede mitigar parcialmente nuestra impresión de impostura, nos sentimos más integrados, un poco como los demás, o al menos emparejados con nuestros interlocutores. Por ejemplo, durante años, cuando iba a ver a socios o vendía plataformas de coche compartido para empresas, me ponía traje para reunirme con los altos cargos, simplemente porque formaba parte del código. Quería que mis interlocutores se sintieran a gusto, para que no se preguntaran sobre la fiabilidad o credibilidad de mi empresa. Por supuesto, un traje no te convierte en alguien serio, pero mezclarse con el fondo ayuda a evitar preguntas que no son necesarias. ¡No puedo ocultarles que hoy casi no uso corbata!

❂ **LC y BR:** Por otra parte, ¿cuál ha sido la estrategia de BlaBlaCar para trabajar con socios?

FM: Nos ponemos en su lugar, como siempre, el Colaborador del método FOCUS[135], haciendo el recorrido por todos los actores que

---

135. Véase la ficha Focalizar – El método FOCUS.

componían nuestro ecosistema. Durante las encuestas sobre parte-
nariados que realicé con mi profesora Michelle Rogan en el IN-
SEAD, comprendí que una *startup* tenía que aprender a «bailar con
los osos»: quedarse en su rincón y ver bailar a los grandes no es una
buena manera de salir adelante. Además, al acercarte a los grandes
que están un poco o muy interesados en lo que haces, tienes la oportunidad de ofrecerles tus servicios a un precio inferior al que ellos
pagarían por crear un servicio como el tuyo. De este modo, si están
interesados, lo harán contigo, no contra ti. Así, evitarás tener un
nuevo competidor serio.

LA CULTURA

❯ **LC y BR:** Al escucharte, se percibe una cultura de realismo en
BlaBlaCar, a la vez simpática y orientada a la acción, pero no
ingenua. Incluso, bastante estratégica, todo parece pensado,
anticipado, calculado. ¿Te suena esta descripción?

FM: Respecto de la anticipación, pienso inmediatamente en *Solo los
paranoides sobreviven* [136], el éxito de ventas de Andy Grove, el fundador de Intel. Calcular para una empresa es simplemente una cuestión
de supervivencia, es obligatorio. No puedes navegar a ojo o terminar-
rás estrellándote en las rocas. Por lo demás, me recuerda una anécdota. Hace unos años, cuando BlaBlaCar estaba en modo «cohete»,
necesitábamos ayuda para estructurar una verdadera estrategia de
crecimiento. Llamé a Matthieu Jacquier, que ahora dirige Meetic en
Francia (¡lo que demuestra que Meetic ha cerrado el círculo!), para
una misión de marketing de tres meses. Al final de su estancia con
nosotros se limitó a darnos las gracias porque, y cito de memoria:

---

136. Grew, A., *Solo los paranoides sobreviven*, Granica, 2006.

«Gracias a BlaBlaCar, mi sobrina me mira hoy de forma diferente: durante años, con los cargos que he ocupado en grandes empresas, siempre debió considerar que tenía que hacer un trabajo bastante aburrido. En nuestra última reunión familiar, cuando dije que estaba trabajando en BlaBlaCar, sentí el viento de la frescura acariciando mi cara cuando exclamó: "¿Qué? ¿Trabajas en BlaBlaCaaaaar? ¡Qué bueno!". Solo por eso, ¡gracias!».

◉ LC y BR: Su principio «Fun & Serious» afirma que es perfectamente posible ser serio y divertirse trabajando juntos. ¿Cómo funciona esto en la práctica?

FM: La seriedad y la diversión van muy unidas. Cuando uno se toma muy en serio su trabajo, puede divertirse mucho después. La seriedad da la sensación de un trabajo bien hecho y, con ello, hace que la pausa de la diversión valga la pena y sea más agradable. En cuanto a la seriedad, organizamos «BlaBlaTalks» varias veces al mes, durante las cuales compartimos internamente avances de nuestro desarrollo: este intercambio de conocimientos genera un gran respeto de los equipos entre sí, y anima a todos a dar lo mejor de sí mismos en su trabajo para «estar a la altura de sus colegas». También tenemos las «24 horas de código», un periodo de intenso desarrollo de nuevas funciones. Y, para la diversión, está el «BlaBlaShow», un gran espectáculo en el que estamos alternativamente en el escenario y entre el público. ¡El programa incluye *sketches*, música, danza y cortometrajes! Es un momento fabuloso y festivo en el que descubrimos los talentos ocultos de nuestros colegas. A veces también nos vamos unos días de «BlaBlaBreak» a la montaña o al mar, para descubrirnos mutuamente de una forma distinta que cuando trabajamos. Y en cada una de nuestras fiestas de empresa, ¿adivina quién toca? ¡La «BlaBlaBand»! Es nuestra banda, formada por empleados, que tocan la guitarra, la batería, o el teclado o cantan.

⊗ LC y BR: La imagen que se percibe de una empresa desde el exterior no siempre se corresponde con la realidad en el interior. ¿Cómo has conseguido que las imágenes externas e internas sean iguales?

FM: Siendo auténtico y poniendo la integridad y el respeto mutuo por encima de todo. No se pueden tener diferentes un discurso para adentro y otro distinto para afuera. Además, hoy en día, con el poder y la facilidad de uso de las redes sociales, sería suicida. Lo que vemos desde afuera es la punta del iceberg, que debe tener la misma consistencia por debajo. Evidentemente, la noción de cultura va acompañada muy rápidamente de la noción de valores: elegimos adoptar los comportamientos que nos corresponden. La diferencia en el desarrollo de cada uno radica generalmente en sus elecciones y en el posicionamiento del cursor entre los opuestos [137]: «Hay que tener el valor de entender tanto al ángel como al diablo», como decía mi profesor Gianpiero Petriglieri en el INSEAD, para tener la posibilidad de explorar todo el campo de juego entre nociones opuestas extremas como el respeto y el desprecio, o la integridad y la mentira, etc. Entonces, se tienen todos los elementos para hacer la elección correcta.

⊗ LC y BR: ¿Por qué, finalmente, invertir tiempo y energía en la cultura empresarial?

FM: Más allá del placer de trabajar bien juntos y entregar cosas excepcionales, sirve para soldar el equipo y superar juntos las pruebas. Como hemos visto, los valores son el alma. La cultura empresarial es el barco en la tormenta. Así que la cultura es cosa de todos, no solo de los fundadores. Esto significa que todos los miembros de la empresa se apropian de ella y la hacen suya. Es algo que debe emanar

---

137. Véase la ficha de Focalizar – El método FOCUS.

214 • MISIÓN BLABLACAR

del grupo y no venir de arriba, aunque la ejemplaridad sea esencial. Una cultura no puede sobrevivir si la cúpula de la jerarquía no la respeta al 100 %. Una de las claves es, por tanto, implicar a los equipos en la co-construcción de esta cultura definiendo, juntos, sus valores y sus principios de colaboración.

❷ LC y BR: «Principios» puede sonar un poco vago, ¿no?

FM: ¡Sí, los principios son difusos si no se ponen en práctica en la vida de la empresa! Un principio que no vive en la empresa no es más que un cartel en la pared, un «bello principio» ciertamente bonito pero completamente inútil. En BlaBlaCar, cada principio tiene al menos una aplicación[138]: el «Share more. Learn more» se materializa en la «BlaBlaTalk» y en nuestras sesiones «Entre los bastidores del producto y la tecnología», el «Member day» es la expresión del principio «Be The Member», y cada reunión lleva una de las tres palabras del «Dream. Decide. Deliver» para indicar el espíritu, etc. Esto también se refleja en los hábitos. Por ejemplo, en nuestros debates que implican avances tecnológicos, suprimimos el uso de la palabra «solamente» en expresiones como «Es solamente un botón». La razón es sencilla: el desarrollador que se pasa un mes codificando la funcionalidad que hay detrás del botón no podrá considerar que es «solamente» un botón. Por lo tanto, hablar de esta manera es una falta de respeto hacia su trabajo y puede llevar a una verdadera frustración. Otro ejemplo es el derecho a equivocarse, gracias a uno de nuestros primeros principios: «Nunca supongas. Verifica siempre». Se trata de una versión adaptada de «Errar es humano», una válvula de alivio de presión que se utiliza en situaciones en las que, por ejemplo, se ha olvidado comprobar un parámetro y esto ha provocado un problema. Simplemente, ser capaz de reconocer el error rápi-

---

138. Véase la ficha la Cultura – La benevolencia – el CORAZÓN.

damente diciendo «Nunca supongas. Verifica siempre» permite que el equipo no se culpe: nos decimos que la próxima vez comprobaremos mejor y nos ponemos en modo resolución.

❂ **LC y BR:** ¿Cómo perdura la cultura empresarial?

FM: Para perdurar, los principios deben permitir la evolución de la estructura y su adaptación en el tiempo. Deben fomentar el aprendizaje, el intercambio de conocimientos entre el personal y también permitir que se cuestione el *statu quo*. Hay dos experiencias que son fuentes de aprendizaje: la propia y la de los demás. Aprender de la experiencia de otros es mucho más rápido y menos doloroso. En BlaBlaCar siempre se han reflejado dos principios, porque contienen la palabra aprender, aprender para progresar: «Fail. Learn. Succeed» y «Share more. Learn more»[139]. Creo que es por estos principios que muchos de nuestros empleados hablan de BlaBlaCar como una verdadera escuela. Galileo dijo «Nunca conocí a un hombre que no tuviera nada que enseñarme», así que esto combina la humildad y el aprendizaje, y creo que esa es la clave. Cada uno de nosotros tiene su propia historia, su propio camino y, por tanto, su propio aprendizaje y comprensión del mundo. Abrirse a este tesoro es darse la oportunidad de crecer y tener varias experiencias vitales en una sola.

❂ **LC y BR:** Si BlaBlaCar es una escuela, ¿en qué forma a sus integrantes?

FM: En la mejor de las competencias: ¡la autonomía para poner en marcha el propio proyecto! Hoy ya tenemos más de treinta empleados que han fundado su propia empresa, de los cuales casi el 40 % son mujeres. Pero no es exclusivo de nuestra empresa, de hecho, es

---

139. «Intentar. Aprender. Tener éxito» y «Comparte más. Aprende más».

gracias a ese estado de ánimo de innovación, ayuda mutua y construcción que Silicon Valley se ha acelerado tanto en los últimos años: los antiguos alumnos de varias empresas tecnológicas pioneras han aprendido de una *startup*, para luego crear la suya propia. Los antiguos alumnos de PayPal, por ejemplo, dieron origen a Tesla, LinkedIn, SpaceX, Affirm o Yelp y YouTube.

⦿ **LC y BR:** Esto suena bien en espíritu, pero ¿qué hacer si, a la inversa, esta dinámica positiva no arranca bien, si los trabajadores no se prestan a esta cultura de compartir?

FM: Hay que tener mucho cuidado. El principal obstáculo para el intercambio de conocimientos en una empresa es el ego de las personas que retienen información o conocimientos, y piensan que eso les da ventaja sobre sus colegas para ascender más rápido. Este tipo de comportamiento es perjudicial para el proceso global de aprendizaje de la empresa y, por tanto, para su capacidad de adaptación a lo largo del tiempo, pero también es incapacitante a corto plazo: ocultar información convierte a algunas personas en «falsamente indispensables». Entonces es difícil que se ausenten, que se tomen un tiempo libre, porque su ausencia penaliza al equipo, que carece de la información para trabajar. Hay que hacer dos cosas para contrarrestar esto: garantizar que las personas que comparten y juegan en equipo sean más responsables, y sancionar la ocultación deliberada de información cuando se detecta. Esta anticooperación puede surgir cuando una persona ambiciosa se siente amenazada por otra. En este caso, hay que discutirlo, pues de lo contrario la situación solo puede empeorar. En este contexto, volver a la razón de ser de la sociedad suele ser útil para restablecer la perspectiva común que nos guía —en el caso de BlaBlaCar—, desplegar el mejor servicio posible para nuestra comunidad de personas que comparten coche.

LA COMUNIDAD

◉ LC y BR: Está claro, ¡la comunidad es la que manda!

FM: Sí, el jefe de una empresa no es quien generalmente creemos que es. Sam Walton, fundador de Walmart, lo expresó muy bien: «Solo hay un jefe. El cliente. Y puede despedir a todo el mundo en la empresa, desde el presidente hacia abajo, simplemente gastando su dinero en otro lugar». En la versión de BlaBlaCar, esto se tradujo inicialmente por «The Member Is The Boss» [140], uno de nuestros primeros principios. Utilizamos el término «miembro» en lugar de «cliente» porque consideramos que es la comunidad de miembros la que se brindan mutuamente el servicio, nosotros no estamos en los coches. Como plataforma, tenemos una función técnica de organización para garantizar que todo el mundo pueda encontrarse para compartir el coche.

La comunidad dirige lo que le es directamente útil y necesario, y sus necesidades son sintetizadas por el servicio al cliente. Sin embargo, la comunidad no debe dirigir el equilibrio económico y a largo plazo del servicio, ya que está demasiado alejado de él. Henry Ford lo resumió cuando construía coches diciendo: «Si yo le hubiera preguntado a la gente qué quería, me habrían dicho: caballos más rápidos».

Reunir a una comunidad es un ejercicio muy delicado. Es emocionante, casi filosófico. También es muy difícil encontrar un equilibrio de influencia entre lo que debe codificarse y lo que debe dejarse a la interpretación individual. Hay que aclarar los códigos de interacción, porque es imposible imaginar que una comunidad se estructure sin reglas. Pero también dejar la posibilidad de que cada uno pueda orientarse y sentirse libre una vez que haya comprendido las pocas reglas.

---

140. «El jefe son los miembros de la comunidad».

◉ LC y BR: ¿Cómo has conseguido este equilibrio?

FM: Rápidamente, formulamos un «Estatuto de buena conducta», que todos debían aceptar antes de compartir el coche. La idea era poder remitirse al estatuto en caso de comportamientos contrarios a la construcción de una comunidad de respeto que pudiera alcanzar a varios millones de personas. En este estatuto, hay cosas que parecen obvias, pero que, sin embargo, era indispensable formular, como dar prioridad a la seguridad, dar información real sobre los viajes, dar consejos reales o ser fiable, puntual, considerado y acogedor. Cuando el objetivo está claro, las pocas reglas para enmarcarlo también lo están rápidamente. Es fácil adivinar si una acción concreta sirve al objetivo común o no.

◉ LC y BR: ¿Cómo descubriste el camino para construir una comunidad masiva?

FM: Leímos mucho sobre el tema, y también tuve la suerte de conocer al sociólogo y empresario social Nathan Stern, que, en 2001, había creado una red de encuentros y ayuda mutua entre vecinos llamada Peuplade. Esta red se había desarrollado y en pocos años se había vuelto muy dinámica en el terreno, en París, Grenoble y Marsella, pero no había podido encontrar su modelo económico. Nathan me había advertido: «¡Fred, tú eres el que tiene el volante, y a veces tienes que girarlo para asegurar el futuro de la comunidad! Si sabes que hay un muro delante, gira aunque algunos te digan que sigas recto. Los usuarios suelen tener poco en cuenta la misión, el destino o la necesidad de equilibrar el servicio económicamente». Al no tener ingresos para enfrentar los crecientes costes que aumentaban continuamente con el número de inscritos, Peuplade tuvo que cerrar. Escuchar en todo a la red había llegado al callejón sin salida de la gratuidad. Algunos de los miembros más activos no habían aceptado la idea de implantar un modelo de negocio que exigiera a los miembros contribuir con los costes. Nathan les había enseñado sus instalaciones, les había explicado los múltiples costes, desde el alquiler hasta los servidores y los servicios de telecomunicaciones, y el hecho de que trabajaba 100 % gratis en este proyecto. Esto no era sostenible, pero le dijeron que no era posible porque Peuplade era una «comunidad de ayuda mutua». En BlaBlaCar fuimos capaces de girar el volante, y la comunidad mundial de coches compartidos cuenta ahora con más de 100 millones de miembros.

❂ **LC y BR:** Algunas plataformas se han hecho enormes con un modelo publicitario, ¿por qué no BlaBlaCar?

FM: Hemos optado por un modelo transaccional y no por un modelo publicitario porque así garantizamos la optimización del uso del servicio, y no la recogida de información para revenderla a terceros interesados en una orientación publicitaria precisa. El modelo económico determina en gran medida el estado de ánimo de la empresa en cuanto a la interacción con su comunidad. Así, el único interés de BlaBlaCar es que los socios consigan compartir coche con la mayor facilidad posible, y no conocer tal o cual información sobre los usuarios para poder revenderla después. Cuando el cliente y el usuario son lo mismo, es decir, cuando los usuarios pagan por el servicio que utilizan, la situación es más sencilla y, creo, también más saludable.

❂ **LC y BR:** ¿Crees que esta elección crea un sentimiento comunitario específico, el espíritu BlaBlaCar?

FM: Sí, la fuerza de nuestro modelo es la combinación de la implicación de cada miembro en el servicio de coche compartido para todos, y la inclusión de BlaBlaCar en este mismo interés. Se trata de una ayuda mutua concreta, que sana y hace feliz a la gente. Esto se traduce en un impacto social sin precedentes: el 87 % de nuestros afiliados dice tener conversaciones enriquecedoras durante los viajes compartidos, El 76 %, incluso, dice que se sentía útil al escuchar o compartir su experiencia [141]. En detalle, descubrimos que el 51 % dice que ya ha cambiado de opinión sobre un tema gracias a una discusión en un viaje compartido, el 47 % dice que compartir el coche lo ha hecho más abierto a otras culturas y opiniones, y el 21 %, incluso, dice que ha revelado cosas que nunca había dicho a nadie antes durante un viaje compartido: ¡los viajes compartidos casi juegan el papel de un psicólogo nacional!

◉ LC y BR: ¿Cuál es la base de la estabilidad de la comunidad?

FM: Reglas claras que sean iguales para todos y que se apliquen correctamente, es decir, el comportamiento debe ser encuadrado. Como hemos visto, crear confianza en la comunidad de BlaBlaCar ha sido un tema importante. Por lo tanto, existe una verdadera complementariedad entre las normas, las acciones de la comunidad y el trabajo del equipo: es una cocreación de valor, en la que todos desempeñan su papel. Para que esto funcione, hay que desarrollar la receta para involucrar a la comunidad. Es un modelo de plataforma bastante saludable.

◉ LC y BR: ¿Cuáles son los elementos esenciales de la gobernanza?

FM: Es necesario mantener la capacidad de intervención de terceros en las interacciones cuando se infringen las normas, y no proporcionar o desarrollar una herramienta para que los miembros se controlen o sancionen entre sí. Lo mismo ocurre en una sociedad, en el

---

141. Véase el estudio «Nous rapprocher» (5.000 participantes en 9 países).

sentido más amplio del término. La justicia y la policía solo intervienen cuando se comete un delito. No proporcionan herramientas para ajustar cuentas entre las personas. La tecnología digital abre un abanico infinito de posibilidades de utilizar la información para mejorar nuestras vidas. Más allá de los servicios ofrecidos, debe servir para generar confianza y respeto en nuestras interacciones, no para alimentar comportamientos individualistas que generalmente se basan en fallos humanos. Por lo tanto, debemos evitar caer en la caricatura, sobre todo al hablar de la confianza. La ficción nos ofrece modelos que pueden ser escalofriantes. Pienso en particular en el episodio de la serie Black Mirror, «Caída en picado», en el que se describe una sociedad regida por la popularidad y las buenas notas que los individuos se dan entre sí. No termina bien, ya que todos abusan, sobreactúan o engañan al sistema para salir adelante. La realidad también puede sorprendernos: lo que muestra el «Credit System», una herramienta de calificación de buenos y malos ciudadanos que se está extendiendo en China, no augura nada bueno para la libertad individual...

◉ LC y BR: ¿Cuándo te ha sorprendido la comunidad?

FM: Cuando recibimos nuestras primeras invitaciones de boda. Sabíamos que los novios se conocen a menudo durante sus estudios, en el trabajo, en fiestas con amigos o en la boda de algún familiar, pero no habíamos imaginado que también podían conocerse compartiendo un viaje en coche... Pero lo más destacable es cuando la comunidad despliega su poder de colaboración inteligente, que es lo más emblemático de los valores creados en común, y lo que hace posible que los humanos consigan grandes cosas. Esta colaboración se convierte, con el tiempo, en una referencia, una firma y un diferenciador: la expresión de una confianza creada en conjunto y con éxito, que se ha convertido en un bien común.

Hace unos años, en pleno verano, recibí este mensaje de texto de un amigo empresario:

Hola Fred:
Acabo de llegar del Centre hospitalier universitaire de Poitiers: mi sobrinito acaba de recibir un trasplante de médula. El injerto fue trasladado desde Estados Unidos en avión y luego desde la estación de tren de Montparnasse en BlaBla-Car porque era lo más rápido ;) Que tengas un buen verano.

Laure

¡La comunidad hace milagros!

El primer círculo en MeilleursAgents

Apoyarse en la complementariedad.
¿Qué hay al principio de cualquier aventura de emprendimiento? ¡Un equipo, por supuesto!
Los cuatro cofundadores de MeilleursAgents han aprendido lo esenciales que son la colaboración, la ayuda mutua y el respeto para llegar muy lejos sin perderse. Desde su creación en 2008, la plataforma se ha convertido en un actor importante en el mercado inmobiliario francés.
La aventura comenzó en un pequeño apartamento de dos habitaciones en París. Pero con un antiguo financiero (Sébastien de Lafond), dos jóvenes ingenieros (Julien Cheyssial y Jordan Sanial) y un vendedor experimentado (Pascal Boulenger) en sus filas, la *startup* tiene una fuerza real para tomar por asalto el mercado inmobiliario con originalidad. ¿Cómo puede hacerlo? Aportando transparencia y revolucionando el proceso de estimación de precios y selección de

agencias en Francia. En su momento, esto le valió al equipo burlas e incluso amenazas de la industria.

Para contrarrestar el «sé que no saben nada», el equipo de MeilleursAgents ha podido contar con un primer círculo muy unido y con unos valores muy sólidos [142]. Sébastien de Lafond y sus cofundadores hablan de una empresa en la que no hay «ni tiburones ni presas, sino delfines». Esta tercera vía ha permitido combinar la excelencia y la solidaridad, valores que han seguido siendo fundamentales a pesar del reciente hipercrecimiento e internacionalización de la empresa.

Una prueba más de la resistencia de este equipo tan unido: los cuatro cofundadores seguían al frente de la empresa más de diez años después. Y se fueron juntos en 2020, tras la fusión con el grupo internacional Axel Springer.

El cohete en Amazon

Optimizar la contratación

¿Qué mayor reto puede afrontar una empresa en expansión que la contratación en pleno despegue? Pasar de un equipo de diez personas a una organización del tamaño de Amazon requiere rigor.

Muy pocas empresas pueden igualar las necesidades de contratación del gigante estadounidense. Solo en 2020, Amazon contrató a 500.000 personas en todo el mundo... ¡eso supone una media de 1.369 nuevos puestos de trabajo al día! [143]

---

142. *On voit bien que vous n'y connaissez rien! Les secrets d'une startup qui a renversé son marché: l'aventure MeilleursAgents*, S. de Lafond y G. Lockhart, París, Eyrolles, 2020.

143. «What the head of HR at Amazon wants job seekers to know», A. Seaman, 15 de marzo de 2021. Disponible en línea.

De hecho, para Jeff Bezos, el secreto del crecimiento de una organización reside principalmente en la calidad de su proceso de contratación. Pero, ¿cómo se puede mantener una cultura de la excelencia cuando el crecimiento se vuelve excesivo?

Muy pronto, bajo el impulso de su fundador, el grupo desarrolló principios de contratación específicos para atraer a los perfiles que mejor se ajustan a los estándares de excelencia de Amazon. La clave de este sistema se basa en un principio inmutable descrito por Bezos, ya en 1998, en su famosa carta anual a los accionistas: cada nueva contratación de Amazon «debe elevar el nivel medio para que el listón sea más alto para la siguiente contratación».[144]

Para garantizar la objetividad y la eficacia del proceso, Amazon ha creado el estatus original de «*bar raiser*» (elevador de listón). Este experimentado reclutador interno, que ha recibido una formación específica, se encarga de elevar el nivel de cada contratación (además de su trabajo diario). Supervisa el proceso de contratación como un tercero objetivo y es el garante de los principios de Amazon[145]. Es una forma de que la empresa combine el crecimiento con la excelencia.

La cultura en Netflix

Aprender de la cultura de su empresa

¿Cómo pasar de ser una «especie en peligro de extinción» a un «superdepredador» en su mercado? «Reinventándose», te dirán Reed Hastings y Marc Randolph.

---

144. *Working Backwards: Insights, Stories, and Secrets from Inside Amazon*, C. Bryar y B. Carr, Nueva York, St. Martin's Press, 2021.

145. Para saber más sobre los principios de liderazgo de Amazon, visite la sección «Carreras» de la empresa.

Los fundadores de Netflix no preveían que su servicio de alquiler de DVD se convirtiera en el gigante del *streaming* que es hoy. Impulsada por una cultura corporativa única de libertad y responsabilidad, la empresa con sede en Los Gatos, California, ha disfrutado de un éxito sin precedentes [146].

Netflix ha desarrollado una cultura corporativa [147] que se basa menos en ventajas «efectivas», como bares de sushi o grandes fiestas, y más en el aprendizaje y la responsabilidad individual [148]. Por eso, cuando en 2001 Patty McCord, entonces encargada de la gestión de talentos, sugirió a uno de los mejores ingenieros de la empresa que contratara para ampliar su equipo después de que varios de sus compañeros se hubieran marchado, él le contestó: «No hay necesidad de apresurarse, ahora soy mucho más feliz». Se había dado cuenta de que, en realidad, pasaba más tiempo poniéndose al día con los errores de sus tres antiguos colegas que concentrándose en sus propios proyectos [149].

Para Patty McCord, fue una revelación. Se dio cuenta de que lo mejor que podía hacer una empresa por su gente era contratar solo a los mejores para que trabajaran a su lado. Según McCord, hay que saber incluso «despedir a un buen empleado cuando se cree que se puede encontrar uno excelente». Es este «*kee-per test*» el que permite a Netflix desarrollar «equipos de ensueño» de altos potenciales que colaboran, aprenden y ofrecen grandes resultados.

146. «Learning from Netflix: How to Build a Culture of Freedom and Responsibility», entrevista de P. McCord brindada a Knowledge@Wharton. Disponible en línea.

147. Los valores de la cultura de Netflix se detallan en el sitio de «Carreras» de la empresa.

148. Netflix Culture Deck es una auténtica referencia y ha sido vista más de 20 millones de veces desde su publicación.

149. «How Netflix Reinvented HR», P. McCord, *Harvard Business Review*, 2014. Disponible en línea.

La comunidad en Vinted

Construir sobre la circularidad

Mientras que el transporte aéreo y el marítimo son conocidos como sectores contaminantes, la industria textil lo es mucho más. Es responsable del 10 % de las emisiones mundiales de gases de efecto invernadero [150].

Y la explosión de la *fast fashion* no ayuda... Sin embargo, en los últimos años, hemos visto un cambio, una señal del creciente rechazo al modelo de usar y tirar y al modelo de producción intensiva asociado a él. Están surgiendo nuevos actores, como Vinted, para responder a las preocupaciones medioambientales de las nuevas generaciones.

«¿Cómo puedo limpiar mi armario sin tirarlo todo?», se preguntaba Milda Mitkute, que tenía que mudarse. Justas Janauskas, su futuro cofundador, le sugirió que creara un sitio web comunitario para vender o regalar su ropa a sus amigos. Había nacido el famoso mercado de ropa y accesorios de segunda mano. Desde entonces, Vinted se ha expandido a quince países, incluida Francia, y cuenta con una comunidad de más de 45 millones de miembros [151].

La plataforma no solo facilita una relación unidireccional entre vendedor y consumidor, sino que también actúa como catalizador de un modelo circular en el que los miembros son a su vez vendedores y compradores. Este aspecto comunitario ha permitido a Vinted crear un nuevo mercado y nuevos usos fuera del circuito tradicional. Para mantener viva su comunidad, Vinted ha creado herramientas de comunicación entre los miembros y actúa como tercero para generar confianza en relación con los pagos.

---

150. Véase la infografía «The impact of textile production and waste on the environment», Parlamento europeo, 3 de marzo de 2021. Disponible en línea.

151. Al menos estas son las cifras facilitadas por la empresa.

Este modelo basado en la comunidad tiene el potencial de ayudar a que la moda sea más sostenible. Se prevé que la ropa de segunda mano ocupará más de una cuarta parte del armario medio en los próximos años[152].

152. «Vinted valued at €3,5bn in EQT-backed fundraising», J. Eley, *Financial Times*, 12 de mayo de 2021. Disponible en línea.

8

CRISIS Y OPORTUNIDAD

Tras el momento de **sorpresa**, las crisis
representan para todos nosotros, y para los
emprendedores en particular, la oportunidad de
brindar una nueva mirada a las cuestiones
fundamentales y a la **respuesta** que podemos darles.
Porque, si en el imaginario colectivo, la noción de
crisis designa algo que tenemos que soportar,
podemos aprovecharlo como una oportunidad de
transformación, que se nutre del **retorno
de la misión**.

«Y apago el sonido… y lo vuelvo a encender…»

Canción «Louxor, j'adore», Philippe Katerine

LA SORPRESA

๏ **Laure Claire y Benoît Reillier:** ¿Cuál fue el impacto de la
pandemia en BlaBlaCar?

Frédéric Mazzella: De la noche a la mañana bajamos al 0,2 % en nuestra actividad en Francia al comienzo del primer confinamiento... Todo el mundo estaba parado, o casi. La música se apagó de repente...

Esperamos y esperamos... El sonido volvió a sonar a todo volumen, luego se cortó otra vez. Volvió de nuevo, un poco tímido. No estábamos seguros de que volviera a estar a pleno rendimiento. Cuando tu actividad se basa en dos pilares, que son 1) los viajes y 2) poner en contacto a las personas que hacen los mismos viajes, y cuando el Presidente de la República pide una noche a todo el mundo que 1) se quede en casa y 2) no se reúna con nadie fuera del domicilio familiar, ¡esto se nota rápidamente en tus estadísticas!

❂ **LC y BR:** Sin embargo, ¡no era la primera vez que una crisis grave afectaba la actividad económica y al transporte!

FM: No, no era la primera vez. Sin embargo, la magnitud, el carácter internacional y la duración de la crisis sanitaria no tienen precedentes. Así que estábamos acostumbrados a una sobrecarga de volumen, ¡pero no a un cierre total! En 2007, por ejemplo, el transporte vivió una de las mayores huelgas de la historia de la SNCF. Duró dos semanas e inmovilizó a millones de franceses. En un momento en que casi nadie estaba interesado en compartir el coche, recibimos un gran impulso. Para los viajeros, éramos una de las únicas alternativas. Francis acababa de terminar la versión para teléfonos móviles del servicio. Mi hermana Hélène, que a menudo me ha ayudado a pensar a lo largo de la aventura, me había aconsejado que enviara un comunicado de prensa para anunciar nuestro lanzamiento en el móvil. Una hora después de su envío, las agencias de prensa AFP y Reuters recogieron la información. Esto nos impulsó en la televisión y la radio durante quince días, y generó más de 500 artículos de prensa sobre nosotros, tanto a nivel local como nacional.

Todavía puedo oír a François Bracq, un compañero de clase, diciéndome que derramó su tazón de copos de maíz cuando me vio en la televisión, cuando justo el día anterior estábamos discutiendo nuestras dudas sobre el crecimiento del uso compartido del coche. El pequeño actor del transporte alternativo estaba en el punto de mira, casi blandido como el único capaz de ofrecer una solución a la enorme parálisis del país, para explicar el sencillo principio del coche compartido: ¡varias personas por coche!

❂ **LC y BR:** ¿Cómo gestionó la empresa esta repentina explosión de la demanda?

FM: Hicimos lo que pudimos para atender a los cientos de miles de personas que buscaban soluciones de viaje, y a los cientos de periodistas que querían hablar de ello, pero fue deportivo… Ni hace falta aclarar que nuestra página web estaba desbordada de pedidos y a menudo no funcionaba. A veces no podíamos levantarla más de una hora seguida. Estábamos desbordados. En cuanto a las demandas de los periodistas, pude comprobar la resistencia de mi teléfono a las llamadas: ¡tres llamadas a la vez y se apagaba!

❂ **LC y BR:** Y durante la huelga de 2018, ¿la misma historia?

FM: Fue una huelga diferente y, me atrevo a decir, innovadora: fue la huelga, que fue «perfecta», ya que alternaba días normales y días de huelga, duró tres meses y ¡no tuvo precedentes! Pero esta vez estábamos mejor preparados. Nuestro producto, más robusto, nos ha evitado los problemas técnicos de la huelga anterior. Tuvimos menos dificultades para aumentar nuestra capacidad de atender las solicitudes de los clientes. La reputación nacional de BlaBlaCar en ese momento nos permitió comunicar eficazmente un gran llamamiento a la solidaridad de los conductores, para que ofrecieran sus plazas gratuitas si las tenían. De hecho, durante una huelga, recibimos una afluencia de pasajeros y el reto era atraer a nuevos conductores en masa. Estas situaciones excepcionales conducen a un comportamiento excepcional y a la adopción de nuevas prácticas. Hemos comprobado que las personas que han descubierto el coche compartido durante un periodo de huelga siguen compartiendo coche después.

◉ LC y BR: ¿Qué otras crisis han perturbado tu actividad?

FM: ¡Volcanes! En 2010, el volcán islandés de nombre impronunciable produjo una gran nube de ceniza que alcanzó el continente europeo y paralizó el tráfico aéreo mundial. Una situación extraordinaria en la que la SNCF también decidió ir a la huelga. Se acabaron los aviones y casi se acabaron los trenes, pero aún quedaba... ¡el coche compartido! Esta combinación tuvo consecuencias sin precedentes para nuestro servicio. Algunos conductores ofrecían precios desorbitados en la plataforma. Recuerdo un viaje Barcelona-París, que normalmente se ofrecía a unos 80 euros, que subió a más de 800 euros ¡y encontró comprador! Se vivían situaciones extremas: todas las empresas de alquiler de coches estaban tomadas y no tenían más vehículos. Las personas que se quedaban tiradas en el extranjero llegaban a comprar un coche *in situ* y regresaban a Francia por carretera, y vendían el coche cuando llegaban. En comparación, compartir el coche por 800 euros era una opción más fácil y barata.

◉ LC y BR: Virus, huelgas, volcanes... ¿Estamos más preparados ante las crisis?

FM: Digamos que estamos tomando conciencia de su recurrencia y diversidad. Las crisis forman parte de nuestro mundo. Pueden verse como acontecimientos impuestos desde el exterior, ya sea en términos de salud, sindicatos, economía o clima. Cuando uno forma parte de un sector, sufre las turbulencias. Además, vivir estos periodos desarrolla una forma de empatía hacia todos aquellos que, un día, se ven afectados por una crisis. Es más fácil ponerse en la piel de los que tienen que lidiar con ello.

LA RESPUESTA

◉ LC y BR: Pero, ¿se puede obtener alguna sabiduría de todas estas experiencias críticas?

FM: Creo que la clave para responder bien es aceptar y reconocer cuando se produce el cambio. El error sería permanecer en la negación, empecinarse contra la realidad o seguir operando con supuestos obsoletos. Tras el *crack* bursátil de 1929, el economista John Keynes dijo: «Cuando los hechos cambian, yo cambio de opinión, ¿y usted, señor?». Es una forma de decir que una crisis suele servir de llamada de atención. Esto implica que nunca responderemos de la misma manera dos veces a dos crisis diferentes: la respuesta dependerá de las características de la crisis en cuestión. Las crisis siempre nos empujan, individual y colectivamente, a pensar rápido e innovar, a no conformarnos con respuestas ya hechas.

Porque, con la crisis, los parámetros cambian: ¡algunas cosas se aceleran, otras se detienen! La necesidad de una respuesta rápida nos obliga a menudo a simplificar, a gestionar mejor y más rápido[153]. Ya no hay tiempo suficiente para hacer las cosas como antes.

◉ LC y BR: ¿Cómo reaccionó el equipo ante la llegada de la pandemia?

---

153. Véase la ficha Acelerar – La acción PERFORM.

FM: Como la tripulación de un barco cuando llega una tormenta y hay que plegar todas las velas. Vimos una nube negra en la distancia. Todos pensamos por un momento que pasaría de largo... pero no, se dirigía directamente hacia nosotros. Así que, antes de que nos alcanzaran las trombas de agua, ¡intentamos proteger todo lo que pudimos! Rápidamente nos colocamos en un estado de espera seguro, compatible con un periodo de calma casi total para la actividad. Hicimos cuatro cosas importantes, en orden: organizar la actividad de los equipos, organizar su no actividad, reconsiderar nuestra utilidad durante este período frío y, por último, imaginar y preparar una salida. Todo ello sin saber cuánto duraría este periodo, ¡y vigilando las finanzas!

Nicolas, que hoy está al frente de la empresa, está acostumbrado a lidiar con las crisis por su experiencia en *startups*. En los primeros días de la pandemia, se apresuró a configurar los equipos tomando la medida del riesgo, cuando otras empresas aún se preguntaban si la situación iba a ser realmente grave o a durar. Aunque tuvimos que revisar algunas funciones directamente relacionadas con el volumen de actividad, como el servicio al cliente y el marketing, centramos toda nuestra energía en las funciones de producto y tecnología. Por ejemplo, hemos mantenido el 100 % del desarrollo de los avances de los productos para poder recuperarnos de la crisis. Es esencial mejorar el servicio cada día para hacerlo más sólido. Este trabajo se planifica a veces con doce meses de antelación, sin ninguna relación directa con la actividad actual de nuestras aplicaciones o nuestro sitio web: es la anticipación.

❂ LC y BR: ¿Alguien ayudó?

FM: Sí, el Estado. El Estado ofreció a las empresas un apoyo real en varios ámbitos. En Francia podemos considerarnos realmente privilegiados por haber visto a nuestro gobierno desplegar diversas soluciones, desde ayudas financieras a la actividad parcial hasta facilidades de préstamos garantizados por el Estado, a tasa cero o muy baja, en colaboración con los bancos. Estas medidas han sido un verdadero amortiguador para muchas empresas, incluida BlaBlaCar.

❯ **LC y BR:** ¿Cómo ha afectado la crisis sanitaria a la moral del equipo?

FM: Al principio no teníamos tiempo para cuestionar nuestra moral, ¡había que reaccionar! Inmediatamente pasamos al 100 % de teletrabajo. Ya estábamos equipados para eso, porque algunos empleados ya trabajaban a distancia en ocasiones. El trabajo híbrido entre el teletrabajo y las oficinas presenciales se ha convertido en algo muy común, y es la norma en BlaBlaCar, pero es algo que casi ninguna empresa se habría atrevido a probar antes de la crisis. Una vez superada la fase de rápida adaptación a lo inesperado, era el momento de encontrar una utilidad para el nuevo mundo. El «mundo de antes» y el «mundo de después» se oponían, ¡pero mientras tanto vivíamos en el «mundo durante»! ¿Cómo se puede ser útil en un mundo inmóvil cuando se ha gastado toda la energía y la creatividad en prestar un servicio de desplazamiento? ¿Qué recursos hay disponibles? Y, sobre todo, ¿cuáles pueden ser útiles en esta nueva configuración? Hay una sensación de urgencia paralizante. Antes caminábamos, y de repente no sabemos si debemos parar o correr, ni en qué dirección.

❯ **LC y BR:** Había llegado el momento de revisar sus puntos fuertes y los débiles en este nuevo contexto...

FM: ¡Exactamente! Hicimos un balance y destacamos dos de nuestros grandes puntos fuertes durante este periodo [154]: en primer lugar,

---

154. Véase la ficha de Focalizar – El método FOCUS.

BlaBlaCar cuenta con un increíble equipo de profesionales de la tecnología de la plataforma y muchos expertos reconocidos en sus filas. Esto significa que se puede organizar un equipo multidisciplinario en un tiempo récord para producir casi cualquier servicio tecnológico de nueva plataforma. En segundo lugar, BlaBlaCar cuenta con una comunidad de 100 millones de personas que se hacen favores regularmente en todo el mundo. En tiempos «móviles», el servicio que se presta es el de ayudarse mutuamente en los desplazamientos. Pero, ¿qué puede hacer esta comunidad cuando está parada? Teníamos que lanzar varios proyectos. Para decidir en qué centrar nuestra energía, simplemente preguntamos a nuestra comunidad: «¿Qué servicio sería útil que desarrollara BlaBlaCar durante este difícil período?». Siguiendo una abrumadora sugerencia de nuestra comunidad, diseñamos un nuevo servicio: BlaBlaHelp. La idea era permitir que los vecinos se ayudaran mutuamente a hacer las compras para las personas más vulnerables al virus y que no podían o debían ir a las tiendas. Para ello, organizamos un hackathon interno, es decir, una misión relámpago para crear un nuevo producto. Al unir los equipos en torno a un proyecto de bien común que ayudara a la comunidad durante la crisis, pudimos lanzar el servicio en menos de dos semanas. Todos trabajaban a distancia, pero se involucraron con gran entusiasmo. En el concepto, era casi un retorno a la génesis de BlaBlaCar. En un principio, recordemos que habíamos imaginado un servicio de ayuda mutua muy amplio, del que el uso compartido de vehículos era solo una dimensión entre otras. Más allá de la ayuda ocasional y apreciada que aportó este nuevo servicio, su desarrollo permitió que todo el equipo se sintiera útil y mantuviera una fuerte energía y la moral alta.

> ❂ **LC y BR:** Finalmente, una crisis baraja las cartas y obliga a todos a (re)convertirse en emprendedores, ya que las

condiciones han cambiado. ¿Es una oportunidad para reinventarse?

FM: Sí, por cierto, la palabra crisis en chino se dice «*Wei-ji*» y se escribe con los dos caracteres 危机. El primer carácter significa «peligro» y el segundo, «oportunidad», lo que sugiere que siempre hay una oportunidad en toda crisis: una oportunidad para volver a lo esencial, una oportunidad para corregir el rumbo, una oportunidad para replantearse la utilidad, una oportunidad en cualquier caso para hacerse las preguntas adecuadas... ¡No hay mejor velocidad que detenerse para cambiar de dirección! Churchill habría dicho: «Nunca desperdicies una buena crisis». Las actividades que se paralizaron durante la crisis nos han dado una oportunidad sin precedentes para reflexionar con calma sobre los posibles nuevos rumbos para tomar cuando volviéramos a arrancar. A veces podemos aprovechar esta oportunidad inesperada para hacer lo que hemos querido hacer durante mucho tiempo, pero que no estábamos haciendo, ya sea porque no parecían darse las condiciones, o porque el flujo continuo de actividad nos impedía interesarnos realmente. Es un momento en el que lo importante puede convertirse en urgente.

LA TRANSFORMACIÓN

◉ **LC y BR:** ¿Qué crisis crees que aceleraron la historia de BlaBlaCar?

FM: Todas ellas. Cada crisis abre un pasaje secreto hacia el futuro. Es durante las crisis cuando la noción de planificación adquiere todo su significado. Durante el tiempo de un relámpago, está permitido y es posible probar algo nuevo, o acelerar. Si tomamos el ejemplo de las huelgas de transporte, cuando un actor anima a sus clientes a encontrar formas de prescindir de él, él mismo crea una aceleración del crecimiento de soluciones alternativas. Esto aumenta la probabilidad de que los competidores sean creativos y desarrollen nuevas actividades. La huelga de 2018 no solo aumentó el tráfico en BlaBlaCar, sino que también nos empujó a explorar la oportunidad de ofrecer a los pasajeros asientos de autobús en nuestra plataforma. A continuación, iniciamos conversaciones con varios socios operadores de autobuses. En particular, como los test de colaboración con Ouibus salieron bien, continuamos el acuerdo… hasta que compramos esta empresa y desplegamos nuestra oferta de autobuses a gran escala en Francia. Incluir una oferta de autobús en nuestro servicio era una idea muy antigua en BlaBlaCar. Lo habíamos pensado casi desde el principio, con dibujos en pantalla de 2007 que mostraban la posibilidad de elegir un coche compartido o un autobús en los resultados de la búsqueda. Por razones técnicas de ancho de banda, nunca lo habíamos hecho. La crisis de 2018 nos dio la oportunidad.

➤ **LC y BR:** ¿Alguna de las crisis ha ayudado en el desarrollo internacional?

FM: Sí, el lanzamiento de nuestro servicio en Alemania es un buen ejemplo. Queríamos expandirnos al otro lado del Rin, pero no habíamos fijado una fecha. Una buena mañana de marzo, el actor histórico del transporte compartido en Alemania, Mitfahrgelegenheit (MFG), anunció que quería llevar a cabo una transformación similar a la que habíamos realizado en Francia, es decir, pasar de un modelo de anuncios clasificados gratuitos (que no era viable) a un modelo de reservas en línea, que era sinónimo de mayor confianza y solidez económica. Habíamos llevado a cabo, voluntariamente, un despliegue progresivo región por región durante catorce meses en Francia, con el fin de mejorar nuestro producto paso a paso. Esto nos permitió gestionar los problemas técnicos y las solicitudes de atención al cliente una por una. Pero el equipo de MFG nos indicó que esta transformación se llevaría a cabo en pocas semanas… Lo veíamos como un Big Bang, totalmente inviable en tan poco tiempo. Nada más iniciarse el cambio, MFG se encontró con numerosas dificultades técnicas y se vio desbordada por las peticiones del servicio de atención al cliente. Llegó a los titulares nacionales. Teníamos la suerte de contar ya con cinco alemanes en nuestro equipo y priorizamos el desarrollo de un servicio alemán. En solo dos semanas pudimos ponerlo en marcha [155]. Los medios de comunicación alemanes hablaban de nosotros como una alternativa al deficiente servicio de MFG, y decenas de miles de adeptos decepcionados de MFG acudieron a nosotros durante meses. Esta crisis, provocada por un competidor, aceleró claramente nuestro desarrollo en Alemania.

◉ LC y BR: ¿Cómo seguir siendo resiliente en tiempos de crisis?

FM: Se puede empezar por hacer un balance para entender qué ha cambiado y qué sigue siendo válido. De hecho, los parámetros de equilibrio de la actividad se comprenden mejor cuando las condiciones cambian. Por lo tanto, hay que cartografiar la nueva realidad. Es un poco como el mar en la marea alta y el mar en la marea baja: ¡cuando el mar retrocede, ves aparecer los peñascos en la costa de Bretaña! Cuando la actividad disminuye, se ve lo que todavía existe. Descubrimos cosas nuevas que formaban parte de nuestro ADN, pero que ya no vemos. En resumen, redescubrirás tus fundamentos. Los viajes que más se vieron afectados durante la pandemia fueron los internacionales y los de negocios, debido a que se multiplicaron por diez las soluciones de teletrabajo y de videoconferencia. El uso del coche compartido de larga distancia fue una de las soluciones de viaje más resistentes durante la crisis sanitaria, ya que son utilizados

---

155. Véase la ficha Internacionalizar – La analogía del salto.

principalmente para los viajes nacionales y de ocio. Además, como mercado entre particulares, el coche compartido es excepcionalmente ágil. De hecho, solo se necesitan unos días para crear un inventario de trayectos. Por eso, durante los confinamientos, teníamos realmente curvas de tráfico en forma de U, que se detenían bruscamente, pero volvían a arrancar casi verticalmente a la salida. Esto no ocurre en absoluto con el resto de las soluciones de transporte, cuya oferta depende de una planificación previa centralizada que a veces se realiza con varios meses de antelación. Para relanzar una red de trenes o aviones, es necesario poder anticipar y planificar la logística de la red, con el apoyo de un equipo de profesionales para el mantenimiento y la logística. En el caso del coche compartido, la gestión está descentralizada en millones de personas, y en cuanto un conductor ofrece un viaje para esta tarde o mañana, tenemos una oferta. Es casi inmediato.

◉ LC y BR: ¿Cómo evitar que estos cambios nos paralicen o incluso nos traumaticen?

FM: No debemos ceder a la nostalgia, que nos haría querer que todo volviera a ser como antes, ni a la sobreinterpretación, que nos haría perder la previsión. Esto me recuerda a la famosa burbuja de Internet: en el año 2000, Europa ya iba un poco por detrás de Estados Unidos en cuanto al inicio de Internet. El estallido de la burbuja amplificó este retraso porque el *crack* se interpretó de dos maneras completamente diferentes a ambos lados del Atlántico: en Estados Unidos, la utilidad de Internet y su aspecto revolucionario ya eran visibles antes de la burbuja gracias a servicios muy reales utilizados por todos. Por lo tanto, el estallido de la burbuja se consideró simplemente el resultado de una anticipación de la creación de valor a largo plazo, ya que el mundo financiero habría querido que Internet aportara su valor más rápidamente. Era solo una burbuja. En los años siguientes, los inversores se mostraron más cautelosos, pero no dejaron de invertir del todo. El ecosistema de innovación de Estados Unidos siguió creciendo. En Europa, en cambio, el *crack* se interpretó como una prueba de que Internet no tenía el valor esperado y que todo volvería a ser como antes. Peor aún, la caída reforzó la convicción de los escépticos de que Internet no valía gran cosa, de que la euforia de los años 1995 a 2000 solo había sido un episodio. Por eso, la gente me decía en 2006: «Pfff... Internet no sirve para nada» o me enseñaba la puerta con un «¡Gracias, señor, pero Internet está muerto!». Vivimos la burbuja como un trauma y no nos fijamos en las rocas bretonas que había en la marea baja: ¡Internet no era inútil, sino que simplemente era un poco más lento de lo que esperaban los financieros en añadir valor! Desgraciadamente, esto no hizo más que acentuar nuestro retraso porque no invertimos lo suficiente en tecnologías de Internet durante demasiados años, y Europa fue muy timorata.

◉ **LC y BR:** ¿Es posible que Francia y Europa se pongan al día?

FM: El tiempo perdido no se recupera, pero debemos posicionarnos para el futuro. Para contar en el mundo del mañana, debemos ser creativos, ser conscientes de los cambios que se están produciendo, basarnos en nuestros puntos fuertes y en la experiencia pasada, pero estar preparados para desplegar soluciones que aún no existen para resolver los problemas que se están gestando y estar perfectamente anclados en el mundo actual.

EL REGRESO DE LA MISIÓN

◉ **LC y BR:** Precisamente, ¿cuáles crees que son los problemas emergentes de nuestro tiempo?

FM: ¡Los que nosotros mismos hemos creado con nuestros recientes desarrollos! Desde el cambio climático, que ya no podemos ignorar, hasta nuestro consumo excesivo de casi todos los recursos disponibles, pasando por el control tecnológico cada vez más fino de los individuos, la adicción a las actividades basadas en la pantalla, el impacto desestabilizador de las redes sociales y las *fake news* en el debate democrático e incluso en la estabilidad de los Estados... la lista de problemas es, por desgracia, larga.

◉ **LC y BR:** Entonces, ¿qué actitud adoptar?

FM: Ante los datos de que disponemos, como los informes cada vez más alarmantes del IPCC (Grupo Intergubernamental de Expertos sobre el Cambio Climático), solo tenemos dos opciones: o nos sentamos a llorar, o nos arremangamos. Nuestras posibilidades de salir de estas situaciones en dirección ascendente aumentarán si empezamos por reconocer estos problemas y el hecho de que son el resultado de cambios reales, para luego idear soluciones. Las acciones que emprendamos serán entonces una mezcla de convicción, movilización, optimismo y cambio activo y asumido. «Necesitamos —parafraseando a Bill Gates—, transformar la forma en que hacemos casi todo» [156]. Transformar la forma de hacer las cosas a veces significa no hacerlas más, a veces hacerlas de forma diferente cuando descubrimos cómo hacerlas mejor y, sobre todo, cómo hacerlas de forma compatible con un futuro para la humanidad. A menudo hablamos de «salvar el planeta», pero el planeta tiene 4.500 millones de años y ha pasado por períodos mucho más turbulentos que el que estamos viviendo. Por otra parte, la humanidad, que por lo que sabemos solo tiene 3 millones de años, es decir, 1.500 veces menos que la edad de la Tierra, no

---

156. Véase *How To Avoid A Climate Disaster: The Solutions We Have And The Breakthroughs We Need*, B. Gates, Nueva York, Alfred A. Knopf, 2021.

ha vivido un periodo comparable al que vamos a vivir. Deberíamos hablar de «salvar a la humanidad» en lugar de «salvar al planeta», ya que esto aceleraría la toma de consciencia.

> ➋ **LC y BR:** En el caso de la pandemia, ¡estaba claro que la humanidad estaba amenazada!

FM: Sí, y la crisis sanitaria que nos ha sacudido ha demostrado varias cosas. En primer lugar, somos frágiles: un pequeño virus puede poner patas arriba toda la organización de la humanidad, en cualquier lugar del planeta. En segundo lugar, cuando hay vidas humanas amenazadas de forma inmediata, nuestros órganos de gobierno saben adoptar medidas de emergencia, también de forma inmediata, aunque la coordinación internacional todavía deja que desear, y hemos visto verdaderas diferencias en la forma de actuar de los países. Por último, la tecnología hace posible cosas que de otro modo no serían posibles: la teleconsulta en medicina, el trabajo sincronizado a distancia, la comunicación fluida por teléfono y vídeo, sin olvidar, por supuesto, el diseño y despliegue de nuevas vacunas en todo el mundo en un tiempo récord... Pero esta crisis fue, *a priori*, solo un campo de entrenamiento para los grandes trastornos que nos esperan, porque las escalas y los tipos de transformaciones anunciadas parecen, desgraciadamente, tener más impacto que un simple virus.

> ➋ **LC y BR:** Hay quien sostiene que las tecnologías que mencionas son la causa y no la solución de nuestros problemas, ¿qué opinas?

FM: Creo que esto es un atajo. El problema no es la tecnología como tal, sino nuestro consumo excesivo de todo: alimentos, energía, materias primas... Un tercio de todos los alimentos producidos y listos para ser consumidos acaba en la basura. Si el desperdicio de alimentos fuera un país, sería el tercer mayor emisor de gases de efecto invernadero, solo por detrás de Estados Unidos y China. El mayor consumo excesivo es el de energía. El impacto del derroche es mayor cuanto más energía fósil se utiliza. La noción de esclavo energético [157] lo deja claro. Introducido en Estados Unidos en la década de 1940 por Richard Buckminster Fuller y retomado en los últimos años por Jean-Marc Jancovici en Francia, este concepto permite evaluar cuántas personas tendrían que pedalear para producir la energía que consumimos en nuestra vida cotidiana. Se calcula que en 1950 se necesitaban una media de 38 esclavos energéticos por persona en el planeta, mientras que hoy se necesitan unos 500 por persona en nuestros países occidentales. En la agricultura, el transporte, la industria textil, etc., el consumo de energía es excesivo en todos los sectores.

❯ **LC y BR:** Se trata, pues, de una marcada evolución a lo largo de varias décadas, aunque nuestra conciencia colectiva sea muy reciente...

FM: Esta es la paradoja de la crisis climática que Greta Thunberg ha captado tan bien. Aunque la crisis amenaza a toda la humanidad, todavía no estamos poniendo en marcha medidas de emergencia a la escala o con la rapidez que vimos en la respuesta a la Covid-19. ¿Por qué? Porque la crisis climática es «blanda» y la sentencia es remota. En la escala de la humanidad, es extremadamente rápido, y en la escala del planeta, es un verdadero relámpago. ¿Pero en la escala de una vida humana? Es lento, lleva unas cuantas décadas. Esto es tanto más problemático cuanto que los efectos no son inmediatos: nuestra contaminación actual ya está transformando el futuro, pero con un des-

---

157. El esclavo energético es una unidad de medida que nos permite comprender y evaluar mejor las consecuencias de nuestras elecciones vitales. Un esclavo energético trabaja para producir energía las 24 horas del día. Produce una potencia media de 100 W (es decir, 875 kWh/año).

fase de veinte a treinta años. La evolución más bien catastrófica de las próximas décadas ya está escrita y todo lo que podamos corregir ahora solo traerá mejoras más adelante.

● **LC y BR:** Así que hablemos de acciones y soluciones. ¿Está permitida la esperanza?

FM: Sí, si articulamos estas soluciones en torno a dos ejes salvadores: la sobriedad y la creatividad. Hay que consumir menos y mejor. Es fácil decirlo… En cuanto a la energía, debemos reducir nuestro consumo y acabar con la energía que contamina. Reducir el consumo de energía también significa desperdiciar menos, lo que no repercute en nuestro confort. Esta es exactamente la razón por la que he estado desplegando BlaBlaCar durante todos estos años. Desde un punto de vista macro, BlaBlaCar es una solución para gastar menos energía fósil en nuestros viajes. Hemos calculado que, cada año, BlaBlaCar permite la no emisión de 1,6 millones de toneladas de CO_2 [158], lo que supone un ahorro superior a la totalidad de las emisiones anuales de CO_2 vinculadas con el tráfico terrestre de una ciudad como París, incluidos los autobuses y la carretera de circunvalación, o un ahorro del -0,3 % de las emisiones de CO_2 de Francia. ¿Y todo esto gracias a qué? Gracias al sentido común, que sugiere que es mejor meter a varias personas en un coche que a una sola, y también gracias a una tecnología adaptada, accesible y bien desplegada.

● **LC y BR:** ¿Qué hay de sus emisiones como empresa en BlaBlaCar?

FM: Esta es una pregunta que nos hacen a menudo porque oímos hablar mucho de que «la tecnología digital contamina». Para respon-

---

158. Véase el estudio «Zero empty seats». Disponible en línea.

246 · MISIÓN BLABLACAR

der a esta pregunta, hemos calculado todas las emisiones de CO_2 relacionadas con el funcionamiento de toda la empresa BlaBlaCar, es decir, el consumo de energía de nuestras instalaciones (nuestra sede central tiene la etiqueta de Alta Calidad Medioambiental), nuestros 700 empleados que comen y viajan, nuestros servidores que funcionan las 24 horas del día, etc. Todo esto combinado representa 625 veces menos emisiones de CO_2 que el ahorro generado por nuestro servicio, que requiere poco almacenamiento o transporte de datos en comparación con los servicios de vídeo en línea, por ejemplo. Conectar a 100 millones de personas de todo el mundo para compartir sus coches ahorra mucha energía y contaminación. De hecho, para darse cuenta de la cantidad de energía que consume un coche, basta con recordar la última vez que tuviste que empujar uno... ¡Pesa mucho! Y, sin embargo, ¡arrancan a toda velocidad en cada semáforo! BlaBla-Car es un excelente ejemplo de un servicio digital de organización que se utiliza muy bien para optimizar, por su diseño, el consumo de energía que, de otro modo, se desperdiciaría. Esto es lo que hoy se conoce como «impacto *by design*» [159].

◉ **LC y BR:** ¿Hay otras organizaciones como BlaBlaCar que tengan un impacto positivo por diseño?

FM: En los últimos años se ha visto el crecimiento de muchos conceptos que también hacen uso de la tecnología, en particular el de mercados en línea para reducir los residuos. Pienso, por ejemplo, en Recommerce, Zack o Back Market, que reacondicionan y revenden objetos electrónicos, en Olio, Phenix, Geev o Too Good To Go, que permiten disribuir los alimentos antes de que se tiren injustamente, y en EcoVadis, que proporciona indicadores de impacto en toda la cadena de valor para optimizarla. ¡Sin olvidar, por

---

159. Producto o proyecto diseñado para tener un impacto positivo.

supuesto, las plataformas de reventa de segunda mano como leboncoin, Vinted o Vestiaire Collective! Muchos de estos servicios son *made in France* y todos *made in Europe*, lo que demuestra una verdadera voluntad por parte de nuestros emprendedores de desarrollar soluciones al consumo excesivo. Se podría incluso afirmar que abordar estas cuestiones de lucha contra los residuos está en el ADN francés o europeo. Las culturas americana y china, por ejemplo, no parecen ser tan sensibles a este tema... No conciben este tipo de proyectos.

❭ **LC y BR:** ¿Cree que el espíritu creativo que hay en todos nosotros el que puede salvar el mundo?

FM: Sí, si es liberado y alimentado. Bill Gates, de nuevo, respondería: «Es nuestro poder de invención lo que me hace tener esperanza». La creatividad, el trabajo duro y los métodos empresariales desempeñarán un papel importante en nuestra capacidad para desplegar soluciones eficaces a los problemas actuales. Pero las empresas no lo harán solas. La regulación debe anticipar y acompañar con fuerza estas transformaciones. Si comparamos a las empresas con los jugadores de un campo de fútbol, entonces, entenderemos que solo pueden jugar bien con reglas claras, comunes a todos y correctamente aplicadas. Por lo tanto, corresponde al regulador utilizar su poder para definir y unificar las normas a gran escala para allanar el camino hacia un futuro inspirador y tranquilizador para la humanidad. Para reiterar una noción mencionada anteriormente, es imperativo convertir lo importante en urgente, antes de que sea demasiado tarde. La única manera de hacerlo es fijar hoy las etapas y, sobre todo, respetarlas. Lamentablemente, no siempre es así... Prueba de ello son los acuerdos internacionales, como los firmados en París o Glasgow, que muestran una voluntad de actuar, se firman y luego se guardan en un cajón. Es terriblemente frustrante ver que no se aplican medidas de emergencia comparables a las adoptadas durante la pandemia.

> ● **LC y BR:** Si los gobernantes no pueden hacerlo, ¿podemos hacernos cargo nosotros?

FM: En cualquier caso, hay que aprovechar al máximo la capacidad de acción de los colectivos, ya sea en forma de empresas, asociaciones o fundaciones, para resolver los grandes problemas mencionados... Cada uno de estos problemas genera vocaciones, da lugar a numerosas misiones de vida. Por supuesto, la tecnología tiene un papel que desempeñar. Pero debe utilizarse para lo que realmente vale la pena para el mayor número de personas, es decir, un futuro mejor. Debe utilizarse para construir estructuras resilientes que cumplan el doble requisito de impacto positivo y sostenibilidad. En cuanto al primer requisito, todas las energías deben dirigirse hacia soluciones responsables. Una pregunta debería obsesionarnos: «¿Es esto útil o perjudicial para el futuro de la sociedad y para el planeta?».

Ya no es posible ignorar el planeta y el bien común como partes involucradas en la economía. Esto nos remite a la economía del bien común y a la teoría de los juegos, que explican, si no concilian, cómo se enfrentan los intereses individuales y colectivos en las decisiones que toma cada uno de nosotros y cómo todas nuestras acciones individuales tienen repercusiones a menudo imprevistas[160]. Hoy en día, nadie debería imaginarse la creación de una empresa cuyo único objetivo sea maximizar el número de clics. Nos enfrentamos a las mayores pruebas comunes de la historia de la humanidad[161]. Así que juntos encontraremos las soluciones.

---

160. Véase en particular *Économie du bien commun*, J. Tirole, París, PUF, 2016.

161. Véase *Le Plus Grand Défi de l'histoire de l'humanité*, A. Barrau, París, Michel Lafon, 2019.

◉ LC y BR: ¿De dónde sacar la fuerza necesaria y cómo convertir la intención en acción?

FM: ¡Alineando lo profesional y lo personal! Para ser fuertes y decididos en las acciones que tienen un impacto a largo plazo, cada uno de nosotros debe buscar la máxima alineación entre nuestras aspiraciones personales (hacer el bien, ayudar al prójimo, a lo grande, de buena manera, en confianza, de acuerdo con nuestras convicciones, etc.) y nuestra actividad profesional. Nuestro trabajo es nuestro mayor medio de acción, ya que moviliza nuestro tiempo y energía a diario. A veces podemos encontrarnos desalineados, pero esto no debería durar. Debemos aprovechar la primera oportunidad para reajustar las cosas, o explorar la primera puerta abierta para acercarnos a nuestras convicciones. Cada uno de nosotros es un emprendedor de su propia vida. Cuando nos acercamos a nuestras convicciones personales y utilizamos nuestro tiempo de trabajo para cumplir nuestras aspiraciones, entonces cada uno de nosotros, y misión a misión, fortalecemos a la humanidad, y juntos creamos un mundo más humano, una humanidad más resistente frente a los desafíos. Esto nos permite construir una sociedad más cercana a las consideraciones y problemas reales de la vida, para diseñar el mejor futuro posible.

La alineación de la convicción personal y la acción profesional crea una poderosa resonancia que es una fuente infinita de motivación y energía. Dar sentido a la propia vida, luchar por las propias convicciones, acoplar la inteligencia de las generaciones anteriores con la propia creatividad para desplegar una respuesta pertinente a un problema actual, transformar lo importante en urgente y así sentirse útil ahora, alinear lo que uno hace con lo que es, desempeñar su papel sin desempeñar un papel, eso es exactamente lo que significa vivir la propia misión.

La sorpresa de Evaneos, Doctolib y Brigad en la pandemia

Afrontar una situación inédita

¿Qué escuela prepara para una pandemia que obligue a los poderes públicos a cerrar la economía? Que sepamos, ninguna. Para gran disgusto de las empresas, sin embargo, acostumbradas a pasar por innumerables dificultades y desagradables sorpresas...

No obstante, el 17 de marzo de 2020, cuando se tomó la decisión de confinar Francia, todo el mundo se vio sorprendido. Los llamados negocios «no esenciales» cerraron y los viajes se restringieron severamente [162].

Un duro golpe incluso para las *startups*, que tienen fama de ser ágiles. Hay que decir que la crisis sanitaria no perdona a ninguna parte del mundo, ni a ningún sector de la economía.

En 2020, Evaneos, una plataforma que pone en contacto a viajeros y agencias locales perdió el 95 % de su facturación [163]. Sin embargo, la *startup* francesa ha experimentado un crecimiento fulgurante en los últimos diez años. Su defensa del turismo a medida, más sostenible e inclusivo le había permitido incluso entrar en el índice Next40 [164] en 2019.

En cuanto a Doctolib, un año después de recaudar 150 millones de euros de financiación, el unicornio ha visto con impotencia cómo han caído las reservas de consultas médicas físicas.

¿Y qué decir de la suerte de Brigad? La aplicación ha visto evaporarse su misma razón de ser.. Ya no era necesario poner en con-

---

162. *Le Monde* propone recorrer las principales etapas de la crisis en una cronología disponible en línea.

163. «Evaneos, une *startup* florissante à l'épreuve du Covid», O. Tallès, *La Croix*, 13 de diciembre de 2020, disponible en línea.

164. Creado en 2019, el sello Next40 tiene como objetivo apoyar y promover a 40 jóvenes empresas francesas que el gobierno considera prometedoras y con posibilidades de convertirse en líderes tecnológicos.

tacto a trabajadores autónomos y hoteles-restaurantes cuando estos últimos estaban cerrados...

Es difícil, en estas condiciones, prever un rebote... Y sin embargo...

La respuesta a la pandemia de Evaneos, Doctolib y Brigad

Cultivar la resiliencia

...¿No se dice, acaso, que detrás de cada crisis hay oportunidades? Sin embargo, Evaneos, Doctolib, Brigad y las innumerables *startups* afectadas por la pandemia tuvieron que enfrentarse primero a la nueva realidad.

Con el sector de los viajes totalmente paralizado, la prioridad de Evaneos era la supervivencia económica y la moral de los equipos [165]. Gracias a «Confineos», estos últimos podían compartir ideas de actividades a nivel interno. Aunque la empresa no pudo librarse del plan de despidos, ahora cuenta con una apetencia, impulsada por la crisis, por el turismo sostenible y local, el «corazón de la actividad» de Evaneos.

Doctolib acabó desempeñando un papel fundamental en el despliegue de la estrategia de vacunación del gobierno francés al facilitar la reserva de citas [166], y el servicio de teleconsulta ha ofrecido la opción de consultar a distancia a millones de franceses, el número de teleconsultas aumentó de 1.000 a 100.000 al día [167]. Esta solución

---

165. «Evaneos, une *startup* florissante à l'épreuve du Covid», O. Tallès, *op. cit.*

166. La *startup* actualiza periódicamente los datos de cobertura de vacunación en su sitio web.

167. «Doctolib est passé de 1 000 à 100 000 téléconsultations par jour», V. Cimino, *Siècle Digital*, 24 de abril de 2020, disponible en línea.

debería ser más permanente y ayudar a resolver, en parte, el problema de la falta de médicos.

¿En cuanto a Brigad? La *startup* se ha asociado con el Colectif Solidaire para entregar gratuitamente comidas saludables al personal de enfermería de los hospitales franceses[168]. En marzo de 2020, los fundadores también decidieron ampliar sus soluciones a otros sectores con gran demanda, como la sanidad y la agricultura.

La crisis ha demostrado así la resiliencia de estos nuevos modelos más ágiles. Sobre todo, ha confirmado la pertinencia de las soluciones digitales para responder a retos complejos a gran escala, fuera del contexto de la pandemia exclusivamente.

Transformación en Kodak

Transformación o declive

¿Cómo se puede explicar que un ícono deje de existir en un abrir y cerrar de ojos? Es lo que le ocurrió a Kodak, líder indiscutible en su mercado, que se vio superada por la revolución digital.

Fundada en 1892 en Nueva York, Kodak revolucionó la industria fotográfica a lo largo del siglo xx. ¿Cómo lo hizo? Haciendo que las cámaras sean accesibles al gran público. El anuncio decía: «Click-click, gracias Kodak». En su apogeo, Kodak facturaba miles de millones de dólares y empleaba a 140.000 personas. La historia de éxito podría haber continuado, ya que el primer prototipo de cámara digital fue creado en 1975 por Steve Sasson, un ingeniero de la empresa[169].

---

168. Es posible consultar la descripción de la iniciativa en la página web de la *startup*.

169. «Kodak's Downfall Wasn't About Technology», S. D. Anthony, Harvard Business Review, 15 de julio de 2016, disponible en línea.

Sin embargo, Kodak no pudo explotar esta innovación, que, hay que reconocerlo, tenía el tamaño de una tostadora. Y lo que es peor, silenció a Sasson, ya que los ejecutivos consideraron que su prototipo era «bonito» pero le ordenaron «no decírselo a nadie»[170].

El modelo de negocio de la empresa se centraba en la venta de películas y productos de posprocesamiento, que representaban más del 70 % de su actividad[171]. Por tanto, Kodak temía canibalizar sus ventas y no cambió de opinión hasta que fue demasiado tarde. La decisión de centrar las inversiones digitales en la gama más alta del mercado hizo que se perdiera el punto de inflexión de la simplicidad digital y el intercambio de fotos en línea.

La sentencia de muerte sonó en 2012 con la declaración de quiebra, a pesar de los miles de millones invertidos en cámaras digitales. Kodak, que ahora solo tiene unos pocos miles de empleados, no pudo transformarse a tiempo. ¿La razón? El modelo de negocio de la empresa, basado en el cine, y su rígida cultura, frenaron el cambio.

El regreso de la misión a Ørsted

Hacia un desarrollo responsable

¿Son sostenibles nuestras economías? Todavía no. Y esto es especialmente cierto para el sector energético, que sigue siendo demasiado dependiente de los combustibles fósiles.

¿Cómo conciliar entonces la creciente demanda de energía con una drástica reducción de las emisiones? ¿Cómo conciliar las cues-

170. «At Kodak, Some Old Things Are New Again», C. H. Deutsch, *The New York Times*, 2 de mayo de 2008, disponible en línea.

171. «Why Kodak Died and Fujifilm Thrived: A Tale of Two Film Companies», O. Kmia, 19 de octubre de 2018, disponible en línea.

tiones climáticas con el sector energético? Todos estos son retos a los que Ørsted tuvo que enfrentarse.

Hace doce años, este gigante energético danés aún se llamaba DONG Energy. Con el 85 % de su electricidad vendida producida por centrales eléctricas de carbón, era responsable de un tercio de las emisiones de CO_2 de Dinamarca y era una de las empresas más contaminantes del sector[172].

En 2009, la dirección de Ørsted anunció un importante cambio estratégico. Se fijaron el objetivo de producir el 85 % de la energía vendida a partir de fuentes renovables para 2040[173]. ¿El plan? Invertir masivamente en la producción de energías renovables, mientras se retira gradualmente de las actividades ligadas a los combustibles fósiles. Las dudas internas y las preocupaciones financieras no disuadirán a Ørsted de su objetivo. Increíblemente, su mix energético supera el 86 % de energías renovables en 2019, ¡veintiún años antes de lo previsto!

Este logro ha permitido a la empresa convertirse en el líder mundial de la eólica marina, con casi un tercio del mercado. Ørsted también ha sido clasificada como la empresa energética más sostenible del mundo[174] desde 2019. ¿Próximo reto? Lograr la neutralidad de carbono en su producción de energía y en sus actividades operativas en pocos años, sin renunciar a la creación de valor. Esto puede servir de inspiración a todas las organizaciones que deseen emprender el camino del desarrollo sostenible

---

172. «A Tale of Transformation: The Danish Company That Went From Black to Green Energy», E. Reguly, *Corporate Knights*, 16 de abril de 2019, disponible en línea.

173. Los objetivos se presentan en el sitio web de la empresa.

174. El Índice Corporate Knights presenta una clasificación anual de las empresas más sostenibles del mundo.

FICHAS DE MÉTODOS

¡Para cada cuestión importante, una solución estructurada! Aquí encontrarás problemáticas concretas a las que se enfrenta todo emprendedor durante la vida de su proyecto, con métodos, modelos y enfoques para pensar y resolverlas. Estos enfoques han hecho que la Misión BlaBlaCar sea un éxito, así que ¿por qué no van a funcionar también para tu proyecto? Estas fichas están pensadas para ser leídas, releídas y compartidas.

PENSAR

Imaginar	Focalizar	Organizar	Convencer	Planificar
ESCUCHAR	FOCUS	MAP	PITCH	ROADMAP

CREAR

La marca	El modelo económico	La plataforma	El precio	La confianza
VANOLO				
VANOLO	NECESIDAD	El cohete	Las 3C	DREAMS

CRECER

Financiar	Reclutar	Progresar	Acelerar	Internacionalizar
La balanza del juez	10 filtros	LA ACTITUD ESTOICA	PERFORM	El salto

DURAR

La cultura	El producto	La innovación	El ser humano	La visión de conjunto
EL CORAZÓN	BEST	4D+P+D / 2C+E+F+A	GLASS	CASE

IMAGINAR

ENCONTRAR BUENAS IDEAS

- -

¿Cómo distinguir una buena idea de una mala? ¿Cómo resuena una idea en nosotros, en nuestros antecedentes y en el mundo que nos rodea? ¿Cómo evoluciona su concepto original? ¿Realmente elegimos una idea o la idea nos elige a nosotros?

- -

Para desarrollar una idea en nuestra sociedad, la idea debe ser útil y, por tanto, atractiva para quienes la harán realidad: clientes, socios y colaboradores. ¿La buena noticia? El mundo en el que vivirá esta idea ya existe. Así podremos probarla y escuchar todos los comentarios.

El método ESCUCHAR

Escucha tu vida cotidiana, tanto personal como profesional: identificarás los problemas y las ideas relacionadas para resolverlos.

Vincula los problemas del mundo real con las potenciales optimizaciones (tecnológicas o no) que conozcas.

Originalidad – ¿Tu idea es original o ya se ha explorado antes? ¿Ha fracasado o ha tenido éxito? ¿Por qué o por qué no? Investiga un poco.

Utilidad – ¿A qué y a quién va a servir realmente tu idea? Si tu idea no es realmente útil, no sobrevivirá mucho tiempo.

Trabaja en tu idea. Una idea nunca es perfecta cuando nace, prepárate para hacerla evolucionar hasta hacerla viable.

Discute tu idea con gente que conozcas, con gente que sabe, con gente que no conozcas, y, sobre todo, escucha atentamente sus comentarios.

POR EJEMPLO BlaBlaCar nació de una necesidad que Frédéric encontró en su vida cotidiana: por falta de plazas en los trenes, le era imposible viajar a la región de la Vendée para las fiestas de fin de año, mientras los coches circulaban «vacíos» y muchos pasajeros hubieran querido aprovecharlos. Travis Kalanick lanzó Uber porque no pudo encontrar un taxi libre en los suburbios de París una tarde lluviosa. MeilleursAgents nació cuando a Sébastien de Lafond le resultó muy difícil establecer un precio justo para el piso que iba a comprar. A veces una idea tiene que evolucionar antes de ser viable. Phenix, una *startup* francesa pionera en la lucha contra los residuos, probablemente no habría despegado si sus cofundadores no se hubieran dirigido a los supermercados y a la industria alimentaria para ofrecerles un servicio de donación de productos no vendidos a las asociaciones. Todos estos son ejemplos de cómo escuchar los pequeños problemas cotidianos dio lugar a grandes ideas empresariales.

LA PREGUNTA CLAVE

¿Para qué sirve?

Si puedes presentar en una frase el problema que resuelves y a quién sirve tu idea, entonces tiene futuro. Si la explicación es larga o poco clara, ¡sigue trabajando y escuchando!

Para ir más allá...

1. *El MomTest: Cómo mantener conversaciones con tus clientes y validar tu idea de negocio cuando todos te mienten*, R. Fitzpatrick, 2018 — Mucha gente te dice que tu idea es buena... ¡para no herirte! Eso es amable, pero no ayuda mucho a mejorar. La próxima vez, pregunta a tu interlocutor por su vida, en lugar de por tu idea, y escúchalo.

2. *Test Business Ideas*, D. J. Bland y A. Osterwalder, Montreuil, 2020 — Una idea de producto o servicio emergente es como una hipótesis científica. Por lo tanto, también hay que ponerla a prueba explorando su viabilidad, conveniencia y factibilidad.

3. *Effectuation: les principes de l'entrepreneuriat pour tous*, P. Silberzahn, Montreuil, Pearson, 2020 — Philippe Silberzahn rompe el mito del emprendedor visionario que, desde el plan de negocio impecable hasta la recaudación de fondos de varios ceros, lo hace todo bien.

FOCALIZAR

DISEÑAR UN PROYECTO
QUE FUNCIONE

- -

¿Cómo proyectarse para concebir un conjunto que funcione? ¿Podemos inspirarnos en lo que funciona? ¿Cómo involucramos a las partes interesadas? ¿Cuáles son nuestras opciones y las fuerzas que nos ayudan?

- -

En latín, *focus* significa «fuego», un lugar vital. Para proyectarte mejor, te centrarás en lo que es importante, área por área. Cada dimensión es un órgano de tu proyecto, grande o pequeño. ¿El secreto? Los colaboradores, que le dan vida.

El método FOCUS

Facetas: Un proyecto, al igual que un objeto 3D, tiene caras que pueden estudiarse una por una, ¡incluso antes de empezar!

Opuestos: Enfrentados a elecciones entre opciones aparentemente opuestas, comprende el campo de juego que crean estas opciones y explótalo. Ni blanco ni negro, elige tu tono de gris.

Colaboradores: ponte en la piel de los colaboradores de tu proyecto y asegúrate de que todos obtienen algo y se interesan en él. Este ejercicio de empatía es muy poderoso. Garantizará la viabilidad y el éxito a lo largo del tiempo.

Unicidad: ¿Cuáles son los puntos fuertes de tu proyecto? ¿Cuál es el «extra» que lo hace único y ganador? ¿Un atributo raro y difícil de reproducir?

Similitudes: Se crea mucho valor transfiriendo inteligencia entre áreas. Inspírate en todo lo que tenga similitudes con tu proyecto: conocimientos técnicos, concepto, analogía, metáfora o estudio de mercado...

POR EJEMPLO Cuando se trata de hacer realidad el proyecto, la lista de preguntas parece interminable. La clasificación FOCUS ayuda mucho a proyectarse en la realidad y a construir el proyecto y clarifica la misión de forma concreta. El aspecto muy empático del enfoque hacia los colaboradores resulta indispensable para diseñar situaciones o posiciones que funcionen para cada uno de los participantes. Esto se refleja, por ejemplo, en el principio «Be The Member» de BlaBlaCar o en las prácticas de eBay: para ponerse en la piel de los vendedores, los empleados del sitio de subastas organizan regularmente concursos de ventas. Comprar y vender en eBay y participar en la economía circular son también intereses que buscan los reclutadores de estas empresas.

LA PREGUNTA CLAVE

¿Yo querría colaborar con este proyecto si estuviera en la piel de...?

Ponerse en la piel de un cliente, de un inversor, de un periodista e incluso del planeta, te permitirá tomar distancia de tu proyecto y ver si todo el mundo quiere que exista.

Para ir más allá...

1. *The Design Thinking Playbook*, M. Lewrick, P. Link y L. Leifer — La metodología, los procesos, pero sobre todo la mentalidad del *design thinking* pueden ayudarte realmente a eliminar los últimos obstáculos en el camino de tus ideas.

2. *Thinking in Systems: A primer, D. H. Meadows*, White River Junction, Chelsea Green Publishing Co, 2017 — Muchos de los problemas actuales son complejos y multidependientes: contaminación, calentamiento global, pobreza, etc. Utilizando los métodos y herramientas del pensamiento sistémico, D. H. Meadows sugiere que hagamos las cosas de forma diferente.

3. *One from Many: VISA and the Rise of Chaordic Organization*, D. Hock, San Francisco, Berrett-Koehler Publishers, 2005 — ¿Crear un ecosistema financiado por bancos competidores para facilitar las transacciones con tarjeta entre comerciantes y consumidores? D. Hock logra esta hazaña, repasando el nacimiento, la estructura innovadora y las reglas de gobierno futuristas de Visa, una de las primeras plataformas de pago.

ORGANIZAR

ENCUENTRA TU ESTILO

. . . .

¿Quiénes son los actores que contribuyen con tu empresa? ¿Quién debe hacer qué y de qué manera? ¿Cómo se puede garantizar que todos los procesos sean comprendidos y respetados por todos? ¿Por qué establecer un procedimiento operativo?

. . . .

Al principio de una aventura empresarial es importante imaginar cómo van a interactuar los distintos miembros del equipo —y el ecosistema en general—. Sin embargo, hay varias formas de organizarse y esta elección determinará el tipo de competencias necesarias, los modos de comunicación, los procesos de toma de decisiones, etc.

El método MAP

Modeliza las diferentes tareas de la empresa en una hoja en blanco respondiendo a las siguientes preguntas para empezar: ¿Qué tengo que hacer? ¿Cuándo? ¿Cómo lo hago?

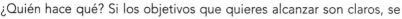

Asocia estas diferentes tareas con los recursos disponibles para determinar las líneas generales de un primer modo de organización: ¿Quién hace qué? Si los objetivos que quieres alcanzar son claros, se puede prever un «modo proyecto», definiendo de forma flexible las contribuciones de cada persona a lo largo del tiempo. Cuando se requieren ajustes continuos, se prefiere un enfoque «producto».

Planificar los diferentes elementos de la organización a lo largo del tiempo y considerar qué tipo de organización amplia se ajusta mejor a tu iniciativa. Si tus actividades son secuenciales y las realizan sus equipos, opta por un modelo de cadena de valor lineal. Si, por el contrario, comunidades externas a tu organización participan en la creación de valor, adopta una lógica de ecosistema explorando opciones de plataforma.

POR EJEMPLO Encontrar el modelo organizativo adecuado no siempre es fácil al principio. El *Business Model Canvas* (Lienzo de modelo de negocio) es una herramienta genérica muy útil cuando aún no ha surgido el modelo organizativo. Posteriormente, el modelo de «cadena de valor» de Michael Porter puede ayudar a modelar las actividades lineales tradicionales (Renault, Coca-Cola, Auchan). Para una plataforma como BlaBlaCar, Airbnb o leboncoin, se puede utilizar el modelo del Cohete para diseñar y visualizar tu ecosistema en una sola página[175]. Estos enfoques, a menudo bastante sencillos, ayudan a estructurar mejor las actividades y a determinar las competencias que deben desarrollarse. A medida que crecen, organizaciones como Amazon, Apple y Facebook, combinan la cadena de valor lineal y los modelos de plataforma para crear organizaciones híbridas.

LA PREGUNTA CLAVE

¿Quién se parece más a mí: Hilton o Airbnb?

Prestándote a este juego, si te haces esta pregunta, determinarás si tu empresa es más afín al modelo lineal o al modelo de plataforma.

---

175. Véase la ficha La plataforma – El modelo del cohete.

Para ir más allá...

1. *Business Model Generation*, A. Osterwalder e Y. Pigneur — Bolígrafos, rotuladores, notas Post-it®, tijeras, pegamento, pegatinas, cinta adhesiva... ¡Cuántos accesorios útiles a la hora de pensar en su organización con el Business Model Canvas, disponible gratuitamente bajo licencia creative commons!

2. *Competitive Advantage: Creating and Sustaining Superior Performance*, M. Porter, Nueva York, Free Press, 2004 — La mayoría de las empresas nacidas desde la revolución industrial utilizan un modelo lineal de «cadena de valor» en el centro de su organización. Esta biblia describe no solo las actividades principales y secundarias, sino también las implicaciones de los diferentes modelos para la estrategia empresarial.

3. *Platform Strategy*, B. Reillier y L. C. Reillier, Malakoff — Para lanzar y desarrollar tu plataforma, el Rocket Model Canvas de Launchworks & Co está disponible de forma gratuita bajo una licencia creative commons.

CONVENCER

PARA HACER SOÑAR Y UNIR
A LA GENTE

. . . .

¿Cómo conseguir que el mundo entienda la utilidad de tu proyecto? ¿Cómo seducir a tus primeros usuarios, a sus futuros colegas, a los inversores? ¿Emoción o técnica? ¿Se puede contar la misma historia a todo el mundo?

. . . .

Rápidamente te pedirán que presentes tu proyecto, y no solo una vez, sino mil veces. En 10 segundos, 30 segundos o 5 minutos, y ante distintos públicos, «venderás» tu proyecto. ¿Cómo puedes ser eficaz y adaptarte a las circunstancias? Es un arte difícil, a veces estresante, en el que hay que activar lo racional y lo emocional, al mismo tiempo que tomas distancia del proyecto para… ¡convencer!

El método PITCH

Pertinente Cada presentación es diferente, aunque contenga frases impactantes. Adáptate: para un cliente, habla de las ventajas del servicio; para un inversor, habla de negocios, etc. Un público = una presentación, ¡ese es el secreto!

Impactante Muestra el impacto de su proyecto, las consecuencias positivas y cuantificables en la vida cotidiana de tus clientes y en el mundo en general.

Tolerancia Toma distancia y acepta los comentarios de tus interlocutores, tanto los buenos como los malos. Lee sus ojos, escucha sus preguntas y adapta tus respuestas.

Convivial ¡No hay que aburrirse! Sé tú mismo, no copies el estilo de otra persona. No dudes en apostar por la emoción y el humor.

Armonía Comprueba el equilibrio de tu historia de la A a la Z. Navega entre el sueño y la realidad sin excesos, manteniendo la historia totalmente coherente.

POR EJEMPLO «Canva permite a todo el mundo crear». Con esta visión, la *startup* australiana de diseño gráfico ha conseguido más de 60 millones de usuarios en 190 países. «Sin embargo, las primeras presentaciones a los inversores de Silicon Valley les salieron mal», dice la cofundadora y directora general Melanie Perkins. Melanie y su cofundador Cliff Obrecht aprenden rápidamente de los comentarios. Incluyen en su discurso los excelentes resultados de su primera empresa de diseño gráfico. Explican que la financiación inicial les permitirá desarrollar y lanzar una primera versión del producto. Preparan las respuestas a cualquier pregunta. Los resultados están a la vista: la adopción masiva de Canva está generando más de mil millones de dólares en ingresos. ¿Qué es lo siguiente? Duplicar el número de empleados para revolucionar el diseño web y desarrollar una herramienta de colaboración que «sustituya al PDF».

LA PREGUNTA CLAVE

¿Por qué voy a tener éxito cuando otros antes que yo han fracasado?

Los inversores ven cientos de proyectos. ¿Por qué lo vas a conseguir? ¿Cuáles son sus puntos fuertes y débiles? Elimina todas las dudas de tus interlocutores, prepárate de antemano en el mayor número de temas posible. Acostúmbrate a presentar a menudo con tu entorno, incluso de manera informal.

Para ir más allá...

1. *Ideas que pegan*, C. y D. Heath, París — ¿Por qué tienen tanto éxito las teorías de la conspiración y otras noticias falsas? Es la «escala de memorabilidad»: una idea convence cuando es sencilla, inesperada, concreta, creíble, contextual y cuando despierta emociones.

2. «The Right Way To Build Your Pitch Deck», Spero Ventures, 2018, disponible en línea — Presentar tu proyecto es un arte, el arte de contar historias. El *storytelling* es un poderoso aliado para destacar y conseguir financiación.

3. Algunas empresas han hecho públicos los *pitch decks* que les han permitido recaudar hasta cientos de millones de dólares. ¿Por qué no inspirarse en ellos? Echa un vistazo a los *pitch decks* de Facebook, Airbnb o LinkedIn.

PLANIFICAR

TRAZAR LA RUTA HACIA EL OBJETIVO

· ·

¿Cuál es tu objetivo? ¿Cuál es el camino para llegar allí? ¿Cuánto tiempo tardarás? ¿Qué obstáculos debes prever? ¿Cuánta flexibilidad debes permitirte para progresar? ¿Quién debe participar en la planificación? ¿Cuánto costará en tiempo, dinero y energía?

· ·

En la vida de un proyecto, la planificación es clave. Una vez que sepas a dónde quieres ir, es simplemente cuestión de construir metódicamente el camino para llegar allí. La idea es sencilla: anticipar los costes y los ingresos para garantizar la viabilidad. Esto se estima generalmente en «días-hombre».

El método ROADMAP

Sueña con tu visión y con tu estrategia de la forma más clara posible y difúndela lo más ampliamente posible.

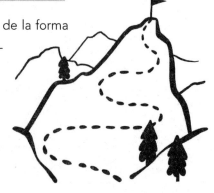

Abre a todos los que quieran participar la posibilidad de hacerlo. La implicación desencadena la motivación y libera las energías.

Mejora tu propuesta de valor/producto/servicio, teniendo en cuenta que a menudo esto implica simplificar.

Enumera las cosas que debe hacer para, a continuación, decidir un orden de importancia y prioridad y suprime lo innecesario.

Cuantifica el trabajo que se debe realizar, cuenta el número de días-hombre necesarios para cumplir tus sueños, y los costes asociados.

Ordena los requerimientos según su prioridad y dificultad. No dudes en eliminar lo que no es esencial.

Planifica tu avance en los próximos meses. **Deja** un margen del 15-20 %, tanto en tiempo como en presupuesto.

POR EJEMPLO Compartir una hoja de ruta significa identificar los ejes prioritarios de mejora y, en última instancia, enriquecer la experiencia del usuario. Las empresas tecnológicas lo han entendido. Ya no dudan en hacer pública su hoja de ruta anual a través de publicaciones en un blog. Wise, cuya misión es permitir las transferencias de dinero sin fronteras, publica cada trimestre una lista de las próximas funciones y productos. ¿El objetivo? Abrir un diálogo directo y transparente con los clientes sobre lo que se está construyendo y por qué, para obtener su opinión sobre las prioridades. Wise también considera que este esfuerzo de transparencia es una forma excelente de atraer talento a la empresa.

LA PREGUNTA CLAVE

¿Qué es lo que no puedo dejar de realizar en seis meses?

Una vez que tengas la respuesta, divide estos objetivos en otros más pequeños y luego mide, prioriza y planifica. Elige tus batallas y sigue la hoja de ruta, ¡no te pierdas por el camino!

Para ir más allá...

1. *Product Roadmaps Relaunched*, C. T. Lombardo, B. Mccarthy, E. Ryan y M. Connors, Sebastopol, O'Reilly Media, 2017 — No construimos una hoja de ruta porque sí, sino para entender cómo distinguir la misión de la empresa de su visión...

2. *Measure What Matters: How Google, Bono, and the Gates Foundation rock the world with OKRs*, J. Doerr, Nueva York, Portfolio/Penguin, 2018 — Lo que no se mide no se mejora. Para progresar, hay que medir y reevaluar el rendimiento de las etapas de la hoja de ruta. Más allá de los KPI (indicadores clave de rendimiento), los KPI (*Key Performance Indicators*) son el yin y el yang de la eficacia, para pasar del deseo a la realidad.

3. Internet está lleno de ejemplos de hojas de ruta. Y para dar el primer paso, aquí tienes algunas herramientas para establecer y gestionar tu hoja de ruta: monday.com, Trello, ProdPad, StoriesOnBoard.

LA MARCA
EXPRESAR TU IDENTIDAD

¿Qué imagen quieres difundir? ¿Qué quieres cambiar en tu mercado? ¿Cuál es su historia? ¿En qué tono la cuentas? ¿Qué grado de proximidad estableces con tus clientes? ¿Quiénes son tus competidores, tus modelos, tus antimodelos?

La creación de una marca no se limita a un nombre. Una marca memorable se basa en sus valores, su misión y su visión. Es la personalidad de tu proyecto: su singularidad, su coherencia, su forma de comunicarse con el mundo y su posicionamiento positivo serán una fuente de confianza e inspiración. Tener una marca fuerte te hará ganar años sobre sus competidores.

El enfoque VANOLO

Valores Confianza, profesionalidad, amabilidad, técnica, amistad, redondez, rigidez, lujo, ligereza, apoyo mutuo, etc. ¿Qué quieres que inspire tu marca? Piensa en tu actividad, en tu servicio. Quédete solo con las palabras que te son afines.

Nombre Piensa en palabras inglesas, latinas o griegas que funcionan en varios idiomas. Sueña con las palabras,

VALEURS, NOM, LOGO

descomponlas y júntalas. Cuando tienes un nombre, comprueba su disponibilidad (dominio.com). Si es fácil de pronunciar, escribir, recordar e internacional, tus clientes lo recordarán y lo encontrarán fácilmente en Internet. ¡Ejemplo: creamos la marca Vanolo para retomar los conceptos VAlores, NOmbre y LOgo!

Logo Con tus valores y tu nombre, encontrar tu logotipo será fácil. Un diseñador gráfico o un experto en marcas puede ayudarte. Te sugerirán que elijas un logotipo que sea visible a distancia y pequeño, que quepa en un cuadrado y que sea reconocible en blanco y negro.

POR EJEMPLO Twitter, la red social con tuits de hasta 280 caracteres, es la marca que encarna plenamente los valores, la misión y la visión de la empresa. La palabra *twitter* significa «hablar rápido y con ligereza» y se refiere al piar de los pájaros. El nombre de la marca es fácil de pronunciar, memorable y representa perfectamente el uso y la inmediatez del servicio, tanto que se ha convertido en un verbo por derecho propio. Por último, el famoso logotipo del pájaro azul complementa el simbolismo de la brevedad y el dinamismo de los tuits diarios de los cientos de millones de miembros que se han unido a Twitter desde su lanzamiento en 2006. Doug Bowman, antiguo director creativo de la red social, lo resumió en 2012: «Twitter es el pájaro, el pájaro es Twitter[176]».

LA PREGUNTA CLAVE

Si mi marca fuera un animal, ¿cuál sería?

Esta pregunta te permitirá describir algunos valores y avanzar en la reflexión para llegar al nombre y luego al logotipo. Pregúntate

---

176. Véase «Who Made That Twitter Bird», M. Rehak, *New York Times*, 8 de agosto de 2014, disponible en línea.

qué quiere que tu marca inspire el público al que quieres llegar y... más allá.

___

Para ir más allá...

1. *Marketing Management*, P. Kotler, K. Keller, K. Keller, A. Hemonnet y D. — Vemos las marcas, el logotipo, las campañas de marketing. Pero, ¿qué ocurre en el otro lado, entre bastidores? ¿Cómo funcionan las marcas? ¿Cómo se construye y mantiene el capital de la marca?

2. *Mercator*, A. de Baynast, J. Lendrevie y J. Lévy, Malakoff — El capítulo 15 de este libro introduce la forma en que influyen las marcas y explica cómo gestionar mejor la propia marca y las marcas paraguas.

3. *Cómo construir una StoryBrand*, D. Miller, Empresa Activa, 2018 — Donard Miller explica cómo construir una historia poderosa, incluyendo cómo dejar claro el mensaje que quieres transmitir y ser la mejor guía posible para tus clientes.

ENCONTRAR UN NOMBRE INOLVIDABLE

BlaBlaCar es un nombre perfectamente adaptado a su servicio: incorpora la noción social de compartir coche a través de la conversación (BlaBla), y evoca los viajes en coche (Car). Sin embargo, fueron necesarios implementar varios métodos para encontrarlo. Expresa tus valores en pocas palabras y luego prueba estos métodos para encontrar tu marca ideal.

La ruleta (gratuito)	Busca «generador de nombres» en Internet y descubre los numerosos sitios que te ofrecen la posibilidad de probar suerte, siguiendo todos los temas.
La agencia (de pago)	Contrata una agencia que te acompañe. A menudo te ofrecerán listas sucesivas de nombres, de las que se irán seleccionando los nombres elegidos y en unas semanas se compilarán en otra lista.
RFC (gratuito)	Al igual que la comunidad de Internet, redacta un «Requeste for Comments»: una lista de condiciones que tu futura marca debe respetar, esto enmarcará tu búsqueda.
Los LEGO (gratuito)	¿Eras imbatible en LEGO? Haz una lista de sílabas o palabras cortas que puedan formar tu nombre. Combínalos en todas las direcciones: selecciona lo que funciona.
Torbellino de ideas (gratuito)	¿Una comida con un grupo pequeño? Este es el momento perfecto para hacer un torbellino de ideas. Lanza la idea y escucha cómo los nombres vuelan y rebotan entre los invitados. Agradece todas las sugerencias y toma nota.
Estado hipnagógico (gratuito)	Como han hecho los artistas y los científicos durante siglos, utiliza el estado de semiconsciencia entre la vigilia y el sueño, períodos de ultracreatividad: busca un nombre. Fue al final del día, entre la vigilia y el sueño frente a su pantalla, cuando Frédéric vio aparecer el nombre de BlaBlaCar...
Validación (gratuito)	Una vez que hayas encontrado un nombre, comprueba su disponibilidad (marca y dominio) y su memorabilidad: ¿lo recuerdan tus amigos unos días después de que se lo hayas dicho?

CONSTRUIR UN LOGOTIPO ÚNICO, ¡COMO TÚ!

El logotipo de BlaBlaCar es sencillo, único, reconocible, acogedor y tranquilizador por sus formas redondas pero firmes, sus colores lo vuelven atractivo pero maduro, etc. Sobre todo, representa las comillas del intercambio verbal, y el encuentro entre los que comparten el coche a través de la intersección de las dos «b». No es casualidad... ¡Tú también puedes crear un logotipo que refleje tu imagen!

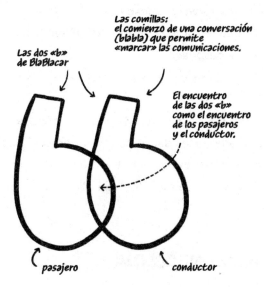

Las comillas:
el comienzo de una conversación
(blabla) que permite
«marcar» las comunicaciones.

Las dos «b»
de BlaBlacar

El encuentro
de las dos «b»
como el encuentro
de los pasajeros
y el conductor.

pasajero

conductor

Hazte las siguientes preguntas:

¿Qué se recuerda de mi marca?
El logotipo debe apoyar lo que ya se recuerda mejor.

¿Puedo insertar una inicial para mi marca?
Una letra es una ayuda para recordarte (¡el Zorro lo entendió!).

¿Qué servicio brindo?
Tu logotipo será más evidente si recuerda a la gente lo que usted hace.

EL MODELO ECONÓMICO
HACER QUE LA EMPRESA FUNCIONE

• •

¿Cómo vivirá tu empresa? ¿Su rentabilidad se basa en la venta de productos o en los servicios anexos? ¿Cómo debe estructurar el precio? ¿Cuál es la necesidad real? ¿Cuáles son los gastos, al principio y después?

• •

El modelo económico es el motor que hace funcionar a toda la empresa. Debe responder a una necesidad y generar ingresos. Sobre todo, es el modelo que sostendrá el proyecto y a todo el equipo durante mucho tiempo. ¿El reto? Encontrar la fórmula adecuada lo antes posible.

El motor NECESIDAD

Beneficio ¡Los ingresos deben compensar al menos los costes! A nivel micro, esto se denomina «*unit economics*», la rentabilidad propia de cada objeto o transacción.

Expansión ¿Cuánto gastarías para adquirir nuevos clientes? ¿Y cómo? El modelo general debe ser capaz de soportar sus costes de adquisición de clientes (CAC).

Sinergias ¿Podrá tu modelo aprovechar una actividad adyacente de la empresa y evitar así que los costes sean para ser más potente? ¿Puedes explotar un punto fuerte propio que ofrezca una ventaja competitiva?

Operaciones ¿Cuánto costará el gasto operativo diario? Se trata de Opex (*operational expenditure*).

Inversiones ¿Cuánto invertir inicialmente? ¿Y dentro de seis meses o tres años? ¿Cuántas «piezas» o «transacciones» habrá que vender para recuperar estos costes iniciales? Esto se llama Capex (*capital expenditure*).

Número ¿Con qué frecuencia le comprará el mismo cliente? El modelo es más fuerte cuando un cliente compra a menudo. Esto se llama recurrencia de uso.

Tipo ¿Qué tipo de modelo económico despliegas? Transaccional, suscripción, publicidad, freemium…

POR EJEMPLO BlaBlaCar probó seis modelos económicos diferentes en cinco años antes de optar por un modelo transaccional, que era el más eficiente, pero el más complicado de implementar. El lanzamiento de Freebox en 2002 revolucionó el mercado de Internet desde el punto de vista técnico, pero también, y sobre todo, desde el punto de vista económico: el plan ilimitado mensual ultracompetitivo de la empresa de Xavier Niel inauguró un nuevo modelo de negocio de venta en línea sin agencia, que obligó a los competidores a bajar sus precios para seguir siendo competitivos. El plan móvil ilimitado añadido en 2012 se benefició de la sinergia con la base instalada, y el modelo de 19,99 euros mensuales equilibra todo, teniendo en cuenta además que los clientes compran sus teléfonos móviles, independientemente de Free.

LA PREGUNTA CLAVE

¿Cómo optimizar el precio, la calidad y los costes al mismo tiempo?

Tu producto o servicio debe crear valor para que se venda bien. También debes optimizar sus costes para producir mejor y atraer a tus próximos clientes de forma eficiente. Es fácil decirlo... Es un trabajo permanente.

Para ir más allá...

1. *Strategor: la stratégie de la start-up à la multinationale,* 8ª edición, B. Garrette, L. Lehmann-Ortega, F. Leroy et al, París, Dunod, 2019 — Libro de referencia, Strategor cubre todos los aspectos fundamentales de la estrategia empresarial. El capítulo 5, titulado «Innover pour créer de nouveaux business models», examina más específicamente los nuevos modelos de negocio.

2. *La transición al océano azul.* Empresa Activa 2018, C. Kim y R. Mauborgne — Salga del «océano rojo» de la competencia adentrándose estratégicamente en un nuevo espacio, el «océano azul». Así, al eliminar los animales de sus espectáculos, el Cirque du Soleil ha reinventado el modelo económico del circo y ha aumentado el valor percibido por los clientes.

3. «A crash course in unit economics — don't learn this the painful way», H. Nguyen, disponible en línea — ¿Cómo calcular el valor de un cliente (*Life Time Value*)? ¿Sus costes de adquisición (CAC)? ¿Y, más ampliamente, las *unit economics* de tu negocio? Elija las métricas adecuadas.

4. Las *unit economics* se calculan de forma diferente para las empresas SAAS y plataformas.

LOS 6 MODELOS DE NEGOCIO PROBADOS POR BLABLACAR

Años — Modelo	Ventajas/Desventajas
2006 a 2008 **Publicidad:** colocación de publicidad en el sitio para generar ingresos en función del tráfico.	+ Fácil de implementar + Ingresos inmediatos – Sitio desnaturalizado por la publicidad, menos acogedor y sobre todo menos práctico – Conflicto de objetivos: modelo que fomenta la optimización del tiempo de permanencia en el sitio y la recogida de información personal para aumentar los ingresos publicitarios en lugar de la rapidez del servicio prestado – Ingresos demasiado bajos para mantener el negocio

Balance: modelo que distorsiona el servicio y es demasiado débil económicamente para garantizar su supervivencia.

Años — Modelo	Ventajas/Desventajas
2006 a 2012 **B2B en SAAS** (*Business to Business – Software As A Service*): desarrollar plataformas de coche compartido específicas para los empleados de las empresas o de colectivos (los clientes), a través de una suscripción a una plataforma alojada y centralizada, a menudo con etiqueta blanca o gris, es decir, con los colores del cliente.	+ Fácil de explicar y comercializar + Ingresos rápidos, de varios miles de euros por contrato, y adaptados a los costes globales – Complejidad: las peticiones específicas de los clientes aumentan la complejidad de la plataforma al introducir muchos parámetros de configuración – Conflicto de producto: los clientes querían coche compartido «domicilio-trabajo» para sus empleados, cuando nuestra ambición era desarrollar el uso compartido del coche en distancias largas, en viajes de fin de semana o de vacaciones, en los que el ahorro de energía y, por tanto, de dinero para los usuarios son más importantes por trayecto

Balance: un modelo equilibrado desde el punto de vista financiero, pero que hace que la plataforma global sea más compleja y que no sea adecuada para los viajes compartidos de larga distancia. Volvimos al segmento de los viajes compartidos domicilio – trabajo con la solución BlaBlaCar Daily en 2017, a través de una aplicación dedicada y perfectamente adaptada a esta otra forma de compartir coche.

2008 a 2010 **Freemium:** servicio estándar gratuito con planes de suscripción de pago para los grandes usuarios, que les permiten acceder a funciones adicionales.	+ Modelo clásico, fácil de presentar – Introduce una diferencia de trato entre los miembros del servicio (gratuito/pagado) que se traduce en una diferencia en la eficiencia del servicio para cada uno – No permite que todos los anuncios de coches compartidos se expongan de manera uniforme al mayor número de personas posible para que el mercado fluido entre particulares funcione perfectamente, con una oferta y una demanda muy grandes – Inadecuación entre la frecuencia normal de uso del servicio (unas pocas veces al año) y una suscripción recurrente que al final solo apto para usuarios muy activos (varias veces al mes o incluso a la semana) – Ingresos demasiado bajos para mantener la actividad

Balance: modelo perturbador para el mercado y económicamente demasiado débil para asegurar la supervivencia.

2009 a 2011 **MERCI** (por sus siglas en francés «Mise en relation confidentielle et immédiate», relación confidencial e inmediata): puente telefónico entre particulares.	+ Modelo de intermediación simple + Preserva la confidencialidad de los números de teléfono + Ingresos inmediatos en consonancia con los costes globales – Introduce retraso y frustración en los intercambios – Alta dependencia técnica y financiera de los proveedores de intermediación telefónica: algunos proveedores incluso desviaban nuestras llamadas a otros números para generar ingresos adicionales para ellos, lo que perjudicaba gravemente la calidad y la confianza percibidas de nuestro servicio

Balance: un modelo financieramente equilibrado, pero que destruye la calidad del servicio.

2010 a 2012 **Eventos:** desarrollar páginas dedicadas a compartir coche para conciertos, festivales, parques, estaciones de montaña y otras grandes «concentraciones» de visitantes en un lugar determinado.	+ Numerosas demandas por parte de los organizadores de eventos para facilitar la asistencia de sus visitantes + Concepto sencillo y comunitario – Mucho trabajo de edición específico (más de 5.000 páginas específicas desarrolladas, con contenidos y recursos visuales adaptados) – Organizadores de eventos que finalmente querían el servicio gratuito: ingresos demasiado bajos

Balance: una falsa buena idea que requería demasiado trabajo específico en un modelo financieramente inviable. Finalmente respondimos a esta petición de los organizadores con un *widget* gratuito que pueden colocar en su propia página web para facilitar el uso compartido del coche desde y hacia su sede.

Desde 2011	+ Relevante para el volumen de actividad: cuanto más se utiliza el servicio, más ingresos genera en relación con los costes asociados
C2C por reserva (*Consumer to Consumer*): una transacción en línea por cada uso real del servicio (un viaje realizado entre un pasajero y un conductor). Transacción = pago al conductor + comisión por trayecto.	+ Permite la reserva anticipada, lo que asegura la llegada de los pasajeros (diez veces menos cancelaciones de pasajeros gracias a la reserva en línea) + Perfectamente adaptado a la frecuencia de uso del servicio (un par de veces al año) − El más complejo técnicamente para desarrollar

Balance: un modelo económico adecuado y viable para el uso del coche compartido, que permite, a la vez, fiabilizar los intercambios entre particulares y equilibre los costes y los ingresos para el crecimiento.

LA PLATAFORMA
FACILITAR LAS TRANSACCIONES

••

¿Qué tienen en común Apple, Google, Facebook, Uber, Air-bnb y BlaBlaCar? ¿Hacia qué modelo convergen los mercados en línea, las redes sociales, los sitios de citas, los sistemas de pago y las tiendas de aplicaciones (app stores)? ¿Qué modelo prefieren los nuevos «unicornios» innovadores, en Francia y en el extranjero?

••

A todas estas preguntas, solo hay una respuesta posible: ¡la plataforma! Desde la década de 2000, los modelos de plataformas digitales se han desarrollado rápidamente en muchos sectores. ¿Por qué existen? Crear valor atrayendo a diferentes grupos de participantes para que se contacten entre ellos y realicen transacciones.

El modelo del Cohete

Atracción – La plataforma necesita desarrollar una propuesta de valor para cada «vertiente» (¡cada motor del cohete!) para atraer una masa crítica de participantes, que proporcionarán la liquidez necesaria para que la plataforma funcione.

Emparejamiento – Los participantes son emparejados según los criterios pertinentes.

Conexión – La plataforma les permite intercambiar información adicional e interactuar para coordinarse.

Transacción – Está en el corazón de la plataforma y representa su razón de ser. La transacción puede ser un servicio, un producto, información, una reunión, etc.

Optimización – Las plataformas utilizan los datos generados por las interacciones de los participantes para mejorar su servicio y mantener el equilibrio entre la oferta y la demanda.

POR EJEMPLO Establecer la confianza entre los participantes y desarrollar una marca fuerte que resuene en el ecosistema son dos palancas indispensables que concentran los esfuerzos de los gigantes tecnológicos. La plataforma también debe desarrollar un marco de gobernanza para decidir qué se permite y qué se prohíbe, cómo se comunican y aplican las normas, las posibles sanciones, etc. La *infraestructura* también debe permitir que la plataforma escale, la *experiencia del usuario* debe permitir transacciones sin fricción y los pagos deben organizarse de forma segura. El objetivo final: atraer una masa crítica de participantes que se vinculen para realizar transacciones. Esto es, por supuesto, lo que hace BlaBlaCar con sus conductores y pasajeros, pero también Airbnb con sus anfitriones y visitantes, eBay con sus compradores y vendedores, Malt con sus autónomos y clientes corporativos, Doctolib con sus profesionales sanitarios y clientes, etc.

LA PREGUNTA CLAVE

¿Qué transacción facilita tu plataforma?

Conocer gente, comprar productos, intercambiar servicios o información, etc. El modelo de plataforma ofrece infinitas posibilidades. Te corresponde a ti determinar qué transacción es la tuya, lo que significa, en primer lugar, identificar claramente a las partes involucradas y sus necesidades...

PARA IR MÁS ALLÁ...

1. *Transformation digitale: l'avènement des plateformes*, G. Babinet, París, Le Passeur, 2016 — Con este libro, Gilles Babinet continúa su exploración de la era digital a través de la revolución que está afectando a las empresas: la llegada de las plataformas.

2. *Platform Strategy*, L. C. Reillier, B. Reillier, Malakoff — *Platform Strategy* ofrece por primera vez una explicación detallada de cómo funcionan las plataformas a través del «Modelo Cohete».

3. *Platform Revolution*, M. W. Van Alstyne, G. G. Parker y S. Choudary, Nueva York, WW Norton, 2016 — Este trío de profesores afiliados al MIT nos descifra el qué y el cómo de la revolución de las plataformas.

EL PRECIO

ENCONTRAR EL PRECIO JUSTO PARA TODOS

• •

¿Cuánto cuesta? ¿Cuánto estoy dispuesto a pagar? ¿Puedo conseguir algo mejor por el mismo precio, puedo conseguirlo gratis? ¿Aceptaré renunciar a tal o cual opción para pagar más barato? ¿Hay algún código de promoción o una oferta por recomendación que pueda aprovechar?

• •

La economía digital ha dado lugar a nuevos modelos económicos en los que los precios parecen a veces ficticios: código abierto gratuito con servicio de atención al cliente de pago, pseudo gratuidad financiada por la publicidad y/o la recogida de datos, ofertas freemium que no son más que la antesala del premium, etc. El emprendedor dispone de todo un abanico de estrategias para atraer a los clientes y hacer crecer su negocio, que puede modular no solo en función del uso o de las personas, sino también en el tiempo y el espacio. ¿Cómo encontrar el precio justo en una jungla así? Hay que crear una referencia de precios que tenga en cuenta las fuerzas en juego. En otras palabras, se trata de permitir que los clientes compren, evitar que los competidores se impongan, compensar los costes y… ¡durar!

Las 3C

Clientes Averigua qué es realmente valioso para tus clientes y qué precio están dispuestos a pagar. Para ello, basta con probar, probar y probar.

Competencia Haz un *benchmark* inventariando, en un amplio espectro, las posibles alternativas a tu oferta. Sé objetivo: si hay un producto mejor y más barato que el tuyo, no lo ocultes. ¡Trabaja para ser mejor!

Costes Calcula los costes fijos y variables para encontrar el precio que te asegure alcanzar el equilibrio económico en un futuro aceptable, o incluso para obtener un margen que te permita invertir en innovación.

POR EJEMPLO Encontrar el precio adecuado era una cuestión importante para BlaBlaCar. Incluso tuvimos que encontrar los precios adecuados para seis modelos de negocio: precios para los pasajeros, cantidades pagadas a los conductores, costes de licencia para empresas, el precio de una conexión telefónica, una suscripción premium, una comisión, etc. El equipo hizo muchas pruebas. Inicialmente, los conductores podían proponer un precio total por el viaje, que se repartía entre los pasajeros del coche, o un precio fijo por asiento. La primera opción se abandonó porque fue rechazada por los pasajeros, que no sabían de antemano cuánto iban a pagar, ya que su participación dependía del número de pasajeros. La comisión, en cambio, se estableció en función del coste de cada transacción, teniendo en cuenta los costes fijos (servidores, locales, tecnología, ingenieros) y los costes variables (telecomunicaciones, bancos, servicio de atención al cliente, etc.) para mantener el servicio en el tiempo.

LA PREGUNTA CLAVE

¿Cuándo habré terminado de probar mi precio?

Posiblemente nunca… A nadie le gusta pasar por la caja. Por tanto, la optimización del posicionamiento de los precios no puede hacerse simplemente preguntando: ¡hay que hacer pruebas reales! Así sabrás qué es valioso para tus clientes y qué precio están dispuestos a pagar. Así llegarás al precio justo.

PARA IR MÁS ALLÁ...

1. *Monetizing Innovation: how smart companies design the product around the price*, M. Ramanujam y G. Tacke, Hoboken, Wiley, 2016 — ¿Y si tu innovación no fuera tu producto sino tu precio? Para averiguarlo, pruebe diferentes modelos de precios.

2. *The Psychology of Price: how to use price to increase demand, profit and customer satisfaction*, L. Caldwell, Richmond, Crimson, 2012 — ¿Cuál es la diferencia entre 0,99 euros y 1 euro? ¿Las emociones, la motivación y la cognición dirigen nuestras elecciones? Psicología de los precios, discriminación de precios o descuento hiperbólico: lo entenderás todo.

3. *Mercator*, A. de Baynast, J. Lendrevie y J. Lévy, París, Dunod, 2021 — El sexto capítulo abarca las principales cuestiones de la política de precios *online* y *offline*, desde los fundamentos hasta las principales opciones para la formulación de precios.

LA CONFIANZA
CONSTRUIR LA CONFIANZA

¿Por qué te atreves a comprar un artículo de segunda mano en línea a un individuo que no conoces? ¿Por qué te subes a un coche compartido sin aprensión? ¿Por qué alquilas tu piso a desconocidos que podrían robarte?

Sin confianza no hay intercambio, y sin intercambio no hay economía. La confianza es la base de la economía. Para crear un intercambio, hay que crear confianza entre los miembros. El modelo DREAMS describe los seis pilares de la confianza en línea y el tipo de información a la que debe tener acceso cada miembro para generar confianza en otro.

El modelo DREAMS

Declarado (Declared) – Nombre, edad, mini-biografía, preferencias, foto, etc.

Calificaciones (Rated) – Pueden ser reseñas recibidas de otros usuarios.

Compromiso (Engaged) – El compromiso puede expresarse mediante el pago en línea por adelantado.

Actividad (Actives) – Declaraciones como «visto hoy a las 12:44», «miembro desde 2017» o «36 anuncios publicados».

Moderación (Moderated) – El servicio modera los intercambios y comprueba información cuando sea posible (una dirección de correo electrónico, un número de teléfono o un documento de identidad).

Redes (Social) – Los perfiles de la plataforma pueden estar vinculados a otros perfiles en línea en las redes sociales.

POR EJEMPLO Cada componente añade confianza. Los perfiles en BlaBlaCar también muestran un estatus general que va desde principiante hasta embajador. Cada plataforma crea sus propios indicadores de confianza. eBay, pionera en este campo, ha promovido un sistema de calificación por estrellas y una calificación global. En Airbnb, los propietarios visitan los perfiles de los inquilinos antes de aceptar una reserva. LinkedIn muestra un número de conexiones y recomendaciones profesionales. ¿El beneficio para los usuarios? Intercambiar sin miedo, utilizar el servicio, conocerse y, en definitiva, formar una verdadera comunidad.

LA PREGUNTA CLAVE

¿Qué tipo de confianza hay que crear?

¿Confianza en tu concepto, en tu producto, hacia sus clientes o entre los miembros de la comunidad? En función de tu objetivo, determinarás la narrativa adecuada, la información que hay que recopilar y difundir, las normas de gobernanza adecuadas, etc.

PARA IR MÁS ALLÁ...

1. «Entering the Trust Age», F. Mazzella y A. Sundararajan, estudio conjunto de BlaBlaCar y NYU Stern, 2016, disponible en línea — Partiendo de los orígenes de la confianza, este estudio establece que el 88 % de los miembros de BlaBlaCar tiene un alto nivel de confianza en los miembros con perfil completo (perfil DREAMS).

2. *The Sharing Economy: The End of Employment and the Rise of Crowd-based Capitalism*, A. Sundararajan, Cambridge, MIT Press, 2016 — Es la primera vez que se establece una «economía de masas» y surgen tres nuevos tipos de confianza: la regulación entre iguales, la creación de organizaciones autorreguladas y la delegación basada en datos.

3. *Who Can You Trust? How technology brought us together and why it could drive us apart*, Londres, Portfolio/Penguin, 2018 — La historia de la humanidad ha visto tres etapas diferentes de confianza: local, cuando vivíamos en aldeas donde todos nos conocíamos; institucionalizada, durante la industrialización, a través de gobiernos, corporaciones u otras instituciones internacionales; y finalmente distribuida, en la era de las plataformas.

FINANCIAR

FINANCIAR EL PRIMER PRODUCTO

La balanza del juez

Elija las soluciones de financiación adecuadas teniendo en cuenta la dilución del capital y sopesando sus compromisos. La financiación de su proyecto no debe frenar Tu misión.

Solución	Ventajas y Pertinencia	Compensación y puntos de Vigilancia
Préstamo, anticipo reembolsable... **Dilución: No**	**V**: Monto posiblemente importante. **P**: Compra de material, innovación, desarrollo regional	**C**: Reembolsos compatibles con los calendarios del *business plan* **V**: Expedientes engorrosos, retrasos en los pagos
Subvención **Dilución: No**	**V**: Compensación a menudo poco importante **P**: Innovación, desarrollo regional	**C**: Cumplir con los compromisos firmados (no hay proyecto «fuera de tema») **V**: Expedientes engorrosos, retrasos en los pagos
Crowdfunding **(micromecenazgo)** **Dilución: No**	**V**: Disponibilidad rápida, Presentación al gran público, Test de demanda **P**: Un producto o servicio para el gran público con una oferta de varios montos	**C**: Comunicarse bien con los futuros clientes, cumplir los plazos **V**: Si es necesario pivotar, debe ser anunciado

Solución	Ⓥentajas y Ⓟertinencia	Ⓒompensación y puntos de Ⓥigilancia
Ayudas fiscales, sociales, etc. Dilución: No	Ⓥ: Alivio real de la tesorería gracias al «menor gasto» Ⓟ: Empleo de determinados grupos: jóvenes, desempleados, investigadores, etc.	Ⓒ: Seguimiento preciso del tiempo de trabajo de los empleados Ⓥ: Expedientes engorrosos, cualificación de los empleados
Alianza con un gran grupo Dilución: No	Ⓥ: Beneficiarse del poder de un gran grupo (comunicación, fondos, marca) Ⓟ: Un producto o servicio complementario de la oferta del grupo grande	Ⓒ: Autorizar a un «grande» poner la mano sobre el volante de tu estrategia Ⓥ: Sinergias a menudo muy difíciles de llevar a cabo, expectativas a menudo más elevadas que lo que el «grande» puede ofrecer
Concursos Dilución: No	Ⓥ: Capital disponible rápidamente, *boots* de los equipos en caso de éxito, comunicación gratuita Ⓟ: Innovación, éxitos para destacar	Ⓒ: A menudo no hay compensación, ¡y la comunicación es gratuita! Por otro lado, los importes son modestos Ⓥ: No proporcionar información muy confidencial
Fondo inicial Dilución: Sí	Ⓥ: Monto posiblemente importante Ⓟ: Innovación, primera etapa de crecimiento alcanzable	Ⓒ: Posible solicitud de un puesto en el consejo de administración Ⓥ: Alinear los intereses, discutir el calendario y las opciones de salida para el fondo

Solución	Ventajas y Pertinencia	Compensación y puntos de Vigilancia
Love Money o Business' Angels (BA) **Dilución: Sí**	**V**: Montos posiblemente importantes, disponibilidad rápida de capitales, posible consejo pertinente y gratuito (elegir bien los BA) **P**: Innovación, primera etapa de crecimiento alcanzable	**C**: Comunicarse bien con sus primeros inversores, posiblemente una engorrosa gestión administrativa si hay muchos BA **V**: Orquestar el recaudamiento para que sea rápido Asegúrate de que los BA entienden el riesgo y siempre te apoyarán. Los ex-emprendedores son buenos BAs
Oportunidad de ingresos **Dilución: No**	En circunstancias excepcionales, puede estar en una posición ideal para desarrollar de forma rápida y barata un producto que aproveche una de sus áreas de experiencia. Se trata de una oportunidad de ingresos rápidos que debe considerar cuidadosamente.	
	V: Ingresos rápidos, desarrollo de nuevos productos **P**: Tienes una experticia que puede ser utilizada	**C**: Saber producir y entregar más rápido que otros que también aprovechan la oportunidad **V**: Oportunidad muy probablemente efímera
Alojamiento e incubación **Dilución: Posible**	**V**: Plazos breves, disminución de los costos, ayuda para formar una red, aporte de competencia **P**: Al comienzo, a veces solo con la idea	**C**: Juegos colectivos. Aceptar una potencial dilución **V**: Comprender bien los compromisos formulados por el organismo que acompaña

POR EJEMPLO El viaje de Alibaba comenzó simplemente en el piso de Jack Ma en 1999, cuando era profesor de inglés en Hangzhou, al sur de Shanghai. Reunió a un grupo de 17 amigos, colegas y estudiantes, y compartió su visión de Alibaba. Los convenció para que invirtieran y cofundaran su mercado para exportadores chinos. Trabajaron duro antes de conseguir una primera ronda de financiación de 5 millones de dólares de un grupo de inversores unos meses después.

LA PREGUNTA CLAVE

¿Quién más que yo quiere que este proyecto tenga éxito?

La Región, el BPI, ex-emprendedores apasionados por el tema, tus amigos, etc. Probablemente muchas personas quieran ayudarte, así que preséntales tu sueño.

PARA IR MÁS ALLÁ...

1. El mercado de *crowdfunding* TousNosProjets pone en contacto a propietarios de proyectos y contribuyentes, congrega más de 30 plataformas de donación, préstamo e inversión.

2. Concursos: el premio Moovjee, el programa «Qui veut être mon associé» en M6, BGE, o el concurso BMFBusiness. Participar en un concurso te permite practicar el arte de la presentación, poner a prueba tu proyecto con un público experimentado y obtener financiación si ganas.

3. El resumen de las principales ayudas específicas para proyectos innovadores propuesto en la página web de BPI presenta a los principales actores que acuden en ayuda de las empresas innovadoras, así como los principales regímenes existentes en Francia.

RECLUTAR
ATRAER Y ACOGER EL TALENTO

* *

¿Por qué trabajar contigo? ¿Por qué crear este nuevo puesto? ¿Qué habilidades, qué valores? ¿No sería este puesto adecuado para que un empleado ascendiera? ¿Cómo puede ser eficaz en la contratación?

* *

Atraer, contratar y retener a los mejores: esa es la clave del éxito de una empresa. ¿El problema? La guerra por el talento es feroz, y el rápido cambio de tus necesidades a medida que tu empresa crece no hará sino aumentar la urgencia. Aunque esta dinámica de crecimiento puede resultar muy atractiva, será importante poner los filtros adecuados para atraer y seleccionar a los mejores candidatos.

Los 10 filtros

1. Un buen **anuncio** es el primer contacto contigo: describe tus valores y genera la ganas de querer en tu empresa.

2. Unas cuantas **preguntas** sobre la actividad u oficio o sobre tu empresa para que los candidatos demuestren que no han hecho clic en su anuncio por casualidad...

3. Un **vídeo grabado**: pida a los candidatos que se presenten en 3 minutos, si es necesario en inglés.

4. Las **pruebas en línea** te ahorrarán tiempo y te permitirán comparar a los candidatos.

5. Una **entrevista en vídeo de 20 minutos** si hasta ahora tu evaluación es positiva: a partir de este momento estás invirtiendo tiempo en el candidato, así que ten cuidado con el gasto.

6. **Comprobación** de las referencias: consulta la opinión de los antiguos compañeros del candidato para saber más sobre sus puntos fuertes y débiles.

7. Las **reuniones con el equipo** te permitirán afinar la adecuación del candidato a sus necesidades.

8. Un **estudio de caso**, una especie de examen oral, te permitirá ver qué valor añadido aporta el candidato y cómo se proyecta en el puesto.

9. Una **última entrevista** con el fundador o los fundadores garantizará que la persona se ajusta a los valores de la empresa.

10. **Incorporación**: cuando el candidato llegue a la empresa, transmite la cultura, enmarca tus expectativas, haz las presentaciones y mantente cerca.

POR EJEMPLO Entre 2011 y 2016, la plantilla de BlaBlaCar pasó de 25 empleados a 550, ¡recibió entre 2.000 y 5.000 CV al mes! Hasta 250 empleados, los cofundadores vieron a todos los candidatos en la entrevista final. A menudo, Frédéric incluso fingía durante la entrevista que no sabía nada de ciertos temas, aunque los conocía bien. ¿Por qué lo hizo? Para asegurarse de que al candidato le gustaba transmitir sus conocimientos sin querer impresionar o, peor aún, farolear. Contar con empleados humildes y honestos que compartan lo que saben (y que digan cuando no lo saben) es fundamental, porque hay que confiar en su experiencia para tomar decisiones importantes. Jack Ma, el fundador de Alibaba, cree en la contratación de personas que considera «más inteligentes que él» y aconseja «mirar a la persona y preguntarse si te gustaría que fuera tu jefe dentro de cinco años». Si es así, ¡contrátalos!

LA PREGUNTA CLAVE

¿Qué es lo que realmente motiva a alguien a unirse a nosotros?

Empleados que solo calientan el asiento hay en muchas empresas, ¡pero no en la tuya! Necesitas energía para tu proyecto porque hay que hacer de todo en una empresa joven. Asegurarse de que tus valores coinciden con los del candidato es decisivo.

PARA IR MÁS ALLÁ...

1. *Working Backwards: Insights, Stories, and Secrets from Inside Amazon*, C. Bryar and B. Carr, Basingstoke, Macmillan, 2021 — En Amazon buscan «misioneros» en lugar de «mercenarios» y los seleccionan según 14 principios. Selección del perfil, entrevista con un reclutador interno, múltiples reuniones con miembros del equipo de reclutamiento, validación de referencias...

2. *Aquí no hay reglas*, R. Hastings y E. Meyer — Competencia, motivación e innovación son las cualidades que se esperan en Netflix. La administración se reduce al mínimo para que los empleados puedan dar lo mejor de sí mismos.

3. «The Infinite Conflict of Hiring, NFx Guild», G. Levy-Weiss, disponible en línea — Reclutar bien lleva mucho tiempo, ¡pero reclutar apresuradamente cuesta aún más! Los fundadores del fondo de inversión estadounidense NFx Guild, ellos mismos aguerridos emprendedores, han desarrollado 7 reglas de oro para encontrar el equilibrio adecuado entre la velocidad de contratación y la calidad de los candidatos.

PROGRESAR

ACTUAR EVOLUCIONANDO

· ·

¿Por qué tantos obstáculos? ¿Cómo podemos progresar cuando todo parece interponerse en nuestro camino? Otro problema técnico. ¿Qué decirle a ese cliente insatisfecho? ¿Cómo nos recuperamos? ¿Cómo podemos obtener una respuesta de la administración?

· ·

Los problemas pueden venir de todas partes: de tus dudas, de tu ambición, de los clientes, de la competencia, de los empleados, de los socios, de los medios de comunicación, de los financieros, etc. ¡Pueden surgir de cuestiones comerciales, jurídicas, contables, técnicas, humanas, administrativas, financieras y de relación! Se pueden injertar en cuestiones comerciales, jurídicas, contables, técnicas, humanas, administrativas, financieras y de relación.

Cuando la incertidumbre se apodere de ti, un consejo: ¡mantente ESTOICO!

La actitud ESTOICA

Sonríe a los problemas — ¡Si no los hubiera, tu producto ya existiría y no te necesitarían! Tu valor añadido es resolver problemas.

Prueba de otra manera cuando tu primer intento no funcionó. Einstein dijo: «La locura es intentar lo mismo una y otra vez, esperando un resultado diferente».

Descompone los problemas, desglósalos para resolverlos uno a uno antes de resolver el todo.

QUE SE ME CONCEDA LA SERENIDAD PARA ACEPTAR LAS COSAS QUE NO PUEDO CAMBIAR, EL VALOR PARA CAMBIAR LAS COSAS QUE PUEDO CAMBIAR Y LA SABIDURÍA PARA CONOCER LA DIFERENCIA.

MARCO AURELIO

Identifica qué cosas dependen de ti y cuáles no: no te estreses si no tienes influencia sobre algo, simplemente preparar una defensa.

Considera a los clientes insatisfechos como aliados para avanzar. Te hacen el honor de utilizar tu producto, así que dales las gracias.

POR EJEMPLO Andy Puddicombe [177], antiguo monje budista y fundador de Headspace, la aplicación de meditación más utilizada en el mundo, sigue una disciplina férrea para estar preparado para afrontar cualquier problema: franjas de trabajo bien definidas con su portátil en modo silencioso, tiempo familiar protegido, franjas horarias específicas para consultar el correo electrónico, las redes sociales, el deporte o la meditación. En Alan aplicamos el método de Keith Rabois, antiguo vicepresidente de LinkedIn y PayPal. ¿La prioridad? Centrarse en los «problemas A+», es decir, los que tienen un fuerte impacto en la empresa pero son difíciles de resolver.

---

177. «Headspace Founder Andy Puddicombe on his self-care rules», S. Ramsdale, Evening Standard, 23 de octubre de 2019, disponible en línea.

LA PREGUNTA CLAVE

¿Qué haría Batman en mi lugar?

No se trata de una broma, sino de un ejercicio de imaginación que debe practicarse sin moderación. Te empujará a encontrar soluciones originales que no se te habrían ocurrido al principio. Sí, así es.

PARA IR MÁS ALLÁ...

1. *Chatter: The Voice in Our Head and How to Harness It,* E. Kross, Londres, Vermilion, 2021 — Todo el mundo oye voces, no solo Juana de Arco. En lugar de caer en un círculo vicioso de cavilaciones, hablémonos como lo haría un amigo, o pongamos en perspectiva nuestro estado emocional actual haciendo un viaje al pasado.

2. *Les Nouvelles Personnalités difficiles: comment les comprendre, comment les accepter, comment les gérer,* F. Lelord et C. André, París, Odile Jacob, 2021 — El «tipo A» para el que nada va lo suficientemente rápido, el ansioso para el que todo es una fuente de peligro, etc. Los caracteres fijos o marcados de las llamadas personas difíciles pueden ser tóxicos para quienes los rodean, de ahí la importancia de aprender a identificarlos para aceptarlos y gestionarlos.

3. Algunos empresarios estructuran sus días y fijan sus objetivos en una rutina rítmica, pero flexible. Otros prefieren el poder de la meditación. ¿Por qué no inspirarse siguiendo un método como BestSelf o utilizando aplicaciones como Headspace o Mindful Attitude?

ACELERAR

SIMPLIFICAR Y AFIRMARSE

* *

¿Cómo puedo ir más rápido y más lejos? ¿Qué es lo que me frena? ¿Pueden mi equipo y mi producto soportar un mayor volumen? ¿Necesito endurecer las normas para crecer mejor? ¿Ha llegado el momento de reorganizarse para mejorar el rendimiento e ir más rápido?

* *

En la fase de crecimiento rectifica lo que te frena. Todas tus formas de hacer las cosas deben ser como flechas: simples, rápidas y afiladas. Este es el momento de revisar los procesos. A veces es durante una crisis, que lo acelera todo, cuando te das cuenta de lo que todavía es demasiado complicado. Entonces se encuentran formas más sencillas de hacer las cosas igual de bien o incluso mejor.

La acción PERFORM

Producto ¡Siempre se puede simplificar! A medida que aumentan los volúmenes, optimiza cada paso del uso de tu producto para mejorar la experiencia del cliente.

Encuadramiento Los volúmenes suelen atraer el abuso o el fraude. Refuerza las normas o crea otras nuevas para mantener la integridad y el espíritu del proyecto.

Robustez La aceleración somete a tu «máquina» a una ruda prueba... Refuerza los procesos y tecnologías para hacer frente a la carga que se avecina.

Financiación Anticípate a las necesidades de financiación y ve a donde tengas que ir a buscar nuevos inversores. Utiliza tus habilidades para hacer presentaciones.

Opciones Las cosas rara vez salen como se planean. Planifica diferentes escenarios y respuestas, para tener opciones ante la adversidad.

Repartición Comprende las proporciones de cada competencia en tu empresa para pensar en el equilibrio general.

Mensaje La buena comunicación consiste en el mensaje adecuado Y el momento adecuado: envía mensajes solo cuando te escuchen.

POR EJEMPLO ¿Cómo se pasa de 6 a 800 empleados en 18 meses? Este es el reto que ha asumido Hopin, la plataforma de eventos *online*. Su fundador, Johnny Boufarhat, tuvo que aprender a contratar, delegar, pero también a adaptar periódicamente la estructura organizativa para que los equipos pudieran satisfacer mejor las necesidades de los clientes. Entre 2012 y 2015, BlaBlaCar pasó de 2 a 20 millones de miembros y la arquitectura del motor de búsqueda de parejas tuvo que replantearse por completo para poder satisfacer la demanda exponencial. La aceleración no es solo cosa de las jóvenes empresas de nueva creación. Las grandes empresas también tienen muchos activos para acelerar y lanzar públicamente algunas de sus iniciativas internas. La división AWS de Amazon, que ofrece servicios en la nube, ha utilizado los recursos técnicos, logísticos y financieros de su empresa matriz para acelerar su crecimiento, aumentando sus ingresos de cero a más de 40.000 millones de dólares en quince años.

LA PREGUNTA CLAVE

¿Cuáles son los obstáculos para el crecimiento?

¿Qué elementos internos y externos están frenando el crecimiento de mi organización y deben simplificarse/replantearse/automatizarse?

PARA IR MÁS ALLÁ...

1. *Blitzscaling*, R. Hoffman y C. Yeh, Empresa Activa 2021 — A veces es necesario un escalamiento rápido, pero debe hacerse por etapas. *Blitzscaling* revela las claves del éxito para pasar de la familia a la tribu, del pueblo a la ciudad y, finalmente, a la nación.

2. *High Growth Handbook: Scaling Startups From 10 to 10,000 People*, E. Gil, Stripe Press, 2018 — ¿Cómo pasar de 10 o 20 empleados a varios miles o incluso cientos de miles? Los empresarios de Silicon Valley que lo han conseguido comparten lo que han aprendido en el camino, desde la evolución de la estructura organizativa hasta la consolidación de productos y procesos, pasando por la financiación.

3. The Galion Term Sheet, The Galion Project — Para aquellos que necesitan financiación para acompañar la aceleración, esta herramienta está diseñada para guiar a los fundadores de empresas en la redacción de un documento para enmarcar su financiación con los capitalistas de riesgo profesionales (Serie A).

INTERNACIONALIZAR
EXPANDIRSE HACIA OTROS PAÍSES

¿Cuándo y por qué expandirse internacionalmente? ¿Cómo y con quién? ¿Cómo prepararse para ello? ¿Estás suficientemente equipado? ¿Cómo financiar la operación? ¿Qué escollos debes evitar en este largo viaje? Y una vez en el extranjero, ¿cómo se gestiona este proyecto que se ha convertido en algo grande?

La expansión internacional no se improvisa. Hay tres fases igualmente importantes: preparación, expansión y recepción. Aquí proponemos tres acciones principales por fase, basadas en la experiencia de desarrollo de BlaBlaCar en una veintena de países. Pero, por supuesto, hay otras acciones que deben realizarse durante cada fase. Lo principal es anticiparse bien.

La analogía del salto: preparación, expansión, recepción

Fase 1	Fase 2	Fase 3
PREPARACIÓN	EXPANSIÓN	RECEPCIÓN

Fase 1 – PREPARACIÓN – Todo lo que se puede preparar de antemano para facilitar la expansión internacional cuando llegue el momento.

Marca – Piensa (o replantea) el nombre de tu marca para que sea relevante en varios países. No te internacionalices con un nombre impronunciable o difícil de deletrear para los extranjeros.

Por ejemplo: BlaBlaCar se llamaba anteriormente Covoiturage.fr en Francia y cambió de marca en 2012 antes de su expansión internacional a 20 países.

Cultura – ¿Es francesa? Si es así, cambia tu cultura y contrata ahora perfiles internacionales multiculturales para diferentes puestos. No solo estarás mejor preparado, sino que también tendrás el placer de tener una cultura «mundial» en la oficina, un verdadero viaje cultural para todo el equipo.

Por ejemplo: desde sus primeras contrataciones, BlaBlaCar ha integrado a empleados con un buen dominio del inglés y experiencia internacional, y luego a extranjeros residentes en Francia. Un viaje de descubrimiento garantizado para todos.

El producto – Diseña tu producto ahora para que funcione también en otros países, ya sea simplemente escribiendo sus instrucciones en inglés o traduciendo todo su contenido al menos a un idioma extranjero que tú o tu equipo domine.

Por ejemplo: el equipo de BlaBlaCar había traducido y lanzado su servicio en español ya en 2009, lo que garantizaba que el producto era internacionalizable antes de internacionalizarse efectivamente, y no solo «monolingüe / monocultural».

Fase 2 – EXPANSIÓN- 3 opciones que se deben evaluar según el país (prever siempre un estudio de oportunidad del país objetivo, y la financiación en la fase previa).

Opción «Acqui-hire» – (acrónimo del inglés de *acquisition*, «adquisición», y *hiring*, «contratación») – Identificación de una pequeña empresa en un país objetivo que ya está haciendo el mismo negocio que tú. Entonces nos ponemos en contacto con ellos y, si nos gusta el equipo, decidimos trabajar juntos y fusionarnos: una «adquisición-reclutamiento».

Por ejemplo: en el ámbito de los viajes compartidos, BlaBlaCar se ha expandido «adquiriendo» Posto in Auto en Italia, Superdojazd en Polonia, Rides en México, Podorozniki en Ucrania, BeepCar en Rusia y AutoHop en Rumanía, Serbia, Hungría y Croacia. En cuanto a los autobuses, BlaBlaCar ha crecido con la adquisición de Ouibus en Francia, Busfor en Rusia y Octobus en Ucrania.

Opción «Spin off» – Has contratado a colaboradores internacionales y ellos estarán encantados de lanzar el servicio en su país como un «equipo spin off». Conocen tu cultura, la cultura de su país, y serán tus mejores embajadores sobre el terreno.

Por ejemplo: la expansión de BlaBlaCar en Inglaterra y Alemania se hizo mediante «spin off» con miembros ingleses y alemanes del equipo francés. La expansión alemana se produjo en solo dos semanas y sorprendió al competidor local.

Opción «From scratch» – Se crea un equipo desde cero para el país de destino. Esta es la opción más difícil, pero también funciona.

Por ejemplo: la expansión de BlaBlaCar se hizo desde cero en Portugal, Benelux, Turquía, India y Brasil. En Turquía, el equipo estudió más de 800 currículos para contratar a su director local, que luego conformó su equipo.

Fase 3 - RECEPCIÓN – La empresa se ha internacionalizado, son necesarios algunos ajustes para seguir siendo ágiles y eficientes.

Empirismo – Cada expansión en un nuevo país te enseña diversas cuestiones desde la comunicación hasta el análisis del mercado, desde la estructuración de la asociación hasta la gestión, desde el *lobby* hasta el servicio al cliente. Sintetiza y escribe estas lecciones en un manual que será utilizado con buenos resultados por el equipo que lance tu servicio en el próximo país.

Ejemplo: A partir de su segunda expansión, BlaBlaCar recogió sus experiencias positivas y negativas en un manual, que luego fue compartido, utilizado y completado por todos los equipos encargados de los nuevos países y sincronizado por una «directriz de crecimiento internacional».

Unificación – Integra cuidadosamente los nuevos equipos culturalmente y en términos de funcionamiento del equipo. Facilítate la vida unificando las marcas y los productos en la medida de lo posible en todos los países, especialmente si estás creciendo mediante adquisiciones.

Por ejemplo: A pesar de sus numerosas adquisiciones que combinan diferentes equipos, marcas y tecnologías, BlaBlaCar es ahora un gran equipo, que se llama BlaBlaCar en todos los países donde opera y que ha unificado cada vez más su plataforma tecnológica, desde el coche compartido hasta los autobuses.

Modularidad – Crea flexibilidad estructurando tus problemáticas en módulos, que puedes actualizar de forma independiente. Ser grande y monolítico conduciría a la parálisis de la empresa, especialmente en términos de innovación.

Ejemplo: Durante su crecimiento, BlaBlaCar ha revisado a menudo su plataforma técnica con las versiones 1, 2 y 3 y luego con una arquitectura orientada a los servicios. Por ello, el equipo invirtió tiempo en desglosar técnicamente su arquitectura en servicios unitarios: motor de búsqueda, mensajería, gestión de perfiles, geolocalización, etc. Esto significó hacer difíciles arbitrajes entre el desarrollo de nuevas características y la reestructuración.

POR EJEMPLO A medida que Dropbox se expandió internacionalmente, encontró muchas similitudes entre Noruega, Finlandia, Australia, Canadá y el Reino Unido. Con la excepción de Japón, todos los mercados fueron accesibles con los métodos de venta y marketing probados de Estados Unidos, registrados en un manual, una herramienta esencial para compartir conocimientos. En Uber, el manual es una colección de estrategias para superar los obstáculos para implantarse localmente. Más flexible que las listas de control propuestas por el cirujano Atul Gawande en su Manifiesto, los manuales ayudan a aprender, no solo a hacer: sintetizan las experiencias y proporcionan a los equipos que harán crecer el servicio en otro país las mejores prácticas y metodologías para aplicarlas.

LA PREGUNTA CLAVE

¿Por qué la expansión internacional?

Penetrar rápidamente en nuevos mercados, desarrollar masa crítica y rentabilidad, ampliar su base de referencias, etc. Hay tantas motivaciones para la internacionalización como organizaciones. ¿Cuál es el tuyo? Advertencia: se recomienda encarecidamente estar bien establecido en su país de origen antes de expandirse.

Para ir más allá...

1. *Marketing Management*, P. Kotler, K. Keller, A. Hemonnet y D. Manceau – El capítulo 8 orienta a los emprendedores en su decisión de internacionalizarse: elección de mercados y modos de acceso. Explica cómo normalizar o adaptar la marca, el producto, la comunicación, el precio y la distribución.

2. «Comment développer mon entreprise à l'international», BPI France Création, disponible en línea – Desarrollar en otros países concierne todas las empresas, incluidas las VSE. BPI detalla las opciones disponibles y los pasos a seguir para no saltarse ninguno.

3. Lee las entrevistas con ChenLi Wang, de Dropbox, y Pranav Sood, de Go-Cardless, ambos encargados de la expansión internacional, disponibles en línea – Marcos a seguir, países en los que centrarse según el producto y cultura, calendario, elección del primer trabajo internacional, beneficios inesperados de la internacionalización y sus principales riesgos... todo está explicado.

LA CULTURA
DAR VIDA A TUS VALORES

> *¿Cómo se toman las decisiones en Tu empresa? ¿Los empleados se comunican fácilmente entre sí? ¿Están orgullosos de Tu empresa? ¿Hay algún principio fundamental? ¿Se fomenta la asunción de riesgos? ¿Y qué sentido tiene la cultura?*

La cultura es a la vez el corazón y el alma de su equipo. También es un conjunto coherente que se expresa tanto dentro como fuera de la empresa y que la caracteriza a lo largo del tiempo. Sobre todo, la cultura es asunto de TODOS, no solo de los fundadores. Todo el mundo debe asumirla. Construirla es una cuestión de orquestación, no de dirección, para que se convierta en una fuente de motivación y reconocimiento. Debemos dar cabida a la inteligencia colectiva y escuchar a nuestros corazones.

La benevolencia- el CORAZÓN

Colaborar Implica a todos en esta labor de construcción y difusión.

Oficializar Formaliza y difunde los valores a través de tus equipos de comunicación y RRHH para su correcta asimilación.

Expresar Plasmar sus valores en la vida cotidiana bajo la forma de herramientas, rituales o procesos, y da el ejemplo.

Universaliza Asegúrate de que tus valores hablen a cada uno de tus empleados, independientemente de su perfil, origen y posición en la empresa.

Revisión Tus valores reflejan el ADN de la empresa, pero están vivos. Evolucionan con la cultura y el mundo que los rodea. Así que no dudes en revisar el conjunto cuando sientas la necesidad.

POR EJEMPLO Una encuesta de Glassdoor de 2019 sobre la importancia de la cultura de la empresa, realizada en cuatro países (Estados Unidos, Reino Unido, Francia y Alemania), reveló que más del 77 % de los encuestados considera que la cultura de la empresa es un factor importante a la hora de solicitar un empleo. La cultura es, por tanto, una cuestión central para cualquier *startup* en su fase de crecimiento. Shopify, la plataforma canadiense que ofrece herramientas «llave en mano» para sitios de comercio electrónico, lo ha entendido. La empresa ha pasado de ser un equipo de cinco personas que trabajaban en una cafetería a una empresa con más de 7.000 empleados y más de 1,5 millones de clientes. Para mantener vivos los valores de apoyo mutuo y empoderamiento, Shopify ha creado una plataforma interna llamada «Unicornio» que permite a los empleados mostrar su agradecimiento a sus compañeros. Cada empleado puede ganar puntos de «unicornio» y el reconocimiento de sus compañeros, lo que puede conducir a una bonificación a final de mes.

LA PREGUNTA CLAVE

¿Dónde está la «línea roja»?

Identificar tus *red flags*, las líneas que no debes cruzar y los comportamientos que no debes realizar, es una excelente manera de identificar, en imagen de espejo, tus valores y principios.

Para ir más allá...

1. «Galion Values Process», The Galion Project. Valores: ¿mentira o palanca? Una cultura divertida, benévola e innovadora, ¿y luego? Utilizando ejemplos de unicornios franceses como BlaBlaCar, AB Tasty y You-Nited Credit, The Galion Project baja los valores de su pedestal y da pautas para alinear decisiones y acciones.

2. «Don't fuck up the culture», B. Chesky, 2014, disponible en línea. Una sólida cultura empresarial hace que los procesos y otros trámites burocráticos sean menos necesarios.

3. *La Carte des différences culturelles: 8 clés pour travailler à l'international,* E. Mayer, París, Diateino, 2016 — Las diferencias culturales pueden tener consecuencias en la gestión, por lo que es mejor conocerlas. Erin Meyer propone ocho claves: comunicación, persuasión, evaluación, liderazgo, decisión, confianza, desacuerdo y planificación.

LA CULTURA BLABLACAR:
LOS DIEZ PRIMEROS PRINCIPIOS

Fue durante el primer BlaBlaBreak en las montañas cuando el equipo, compuesto entonces por 50 personas, decidió expresar sus principios por primera vez. ¿La razón? Con la apertura de oficinas en Italia, Polonia y Alemania, BlaBlaCar, que estaba experimentando un hipercrecimiento, debía internacionalizar su cultura y garantizar que sus acciones fueran coherentes a nivel mundial. En la sala de cine de la estación de Valmeinier, cada grupo de 5 a 8 personas describiría su experiencia laboral. A continuación, se realizaría una redacción poética de 10 principios.

Fun & Serious

Diversión y seriedad

Think it. Build it. Use it.

Piénsalo. Constrúyelo. Úsalo.

Never assume. Always check.

Nunca supongas. Verifica siempre.

We are passionate. We innovate.

Somos apasionados. Innovamos.

In trust we trust.

Confiamos en la confianza.

Fail. Learn. Succeed.

Fallar. Aprender. Tener éxito.

Share more. Learn more.

Compartir más. Aprender más.

Vanity :(Sanity :) Reality :p

Vanidad :(Sensatez :) Realidad :p

Done is better than perfect.

Hecho es mejor que perfecto.

The member is the boss.

El usuario es el jefe.

REVISIÓN: MISIÓN, MADUREZ, CONCISIÓN

Mission: We bring freedom, fairness and fraternity to the world of travel. [178]

Cinco años más tarde, con 500 empleados y actividad en más de 20 países, BlaBlaCar revisó la expresión de su cultura, simplemente formulando su misión en línea con sus valores, como modo de adaptarse a la madurez de la empresa, y redujo el número de principios a seis. 80 personas se movilizaron internamente para redefinir la cultura, y dieron a luz la declaración de la misión y una reformulación de seis principios (tres existentes y tres nuevos) en línea con los valores comunes.

---

178. Nos comprometemos a llevar al mundo la libertad, la equidad y el espíritu de compartir al mundo de los viajes.

Formulados en pocas palabras, los principios se imprimen en todas las formas: pegatinas, carteles, camisetas, etc. ¡Son muy apreciados por todos los empleados y más allá! Hemos visto a muchos de los socios de BlaBlaCar pegando principios en sus ordenadores o teléfonos…

LOS SEIS PRINCIPIOS DE BLABLACAR EXPLICADOS... ¡Y APLICADOS!

EXPLICACIÓN	**Fun & Serious**. Diversión & Seriedad. La seriedad individual permite que la diversión colectiva. Cuando nos tomamos a pecho lo que hacemos y trabajamos con seriedad, se crean las condiciones para que nos divirtamos juntos. BlaBlaCar se compromete a crear un entorno de trabajo divertido y serio, donde cada una de estas dos dimensiones tiene su lugar.
APLICACIÓN	Diversión - BlaBlaBreak: 2 o 3 días de seminarios y fiestas juntos. - BlaBlaBand y BlaBlaShow: los empleados crean eventos internos, tocando y cantando, ¡y subiéndose al escenario! Seriedad - Entre bastidores del producto: puesta en común semanal de las actividades y progresos de los equipos. - Noches de código: 24 horas de diseño acelerado de nuevas funcionalidades, en equipos multidisciplinares.
EXPLICACIÓN	**Share more. Learn more.** Compartir más. Aprender más. - El equipo aprende y crece junto. El conocimiento desarrollado es más rico cuando se comparte al máximo dentro y entre los equipos. BlaBlaCar también comparte sus lecciones con todo el ecosistema.
APLICACIÓN	BlaBlaTalks: Cada semana, desde que la empresa cuenta con más de 10 personas, BlaBlaCar organiza videoconferencias internas en las que un equipo comparte sus actividades pasadas y futuras. Esto tiene tres beneficios: la identificación de cada persona y su función (quién hace qué), el empoderamiento en relación con su papel en la empresa y la implicación de cada persona: conocer el trabajo de otro equipo permite comprender mejor la empresa en su conjunto y anima a cada persona a aportar lo mejor de lo que sabe hacer, en su función para la empresa.

EXPLICACIÓN	**Dream. Decide. Deliver.** Soñar. Decidir. Ejecutar. BlaBlaCar se atrevió a imaginar una solución de viaje que no existía, ¡un sueño! Pero una idea no es nada sin la ejecución, lo que implica tomar decisiones audaces y ser diligente en el cumplimiento de sus objetivos. Hay un tiempo para soñar. Un momento para decidir. Y un tiempo de realización.
APLICACIÓN	Las reuniones en BlaBlaCar indican el nivel de reflexión que se espera: una reunión Dream abre todas las posibilidades, y autoriza a hacer una lluvia de ideas y a soñar; una reunión de Decide cierra el sueño, se trata de decidir entre las posibles opciones identificadas; por último, una reunión Deliver te pide que lleves a cabo lo que ya se ha decidido, ¡y sobre todo que no vuelvas a la fase Dream!
EXPLICACIÓN	**Fail. Learn. Succeed.** Fallar. Aprender. Tener éxito. La innovación implica asumir riesgos. BlaBlaCar creó una solución de movilidad totalmente nueva, fuera de los circuitos habituales. A veces no funciona, y eso forma parte de la experiencia. Pero el equipo aprende de sus errores y mejora gracias a ello.
APLICACIÓN	Cuando algo no sale como estaba previsto, el equipo redacta un «FLS», es decir, un resumen de lo sucedido para entender por qué no ha funcionado (*fail*), describir lo que han aprendido (*learn*) y lo que se pondrá en marcha para que no vuelva a suceder (*succeed*).
EXPLICACIÓN	**Be Lean. Go Far.** Ser eficiente. Llegar lejos. Al igual que un alpinista ahorra oxígeno para llegar a la cima, una *startup* se alimenta de la frugalidad y el uso inteligente de los recursos para garantizar el crecimiento a largo plazo. El producto también debe ser eficiente y sin excesos, para ofrecer una experiencia de usuario sencilla e intuitiva. Esto a veces significa tomar decisiones difíciles, pero estar dispuesto a hacer un esfuerzo adicional ayuda a tomar las decisiones correctas.
APLICACIÓN	BlaBlaCar siempre ha sido muy cuidadosa con sus gastos: la aventura se inició en el piso de Frédéric y continuó en locales siempre compartidos y subarrendados a otras empresas para ahorrar en el alquiler. Además, todo se ha optimizado técnicamente para minimizar los costes. Por último, BlaBlaCar permite a todo el mundo ahorrar en sus viajes: ¡un céntimo es un céntimo! Pensar en el «ahorro» forma parte del ADN: el equipo ofrece calidad al mejor precio.

EXPLICACIÓN

Be the Member. Sé miembro. El objetivo de BlaBlaCar es crear valor para los miembros de su comunidad. Para ello, se pone siempre en su lugar y, por tanto, siente también sus necesidades y limitaciones. Los empleados de BlaBlaCar son usuarios habituales del servicio. Este principio es la fusión de los dos principios iniciales «Think it. Build it. Use it», que menciona el uso como parte esencial de la concepción de un producto de éxito, y «The member is the boss», que refleja la importancia que se da a los miembros de la comunidad.

APLICACIÓN

Los empleados-usuarios que se convierten en embajadores (el máximo estatus en BlaBlaCar) aparecen en el «muro de los embajadores» a la entrada de los locales. Cada uno que se incorpora realiza su «Member day», un día en el que utiliza BlaBlaCar para compartir coche y viajar en autobús para ir y volver de un lugar: por ejemplo, ¡una reunión en Limoges! Además, los empleados dan su opinión al equipo de producto.

EL PRODUCTO
MANTENERSE EN LA CIMA

- -

¿Qué es un producto que dura? ¿Qué podemos hacer para ofrecer siempre el mejor producto posible? ¿Cuál es la diferencia entre un producto que se usa y un producto que se ama? ¿Qué hacer con los comentarios de los usuarios descontentos? ¿Cómo hacer que un producto sea de culto, icónico?

- -

Hay una diferencia real entre un producto que usamos y uno que amamos. Cuando te gusta, lo compartes, te conviertes en embajador y eso lo cambia todo, tanto para ti como para la empresa que produce el servicio. Los productos que duran son el resultado de años de mejora y siguen evolucionando. Hay que querer ser «*simply the best*».

El esfuerzo BEST

Benevolente Cuando un cliente se toma la molestia de quejarse, es una buena señal de que se preocupa por el producto. Acógelos con los brazos abiertos y comprende sus frustraciones, te ayudarán a mejorar el producto.

Exigente Trabaja continuamente para mejorar tu producto y la innovación, utiliza el producto lo máximo posible y conviértete en el cliente más exigente de todos. Corrige los problemas uno a uno, empezando por el más evidente, luego el siguiente, etc.

Singularizar Implementa elementos de fidelización: tus clientes deben sentir que progresan al serte fieles: estatus, estrellas, reconocimiento, etc. Asegúrate de que aparezcan a menudo.

Tobogán Un buen producto debe saber pasar desapercibido...¡como un tobogán! Tus clientes deben deslizarse por tu producto y disfrutar de la experiencia... Usar su producto debe ser placentero.

POR EJEMPLO Si Microsoft perdura, puede ser porque Bill Gates siempre ha creído que «los clientes más insatisfechos son la mejor fuente de aprendizaje». Encontrar el ajuste producto-mercado adecuado no es suficiente para perdurar. Una vez encontrada la fórmula adecuada, es necesario mejorar continuamente la experiencia del usuario. Por ejemplo, Google realiza más de 600.000 pruebas al año para mejorar su motor de búsqueda. En Alan, cada empleado contribuye con seis horas al mes a la atención al cliente. ¿El objetivo? Garantizar que los ingenieros, los comerciales y los responsables de recursos humanos comprendan las necesidades de los clientes y realicen mejoras informadas en el servicio.

LA PREGUNTA CLAVE

¿Quién utiliza mi producto/servicio?

¿Cómo puede mejorar la experiencia del cliente si sigue siendo un desconocido para ti? Al conocerlos mejor, comprenderá sus necesidades y/o dificultades y podrás crear un vínculo emocional con ellos, para fidelizarlos... ¡hasta el punto de convertirte en un icono para ellos!

PARA IR MÁS ALLÁ...

1. *Value Proposition Design:*, A. Osterwalder, Montreuil — Satisfacer a un cliente nunca es fácil. Afortunadamente, existe un método para definir las propuestas de valor para los usuarios de un producto o servicio.

2. *Inspired: How to Create Tech Products Customers Love*, Hoboken, M. Cagan, Wiley, 2018 — Un producto de culto no surge por accidente. Todo se reduce al diseño, un proceso en el que el director de producto evalúa las oportunidades del producto y define las mejores opciones.

3. *Lean Startup*, E. Reis — Tomado de la industria del automóvil, el *lean* pretende sistematizar el proceso de innovación en la creación o desarrollo de un negocio. La *lean startup* valida sus hipótesis mediante la iteración del bucle de ajuste «construir, medir, aprender».

LA INNOVACIÓN
NO TE QUEDES ATRÁS

¿Quién inventó las primeras cámaras digitales y una de las primeras «redes sociales»? ¿A quién debemos las interfaces gráficas o los ratones de nuestros ordenadores? ¿Cómo se explica la pérdida de velocidad de ciertos gigantes económicos? ¿Cómo podemos evitar que nos sobrepase el «coche-escoba» de las carreras de bicicleta?

Las organizaciones establecidas tienen un gran interés en mantenerse al día de los cambios en sus mercados para evitar volverse «rígidas» y seguir innovando. Pero no se pasa del trote al galope con un chasquido de dedos. Se necesita práctica y, sobre todo, mucha acción. Por lo general, los proyectos innovadores de impacto siguen tres fases: ideación para encontrar proyectos innovadores, incubación para desarrollar y probar las ideas, y la fase de escalar para que la oferta esté disponible. Los valores de la organización deben ser capaces de apoyar cada una de estas fases, que requieren diferentes habilidades y procesos.

El instinto 4D+P+D/2C+E+F+A

Denegar «No necesito cambiar».

Denigrar «Las empresas competidoras no tienen ninguna posibilidad».

Disuadir «Les enviaremos a nuestros abogados».

Plazo «Vamos a impedir que entren en el mercado».

Dólares «Pediremos una indemnización por la pérdida de ingresos».

Comprobar... las ideas y su potencial de disrupción.

Compromiso... asociaciones con *startups* innovadoras para la creación de prototipos.

Evolucionar... e integrar innovaciones y mejoras para escalar.

Fomentar... internamente las iniciativas de cambio.

Aprovechar... los beneficios de los productos y servicios más innovadores que aportan más a los clientes.

POR EJEMPLO Kodak y Xerox son dos empresas antaño emblemáticas que ilustran los puntos fuertes y las limitaciones de la innovación en la actualidad. Kodak, el gigante de la fotografía, también inventó la cámara digital, pero no consiguió sacarla al mercado a tiempo y no pudo evitar la quiebra en 2012. En cuanto a Xerox, líder en fotocopias e inventor del ratón y de la interfaz gráfica moderna, fue Apple quien finalmente capitalizó sus inventos. Muchas empresas con mentalidad 4D+P+D están atascadas en procesos rígidos y anticuados, y están siendo superadas por competidores más innovadores y rápidos con mentalidad 2C+E+F+A.

LA PREGUNTA CLAVE

¿Cómo identificar las buenas ideas, probarlas y desarrollar las mejores?

Llevar a cabo la ideación y la incubación de ideas es necesario, pero no suficiente. Hay que mantener una mente abierta sobre todos los ámbitos de desarrollo que puedan afectar tu actividad, y saber invertir para probar, con toda humildad.

PARA IR MÁS ALLÁ...

1. *Strategor: la stratégie de la start-up à la multinationale*, B. Garrette, L. Lehmann-Ortega, F. Leroy, P. Dussauge, R. Durand, B. Pointeau, O. Sibony, París, Dunod, 2019 — La biblia de la estrategia de Strategor dedica un capítulo entero a la transformación. Se analizan en detalle los obstáculos al cambio, las palancas, el impacto de la tecnología digital y la necesidad de un aprendizaje continuo.

2. *L'Art de devenir une équipe agile*, C. Aubry, E. Appert, París, Dunod, 2019 — Este manual ilustrado presenta personajes que evolucionan en situaciones concretas y ponen a prueba su agilidad. Una prueba, por si hiciera falta, de que la gran jugada está al alcance de todos los equipos... ¡Y esto, aunque no todos seamos flexibles al principio!

3. *Dual Transformation: How to reposition today's business while creating the future*, S. D. Anthony, C. G. Gilbert, M. W. Johnson, Boston, Harvard Business Review Press, 2017 — Las organizaciones establecidas hoy en día necesitan ser ambidiestras. ¿Cómo? Reposicionando, si es necesario, su negocio cotidiano para seguir creciendo (transformación A), adentrándose en los mercados del mañana (transformación B), y creando al mismo tiempo los puentes que conectan ambos esfuerzos de transformación.

4. *Disruption:*, S. Mallard, — ¿Qué nos espera? ¿Qué hay ya en nuestro camino? ¿Qué se está jugando? En este libro de ciencia ficción, Stéphane Mallard analiza la disrupción en curso y por venir, que no nos dejará otra opción que cambiar nuestro «software».

EL SER HUMANO

SOBREVIVIR A LAS MÁQUINAS

. . . .

¿Nos superarán las máquinas con la inteligencia artificial? ¿Desarrollarán una conciencia? ¿Serán los humanos «aumentados» por la ciencia, como defiende el movimiento transhumanista? ¿Pasaremos el «punto de singularidad» entre 2030 y 2050, más allá del cual el progreso iría demasiado rápido para nosotros?

. . . .

Entre Jack Ma, fundador de Alibaba, que no está preocupado por las máquinas porque «solo son chips cuando nosotros tenemos corazón» y Elon Musk que describe una inteligencia artificial «pronto más inteligente que un humano medio y capaz de construirse una máquina más inteligente que él», ¿cómo saber con qué música danzar? ¿Es el hombre realmente tan obsoleto? ¿Cómo podemos mantener la ventaja? Concentremos nuestra energía en lo que esperamos que nos diferencie para siempre de las máquinas: el juego, el amor, el arte, la ciencia y el alma.

La esperanza GLASS

Game – Los humanos juegan por diversión, y sin algoritmos. Esto es lo que nos diferencia de las máquinas.

Love- El amor y la pasión parecen diferenciarnos de las máquinas. Entre la esperanza y la desesperación, lo que amamos da forma a nuestras interacciones y nos hace vivir.

Art – Producir arte y apreciarlo son dos cosas diferentes. Si las máquinas pueden producir música o imágenes hoy en día, ¿lo aprecian? Nosotros sí.

Science – Seguimos siendo nosotros los que estructuramos el progreso de la ciencia y sentimos la necesidad de hacerlo. Continuemos con los esfuerzos, la educación y nuestras reflexiones.

Soul – ¿Qué caracteriza a nuestra alma? La empatía, la ética, la intuición, o los miles de sentimientos que creemos saber nombrar? Cultivemos todo esto.

POR EJEMPLO Desde hace varios años, las máquinas nos ganan en el ajedrez y en muchas otras tareas. Los expertos no saben cuáles serán los efectos a largo plazo de estos avances. Pero una cosa es segura: el ser humano tendrá que adaptarse y replantearse su relación con la tecnología. La inteligencia artificial, por ejemplo, puede utilizarse para analizar la jurisprudencia, lo que ayuda a los abogados a asesorar mejor a sus clientes. En el sector de la salud, la IA de IBM, llamada Watson, es capaz de diagnosticar ciertos tipos de cáncer con mayor fiabilidad que los médicos. Incluso con esta herramienta, es la empatía de los médicos y su seguimiento lo que necesitarán los pacientes.

LA PREGUNTA CLAVE

¿Cómo combinar lo mejor de las máquinas y de los seres humanos?

Esta pregunta nos permite cuestionar los puntos fuertes y débiles de los humanos y las máquinas, y utilizar lo mejor de cada uno para facilitar la toma de decisiones y la acción, y quizás combinar lo mejor de ambos mundos...

PARA IR MÁS ALLÁ...

1. *De cero a uno*, P. Thiel — En el capítulo «El hombre y la máquina», el cofundador de PayPal sostiene que los seres humanos y los ordenadores son ante todo complementarios, debido a sus cualidades tan diferentes. Las empresas más innovadoras y exitosas de las próximas décadas serán las que sepan aprovechar esta complementariedad para ayudar a los humanos a resolver problemas complejos, en lugar de las que pretendan sustituirlos.

2. *L'Intelligence artificielle n'existe pas*, L. Julia, Primero, 2019 — El coinventor del asistente de voz de Apple, Siri, cuya área de especialización es la interfaz hombre-máquina, desmonta las nociones preconcebidas sobre la inteligencia artificial, a la que prefiere llamar «inteligencia aumentada». Para el autor, muchos temores sobre el potencial destructivo de la IA se basan en malentendidos sobre las capacidades de estas tecnologías, que él ve como vectores de grandes oportunidades.

3. *Homo Deus:* N. Y. Harari — *Homo Deus* revela posibles futuros en los que las nuevas tecnologías, unidas a algoritmos cada vez más inteligentes, juegan un papel cada vez más importante en el futuro de la humanidad.

LA VISIÓN DE CONJUNTO
MANTENER LA RELEVANCIA
Y LA MODERNIDAD

• •

¿Cómo mantener la relevancia en un mundo en constante cambio? ¿Qué es el cambio en la continuidad? ¿Qué debemos conservar? ¿Cómo podemos pensar en grande y en pequeño al mismo tiempo, para contribuir con el mundo que nos rodea a diferentes niveles?

• •

Cuando todo va bien, puedes pensar que es normal y relajarte. ¡Esto es un error! La felicidad debe mantenerse. Si todo va bien, es porque has conseguido un buen equilibrio, incluido el crecimiento. Pero si no pones suficiente energía en mantener este equilibrio, puede volverse inestable y hacerte caer en desgracia. Identifica tus fuentes de felicidad y, sobre todo, consérvalas.

La Sabiduría CASE

Culture Aprecia tu cultura porque es una fuente de unidad, de coherencia, de convivencia y de orgullo. También es la razón de ser de tu equipo. Peter Drucker dijo: «La cultura se come la estrategia en el desayuno». A largo plazo, una buena estrategia nunca podrá compensar una mala cultura.

Assets (activos) – El valor sale de tus activos como el agua de una fuente. Así que ten cuidado de no contaminar tu fuente, ni darla por sentada. Tus activos suelen ser: tu equipo y tus conocimientos técnicos, tu marca, el producto y su tecnología, tus clientes.

Escale (escala) – Existir a gran escala requiere ser explícito, delimitar los perímetros de las acciones de cada uno de manera complementaria, mantener un espíritu de optimización continua y pensar «glocal» (es decir, global y local al mismo tiempo).

Ecosystem (ecosistema) – Tu empresa no existe «in vitro»: vive en un ecosistema con el que debes contribuir y entender bien para seguir siendo relevante.

POR EJEMPLO Incluso una vez establecida, una organización debe cuestionarse constantemente. Algunas empresas francesas emblemáticas como Decathlon, Leroy Merlin o Cultura cultivan el arte del cambio con continuidad. Lo que estas organizaciones tienen en común es que se basan en una fuerte cultura interna, equipos muy unidos y una experiencia que genera confianza. Tanto es así que, año tras año, se encuentran entre las 10 empresas favoritas de Francia. Decathlon no solo sigue innovando con el desarrollo de nuevos productos, como la icónica máscara de buceo o la tienda de campaña desplegable al instante, sino que también se implica en el tejido local poniendo en contacto a los profesionales del deporte con todos aquellos que desean practicar una actividad deportiva. Leroy Merlin amplía su oferta ofreciendo servicios y soluciones a los clientes que tienen un proyecto de renovación, conectándolos con su ecosistema de artistas locales. Cultura desarrolla espacios virtuales de aprendizaje y creación donde se reúnen personas apasionadas por la lectura y las artes creativas.

LA PREGUNTA CLAVE

¿Cuál es la verdadera misión de mi organización?

Esta pregunta permite dar un paso atrás, llegar al fondo de la cuestión y encontrar el sentido de lo que estás haciendo. Con una respuesta clara, es posible alinear la cultura y los activos propios para insertarse mejor en el ecosistema propio. Llegar más lejos es más fácil.

PARA IR MÁS ALLÁ...

1. *Beyond Entrepreneur 2.0: Turning your business into an enduring great company*, J. Collins y W. Lazier, Random House Business, 2020 — Esta actualización de Jim Collins, el renombrado autor de *management*, retoma todos los temas clave de su obra para hacer que su *startup* perdure en un mundo cambiante.
2. *Predators and Prey: A New Ecology of Competition*, J. F. Moore, Harvard Business Review, 1993 — J. Moore fue el primero en concebir el desarrollo estratégico de las empresas a través del prisma del ecosistema, con la necesidad de equilibrio y cooperación para sostener su existencia.
3. *What Philosophy Can Teach YoLC et BR:About Being a Better Leader*, A. Reynolds, J. Goddard, D. Houlder, y D. G. Lewis, Kogan Page, 2019 — Los autores llegan al corazón de por qué las empresas necesitan, en última instancia, ser significativas para perdurar.

NADA SE HACE SOLO...

No solo compartimos nuestros viajes en coche, sino también nuestras vidas, nuestras penas, nuestras alegrías y nuestros éxitos. Nuestros itinerarios personales no son más que un hilo de un gran tejido y es gracias a nuestros encuentros y colaboraciones, a veces intensos, a veces ligeros, que nacen los grandes proyectos. Hay cuatro familias de personas a las que queremos dar las gracias: la familia BlaBlaCar, la familia de pioneros y pioneras que han emprendido en estos últimos años, especialmente en el ámbito digital, la familia editorial que nos ha acompañado en la redacción y diseño del libro que tienes en tus manos, y por último la familia, nuestra familia, que nos apoya cada día y nos ha apoyado siempre.

GRACIAS BLABLA
Por Frédéric

Uno de los mayores regalos que puede recibir un emprendedor, al mismo nivel que el de soñar con una realidad futura, es la capacidad de elegir a las personas con las que trabaja.

Más de 1.500 personas han construido directamente BlaBlaCar con su trabajo diario y su pasión al unirse a nuestro equipo en los últimos años y más de 15.000 personas han contribuido, de una forma u otra, a su éxito. Me siento colmado por este regalo impagable, por la oportunidad que he tenido de cruzarme en su camino e interactuar, por la seriedad y la diversión. Agradezco su energía, transmito mi admiración por lo que son y los quiero por su mentalidad optimista y pionera. Deseo que no cambie nada y siga creciendo (¡yo también lo intento!) para convertirse en la persona que realmente queráis ser, alineando acciones con creencias. Mi mayor satisfacción hoy en día es saber que uno de nosotros está creando un nuevo y bonito proyecto, teniendo la certeza de que la mentalidad y el conocimiento desarrollados conjuntamente hacen de BlaBlaCar mucho más que una empresa o un sueño loco: se trata de una «escuela de formación para el futuro».

Más que un enorme agradecimiento, quiero decir aquí, aunque siempre lo he hecho lo más posible en la vida real, lo mucho que he disfrutado y saboreado todos nuestros momentos pasados juntos construyendo este sueño. Cofundadores, primeros colaboradores, inversores, socios, proveedores, periodistas, profesores, actores, políticos y funcionarios, empresarios y otros pioneros que decidieron que sí, que viviríamos juntos en el futuro, gracias por inclinar la balanza para que pudiéramos construir juntos lo que inicialmente parecía, hay que reconocerlo, un ovni. Por el bien de la historia, algunos de ustedes han visto sus nombres aparecer en el diálogo, otros no. Pero todos tienen cabida en él: simplemente teníamos que meter 15 años de aventuras y experiencias en un libro de tamaño razonable.

También me gustaría dar las gracias, en todos los idiomas, a nuestros 100 millones de personas que comparten coche en todo el mundo. Juntos hemos demostrado que sí, que compartir el coche gracias a la tecnología digital en el siglo xxi es posible. Más allá de compartir un vehículo para desplazarse, incluso nos gusta mucho reunirnos, discutir y viajar juntos: el elemento humano es fabuloso.

GRACIAS A LOS PIONEROS Y PIONERAS
Por Frédéric

El ecosistema digital francés ha madurado y crecido considerablemente desde los inicios de BlaBlaCar, que ahora es solo un árbol en el bosque de las grandes historias de éxito empresarial. Este libro es una oportunidad para «mirar atrás en imágenes» lo que he presenciado en Francia desde la creación de BlaBlaCar. La historia es densa y está llena de personajes.

Esta visión general (necesariamente incompleta) nos ayudará a comprender la ebullición de un ecosistema que no solo es fabuloso, sino que, sobre todo, tiene efectos notables en nuestras vidas, nuestras sociedades y nuestros trabajos.

Cuando puse en marcha BlaBlaCar en 2004, acabábamos de salir de la burbuja de Internet de la década de 2000. Los ejemplos de éxitos digitales franceses eran reales, pero escasos: Meetic, lanzado por Marc Simoncini tras su primer éxito en iFrance con Catherine Barba; Price Minister, lanzado por Pierre Kosciusko-Morizet (PKM), Pierre Krings, Nathalie Maurin-Gaveau, Olivier Mathiot y Justin Ziegler; Free, creado por Xavier Niel; imagiNet, uno de los primeros proveedores de acceso en Francia, creado por Patrick Robin; Vente Privée, ahora Veepee, lanzado por Jacques-Antoine Granjon; Allociné, fundado por Jean-David Blanc; 1000Mercis (ahora Numberly), cofundado por Yseulys Costes y Thibaut Munier. Entramos justo después de esta primera oleada, más o menos al mismo tiempo que Jean-Baptiste Rudelle, Franck Le Ouay y Romain Niccoli lanzaban Criteo, Olivier Aizac abría leboncoin (ahora dirigido por Antoine Jouteau), Thierry Petit y David Dayan creaban Showroom Privé, Gaël Duval lanzaba JeChange.fr y Fabrice Grinda lanzaba OLX, su enésimo éxito. OVH, creada por Octave Klaba en 1999, Neolane, fundada por Stéphane Dietrich en 2001 (posteriormente comprada por Adobe), WCube (comprada por Publicis) fundada por Thierry Vandewalle y Webhelp, fundada por Olivier Duha y Frédéric Jousset en 2000, tenían entonces pocos años de vida. La Fing, fundada por Daniel Kaplan en 2000 y dirigida activamente en su momento por Denis Pansu, Véronique Routin y Thierry Marcou, produjo y compartió ideas nuevas y procesables para anticipar las transformaciones digitales.

Apenas existía una estructura de apoyo a las *startups* en Francia. Los pioneros podían contar con el Réseau Entreprendre, que se extendía por todo el país y cuya vocación era «crear emprendedores para crear puestos de trabajo». Los parisinos se sintieron atraídos por Silicon Sentier (ahora Numa), una asociación apoyada por el Ayuntamiento de París y la Región de Île-de-France y situada en el distrito de Sentier, donde las *startups* se instalaron porque los alquileres eran asequibles y las condiciones flexibles. Bajo el impulso de Marie-Vorgan Le Barzic y Stéphane Distinguin (fundador de Fabernovel), esta asociación ha desplegado acciones de intercambio y encuentro entre emprendedores como La Cantine en 2008, y luego Le Camping en 2011, la primera aceleradora de *startups* real de París.

Fue entonces, en 2010, cuando Frédéric Bartoli, fundador de Infobébés, nos recibió en su local de la calle de Chazelles, en el distrito 17 de París. Esto nos permitió crear Chazup, un espacio de *coworking* para *startups* reunidas en torno a BlaBlaCar. El concepto de *coworking* se desarrolló entonces en Francia gracias a Clément Alteresco, un emprendedor serial, que lanzó en 2012 Bureaux à partager (ahora Morning), el principal espacio de *coworking* de la región de París.

Compartir locales es bueno; compartir buenas prácticas y conocerse es aún mejor. En 2004, Loïc Le Meur y Géraldine Le Meur pusieron en marcha las grandes conferencias de Le Web, que durante casi diez años fueron la reunión anual de emprendedores e inversores de la comunidad francesa e internacional de Internet en París. Por su parte, los grandes grupos ya podían hablar de cuestiones digitales dentro de la estructura del EBG creada por Pierre Reboul a finales de los años noventa. En 2006, nació un nuevo polo de competitividad llamado Cap Digital, cofundado y luego dirigido por Henri Verdier, que luego trabajó por la apertura de los datos públicos en el Estado a través, en particular, de Etalab, en el origen del portal de datos públicos data.gouv. fr. Henri es ahora nuestro Embajador Digital para el Gobierno. Esta emulación representó un soplo de aire fresco. Permitió a los emprendedores discutir sus problemas entre sí. Nos reunimos para trabajar juntos en La Cantine, con una buena conexión a Internet y la posibilidad de compartir nuestras preocupaciones con otros emprendedores. No éramos muchos... y menos aún los que presentábamos nuestros conceptos. Todavía recuerdo que pegaba carteles en la pared para Covoiturage.fr antes de hacer presentaciones frente a 10 o 20 personas por la noche, y que nos reuníamos allí los martes para los Clean Tuesdays con David Dornbusch y Gilles Berhault. En 2007, Fanny Picard lanzó Alter Equity, el primer fondo de impacto positivo; Jean Stéphane Arcis, Alexandre Pachulski y Joël Bentolila crearon Talentsoft para ayudar a las empresas a gestionar su talento. Magali Boisseau fundó Bedycasa, un Airbnb antes de tiempo, para permitir a la gente alquilar habitaciones en sus propias casas. Marion Carette lanzó Zilok para poder alquilar lo que quisieras a tu vecino, un servicio que se convertiría en OuiCar en 2012 para el alquiler de coches entre particulares. Era el comienzo de una economía colaborativa, aunque todavía no llevara ese nombre.

Al mismo tiempo, había más proyectos de emprendedores, ¡y muchos siguen funcionando hoy en día! En 2008, Fany Péchiodat lanzó My Little Paris en forma de boletín informativo y luego de una *box*; Clément Buyse y Jonathan Benhamou crearon PeopleDoc, una caja fuerte electrónica para los documentos confidenciales de las empresas; Tristan Lecomte, fundador de Alter Eco, dio a luz a PUR project, un programa de regeneración y preservación de ecosistemas. En 2009, Meryl Job y Renaud Guillerm fundaron Videdressing, un servicio de compra y venta de ropa entre particulares (mucho antes de que Vinted llegara a Francia), que ahora es una filial de leboncoin; Benjamin Dekester, Jean-Christophe Giannesini y Timothée Quellard concretaron su deseo de apoyar a las empresas en su enfoque de desarrollo sostenible con ekodev; Céline Lazorthes lanzó Leetchi, un servicio de recaudación de fondos en línea, que completará con Mangopay en 2013 para facilitar los pagos en línea de los jugadores digitales. En 2010, le tocó a Paulin Dementhon sumarse a la aventura empresarial con Voiturelib, que luego pasó a llamarse Drivy (más tarde comprada por Getaround, ¡sí, los nombres cambian rápidamente!). También fue el año en el que Pierre Nougué y Olivier Duverdier lanzaron el Clean Tech Open France, un programa para identificar y apoyar a las *startups* y pymes de tecnologías limpias, y en el que se crearon dos grandes plataformas de *crowdfunding*: Ulule, fundada por Alexandre Boucherot y Thomas Grange, y KissKissBankBank, lanzada por Ombline Le Lasseur, Vincent Ricordeau y Adrien Aumont. Por su parte, Frédéric Potter, uno de nuestros emprendedores más prolíficos, no perdió el tiempo: después de Cirpack y Withings (co-creado con Eric Carreel), creó Netatmo (ahora una filial de Legrand) en 2011, su tercer éxito. 2011 fue también el año en que Guillaume Gibault lanzó Le Slip Français, y Hervé Bloch Digilinx, para facilitar los intercambios entre empresas digitales a través de eventos dedicados.

En cuanto a la inversión, las cosas también se han acelerado gradualmente. En 2010, se creó el fondo ISAI, impulsado por PKM, Jean-David Chamboredon, Geoffroy Roux de Bézieux, Stéphane Treppoz y Ouriel Ohayon, y Xavier Niel creó el fondo Kima Ventures, dirigido inicialmente por Jérémie Berrebi y luego por Jean de La Rochebrochard. El estudio de *startups* eFounders fue creado en 2011 por Quentin Nickmans y Thibaud Elzière, fundador de Fotolia (ahora Adobe Stock), sí, otro objeto nuevo, un estudio de *startups*: ¡una empresa que crea *startups*, apoyándose en recursos compartidos y un equipo multidisciplinar! Ese mismo año, Alix de Sagazan y Rémi Aubert crearon AB Tasty para ayudar a los servicios de Internet a optimizar su producto, y William Rosenfeld creó Zenpark para optimizar el uso de las plazas de aparcamiento. PKM redactó un informe que condujo a la creación por parte del Presidente Nicolas Sarkozy del Conseil National du Numérique (CNNum), una comisión consultiva encargada de formular dictámenes y consejos para el gobierno sobre el impacto de la tecnología digital y su relación con la sociedad. El primer presidente de esta comisión sería Gilles Babinet, actual «Campeón Digital» de Francia en la Comisión Europea. En 2012, una veintena de emprendedores e inversores se reunieron bajo el impulso de Marie Ekeland y Marc Menasé para crear la asociación France Digitale. Me incorporé a su consejo de administración desde el principio. Nuestro objetivo era —¡y sigue siendo!— hacer claros y comprensibles los retos de la tecnología digital, para compartirlos con las autoridades encargadas de la regulación y la fiscalización digital. En la actualidad, France Digitale está dirigida operativamente por Maya Noël y reúne a cerca de 2.000 *startups* y un centenar de inversores. Es un *lobby* para la educación (muy diferente de un *lobby* para la preservación de intereses): todo es innovación en el sector digital, así que entendemos las cosas haciéndolas y hacemos recomendaciones al respecto. Ahora soy copresidente de esta asociación con Benoist Grossmann, un importante inversor en el ecosistema tecnológico francés desde los años 2000 con Idinvest (ahora Eurazeo).

Mientras Rachel Botsman, Lisa Gansky, Niel Gorenflo y Robin Chase, fundador de ZipCar, entre otros, impulsaban la economía colaborativa a nivel internacional, Antonin Léonard cofundó en 2012 en Francia con Diana Filippova, Flore Berlingen, Marc-Arthur Gauthey, Arthur de Grave, Benjamin Tincq, Francesca Pick y muchos otros, el colectivo OuiShare cuya misión es ayudarnos a entender los cambios tecnológicos y de comportamiento vinculados con el auge de la tecnología digital, las plataformas y sus nuevos usos. Ese mismo año, Xavier Duportet y Arnaud de la Tour lanzaron Hello Tomorrow, una organización global que pretende vincular el mundo de la investigación tecnológica profunda (centrada en las innovaciones técnicas disruptivas) y el mundo de las *startups*. Por su parte, Philippe Corrot y Adrien Nussenbaum crearon Mirakl para dotar a la gran distribución de una plataforma de venta en línea eficaz y potente, comparable a la de Amazon, mientras que Ronan Le Moal, Charles Cabillic y Sébastien Le Corfec inauguraron el West Web Festival en torno a la economía digital, durante el festival Vieilles Charrues, en Carhaix-Plouguer, en Bretaña.

Así, cada año ha tenido su cuota de iniciativas nuevas y necesarias, elementos esenciales para la formación de una auténtica industria digital que se está consolidando. En este sentido, 2013 fue un año muy productivo. Ese año nacieron Bpifrance, el banco de los emprendedores, dirigido por Nicolas Dufourcq con Paul-François Fournier; la École 42 de Xavier Niel para formar a desarrolladores informáticos a gran escala; The Family, un ambicioso programa de apoyo y formación para fundadores lanzado por Alice Zagury (ex-Manager de Camping) y sus cofundadores Oussama Amar y Nicolas Colin; y 50Partners, una nueva incubadora y aceleradora de *startups* creada por Jérôme Masurel, que también pasó por la Chazup. La política no se ha quedado atrás. Gracias a Fleur Pellerin, entonces ministra de PYME, Innovación y Economía Digital, se creó el sello French Tech para promover el sector digital francés, tanto en Francia como en el extranjero. El French Tech es ahora un importante movimiento nacional que contribuye de forma crucial al atractivo de nuestras *startups* y *scale-ups* a nivel internacional. Desde entonces, ha recibido el apoyo de numerosas personalidades, como Axelle Lemaire y Mounir Mahjoubi, David Monteau y, posteriormente, Kat Borlongan, Clara Chappaz y Cédric O. El programa, al igual que todo el ecosistema digital, ha recibido un fuerte apoyo del presidente Emmanuel Macron. French Tech también tiene un alcance internacional, desde Londres hasta San Francisco. En 2013, Albin Serviant puso en marcha una de las primeras iniciativas French Tech en el Reino Unido y fundó French Connect London con Alexandre Sagakian y Stéphanie Bouchet, los tres son también la razón por la que conocí a Laure Claire y Benoît. Ese mismo año, Pierre Dubuc y Mathieu Nebra abrieron oficialmente OpenClassrooms, una herencia del Site du Zéro, el sitio de tutoriales de informática que iniciaron cuando eran adolescentes; Vincent Huguet Hugo Lassiège y Jean-Baptiste Lemée crearon Malt, bajo el nombre de Hopwork, para poner en contacto a empresas y trabajadores digitales autónomos; Stanislas Niox-Chateau lanzó Doctolib con sus cofundadores; Philippe de Chanville y Christian Raisson cofundaron ManoMano bajo el nombre de Mon échelle, un mercado de venta de herramientas para el jardín y el hogar; y Michael Goldman creó Tipeee, tras su anterior experiencia empresarial, la marca comunitaria My Major Company, que había lanzado en 2007.

Nuestro ecosistema ha ganado así en madurez y cultura empresarial. Fue en 2014 cuando Olivier Cotinat, Julien Fayet y Jean-Claude Charlet importaron a Francia los conceptos de *design thinking* y *open innovation*, abriendo las puertas del estudio de innovación Schoolab para que grandes grupos y *startups* pudieran colaborar. ¡Incluso Taïg Khris, triple campeón del mundo de patinaje y ganador de los X Games, se sumó al movimiento emprendedor creando OnOff para tener varios números en un solo móvil! El ecosistema también ha visto surgir proyectos especialmente responsables: Thibaud Hug De Larauze, Vianney Vaute y Quentin Le Brouster crearon Back Market para promover el reacondicionamiento de nuestros electrodomésticos; Charlotte Cadé y Maxime Brousse lanzaron BrocanteLab, que se convertirá en Selency, para promover la reutilización de muebles; Jean Moreau y Baptiste Corval cofundaron Phenix, para luchar contra el despilfarro de alimentos, mientras que Eva Sadoun y Julien Benayoun lanzaron Lita.co (bajo el nombre de 1001pact), una plataforma digital de inversión de impacto social positivo para inversores individuales o profesionales.

Las start-ups se multiplican, pero ya hay escasez de perfiles con talento en las nuevas profesiones digitales. Así que tuvimos que ser creativos. En 2015, fuimos de expedición a San Francisco con el equipo de producto de BlaBlaCar. Me había dado cuenta de que nuestros compatriotas franceses que viven en Silicon Valley y trabajan para los gigantes tecnológicos tenían una imagen muy negativa y obsoleta del ecosistema digital francés. Fue una oportunidad perdida para nuestras estrellas. Así que, con unos cuantos amigos emprendedores y la valiosa ayuda de mi hermana Hélène Mazzella, inicié el programa Reviens Léon, en referencia a un famoso anuncio de Panzani de los años 80 que decía: «¡Vuelve Léon, tengo los mismos en casa!». ¿La idea? Contribuir con el atractivo de nuestro ecosistema demostrando a nuestros expatriados que nosotros también tenemos magníficas empresas tecnológicas *made in France* y que, por tanto, pueden volver a casa a trabajar: ¡los esperamos con los brazos abiertos! Reunimos a una docena de *scale-ups* en torno a BlaBlaCar para que se comunicaran en nombre del ecosistema, como Capitaine Train (que se convirtió en Trainline) con Jean-Daniel Guyot, Chauffeur Privé (que se convirtió en Kapten y luego en Free Now) con Yann Hascoët, iAdvize con Julien Hervouet, Dataiku con Florian Douetteau, La Fourchette (que se convirtió en TheFork) con Bertrand Jelensperger, Sigfox con Ludovic Le Moan, así como Criteo, Drivy y Showroom Privé. La imagen de Francia se reavivó revelando su nuevo dinamismo, para facilitar la contratación de talentos internacionales. Reviens Léon forma ahora parte del programa Talent de France Digitale y ayuda a las empresas en crecimiento a contratar personal. También hemos lanzado el movimiento Tech4Values con France Digitale en 2020, que pone de relieve las mejores prácticas y el ADN único de las empresas de alcance internacional que creamos en Francia. Esto refleja una verdadera preocupación de los fundadores por los valores responsables, ya sea en términos de impacto medioambiental o social.

Cuando BlaBlaCar se convirtió en 2015 en un unicornio, es decir, en una empresa tecnológica valorada en más de mil millones de euros, las iniciativas a gran escala siguieron floreciendo. Marie Ekeland, Pierre-Eric Leibovici y Pierre-Yves Meerschman crearon Daphni, un fondo de inversión cuyo objetivo es financiar la escalada de *startups* prometedoras. Acelerar el nacimiento de una cultura del emprededurismo, con Jean-Baptiste Rudelle, PKM y Agathe Wautier, entre otros, creamos el Proyecto Galion, un grupo de reflexión empresarial que nos permite compartir todas nuestras experiencias y ayudarnos mutuamente. El Galion produce muchos contenidos útiles, que responden a las preocupaciones de los emprendedores que tienen que estructurar una empresa de rápido crecimiento: gestionar la recaudación de fondos, establecer una cultura corporativa resistente, compartir el valor creado entre los colaboradores... Este reparto es especialmente esencial en tiempos de crisis como la pandemia. También en 2015, Bpifrance lanzó Le Hub, ahora dirigida por Jonathan Lascar, un socio operativo que acompaña el crecimiento de las *startups* en las que invierte Bpifrance. Moussa Camara lanzó la asociación Les Déterminés para desarrollar el espíritu empresarial para todos, con un programa de apoyo completo y gratuito. Gracias a Nicolas Chabanne, se creó la marca C'est qui le patron?!, una sociedad cooperativa de interés colectivo, mientras que Nicolas Davoust, Ulric Le Grand y Enguerrand Léger lanzaron Gens de confiance, para mejorar el nivel de confianza en una red de anuncios clasificados, y Jérôme Cohen creó Engage con la misión de ayudar a los ciudadanos y a las organizaciones a asumir los grandes retos del siglo xxi.

Así, la escala ha ido cambiando poco a poco: hemos ido viendo cómo crecía el interés del público y de los profesionales por la tecnología. En 2016, Maurice Lévy, Julie Ranty y Maxime Baffert lanzaron VivaTech, un proyecto conjunto de Echos y Publicis, un gran evento anual dedicado a la innovación tecnológica para los profesionales del sector... y que también incluye una jornada para el público en general, ¡que atrae a más de 100.000 visitantes! Lo mismo ocurría con la incubación, ya que se percibía una llamada al aire. Al mismo tiempo, Axel Dauchez lanzó Make.org con la ambición de movilizar a toda la sociedad civil para ayudarla a transformarse. En BlaBlaCar, por nuestra parte, lanzamos el diseño de BlaBlaLines, una *startup* dentro de una *startup* con Simon Berger-Perrin, Arnaud Tellier, Ricardo Lage y Tristan Charvillat. Este servicio, dedicado a los desplazamientos diarios, se llama ahora BlaBlaCar Daily y está dirigido por Adrien Tahon. En el ámbito de los seguros y las *fintech*, es decir, los nuevos servicios bancarios, Jean-Charles Samuelian-Werve y Charles Gorintin crearon Alan, el seguro que hace bien; Alexandre Prot y Steve Anavi lanzaron Qonto para facilitar los servicios bancarios a las *startups* y a las empresas, justo cuando Lydia y Nickel estaban en proceso de revolucionar las prácticas de pago para los particulares, unos años después de su lanzamiento en 2011 por Cyril Chiche, Antoine Porte y Victor Jolly y en 2014 por Ryad Boulanouar, Hugues Le Bret, Michel Calmo y Pierre de Perthuis respectivamente. Las iniciativas se extienden por toda la región, como demuestra Swile, iniciada en Montpellier por Loïc Soubeyrand bajo el nombre de Lunchr.

En 2017, Xavier Niel (definitivamente, ¡qué energía!) abrió Station F, que se está convirtiendo en el mayor campus de *startups* del mundo, dirigido por Roxanne Varza, una dinámica emprendedora y antigua redactora jefe de TechCrunch en Francia. También fue el año en el que Julie Chapon, François Martin y Benoît Martin crearon Yuka para orientar nuestras elecciones alimentarias en función de su composición, en el que Sarah-Diane Eck y Fabrice Bascoulergue lanzaron Lum Network bajo el nombre de Sandblock para avanzar en la cadena de bloques, y en el que Lucie Basch lanzó TooGoodToGo en Francia para luchar contra el desperdicio de alimentos. En 2018, Pauline Laigneau, fundadora de Gemmyo, lanzó su famoso podcast de referencia en torno a los negocios, el desarrollo personal y el emprendimiento. Veintidós mujeres, entre ellas Tatiana Jama, Lara Rouyrès, Isabelle Rabier, Stéphane Pallez, Alix Poulet, Audrey Soussan y Samantha Jerusalmy, fundaron el colectivo Sista para promover la diversidad de género en el sector digital. Peter Zemsky abrió el LaunchPad en la Estación F para acelerar las *startups* creadas por los estudiantes de INSEAD. Por su parte, thecamp, lanzado inicialmente por el difunto Frédéric Chevalier y que se presenta como un proyecto atípico a medio camino entre universidad, centro de investigación, laboratorio de experimentación e incubadora, ha acogido sus primeras *startups* en Aix en Provence. En 2019, Alex Caizergues, poseedor del récord mundial de velocidad en kitesurf con 107,3 km/h, creó Syroco para desencadenar la transición energética del transporte marítimo, gracias al viento.

Al mismo tiempo, muchas personas ayudan a estos pioneros en la estructuración administrativa y la financiación de sus empresas de hipercrecimiento, como Franck Sebag, socio de EY, Benjamin Bitton y Frank Chuffart socios de 2C Finance, Pierre Karpik socio abogado de Gide Loyrette Nouel o Jean-Philippe Jacob socio abogado de MBA, o incluso Gabriel Plassat ingeniero de ADEME. Además, se han creado un número incalculable de incubadoras de *startups* por toda Francia, para apoyar a los titulares de los proyectos en los tan difíciles primeros años. Han surgido numerosos fondos de inversión y estructuras de *business angels* para financiar a estos jóvenes equipos, con aportaciones de unos cientos de miles de euros a varios cientos de millones. ¡En los últimos años, las cantidades recaudadas por las *startups* en Francia se han multiplicado por diez, pasando de mil millones de euros en 2014 a 10.000 millones en 2021!

Estos proyectos empresariales se han convertido en una importante fuente de empleo en Francia. Francia cuenta ya con más de un millón de profesionales del sector digital, uno de los que más empleo crea, y prevemos una creación neta de casi 250.000 puestos de trabajo en los próximos cinco años. Cada vez tenemos más unicornios y ahora incluso aparecen en programas de televisión, como los premios BFM. En los últimos años, las cosas se han acelerado mucho, ¡con nada menos que doce nuevos unicornios revelados solo en 2021! Ahora contamos con una treintena: Alan, Aircall, Back Market, Believe, BlaBlaCar, Criteo, Contentsquare, Dataiku,

Deezer, Dental Monitoring, Doctolib, iAd, Ivalua, Kyriba, Ledger, ManoMano, Meero, Mirakl, OVHcloud, Qonto, Shift Technology, Sorare, Swile, Talend, Veepee, Vestiaire Collective, Voodoo, Ynsect, Younited Credit.

Así que debemos dar las gracias colectivamente a todo este ecosistema empresarial, a todos estos pioneros, muchos de los cuales se han convertido en amigos a lo largo de nuestros caminos entrelazados. El panorama ha cambiado drásticamente en una década en Francia. Ahora tenemos una cultura empresarial fuerte y única, una verdadera reserva de competencias y un gran número de experiencias empresariales, tanto exitosas como fallidas, de las que la nueva generación de empresarios puede aprender.

GRACIAS A NUESTRAS FAMILIAS Y A NUESTROS AMIGOS
Por Frédéric, Laure y Benoît

Apoyar a los emprendedores en el día a día ya merece una medalla, pero apoyarlos cuando escriben un libro además… ¡GRACIAS! Gracias a nuestras familias y amigos. Su apoyo desde el principio, su paciencia, su ayuda y su comprensión nos alimenta: de ello sacamos nuestra energía y nuestra coherencia. Hacemos todo lo posible por devolverles estas atenciones. La redacción de este libro, en modo de misión durante dos años, nos ha mantenido muy ocupados, por lo que les agradecemos su valioso apoyo.

GRACIAS POR EL LIBRO
Por Frédéric, Laure y Benoît

Este libro ha contado con la ayuda de muchas personas. Nuestro editor, Eyrolles, mostró un gran entusiasmo por el proyecto desde el principio y nos ha acompañado en todo momento. Un agradecimiento especial a Florian Migairou por sus valiosos consejos a lo largo del proyecto, a Marie Pic-Pâris Allavena por su implicación personal y a Serge Eyrolles por su apoyo. Gracias también a nuestra correctora Lise Benincà, así como a Elsa Azis y a los miembros del equipo de comunicación que nos acompañaron en este proyecto. Gracias a Marion Tremoy por la bonita portada del libro, y gracias a Louise Plantin por sus ilustraciones y su paciencia ;-)

Muchas gracias también a Georges Basdevant por su inmensa implicación en todos los aspectos de este proyecto, a Marianne Fougère por su disponibilidad, sus consejos y su atenta corrección a medida que nos acercábamos a la meta, y a Thomas Mittelman por organizar los primeros intercambios.

Nos gustaría agradecer a los revisores, por sus comentarios y opiniones sobre los borradores de todo o parte de este libro, con especial mención a Arthur Le Thé, Tatiana Khavessian, François Coumau, Frédéric Reillier, Verena Butt d'Espous, Maxence Mathey, Isabelle Renne.

Por último, ¡gracias, Thomas! Thomas Pesquet, nuestro héroe nacional con 395 días en el espacio, ha aceptado prologar este libro desde la Estación Espacial Internacional en 2021. Sabíamos que tenías debilidad por los viajes compartidos en el espacio con tres o cuatro personas en una Soyuz o en una Dragon 2 de SpaceX, y nos alegramos de haber podido compartir coche contigo para una misión en la Tierra, la misión BlaBlaCar.

¿QUÉ TAL SI NOS ESCRIBIMOS?

¿Te ha gustado o lo has odiado? ¿Aprendiste u olvidaste todo? ¿Te hubiera gustado que se desarrollara más algún tema? ¿Has detectado alguna inexactitud? ¿O simplemente quieres hacernos una pregunta?

No dudes en ponerse en contacto con nosotros en las siguientes direcciones:

fred@missionblablacar.com
laureclaire@missionblablacar.com
benoit@missionblablacar.com